知识管理视域下
高校教师胜任力研究

ZHISHI GUANLI SHIYUXIA GAOXIAO JIAOSHI
SHENGRENLI YANJIU

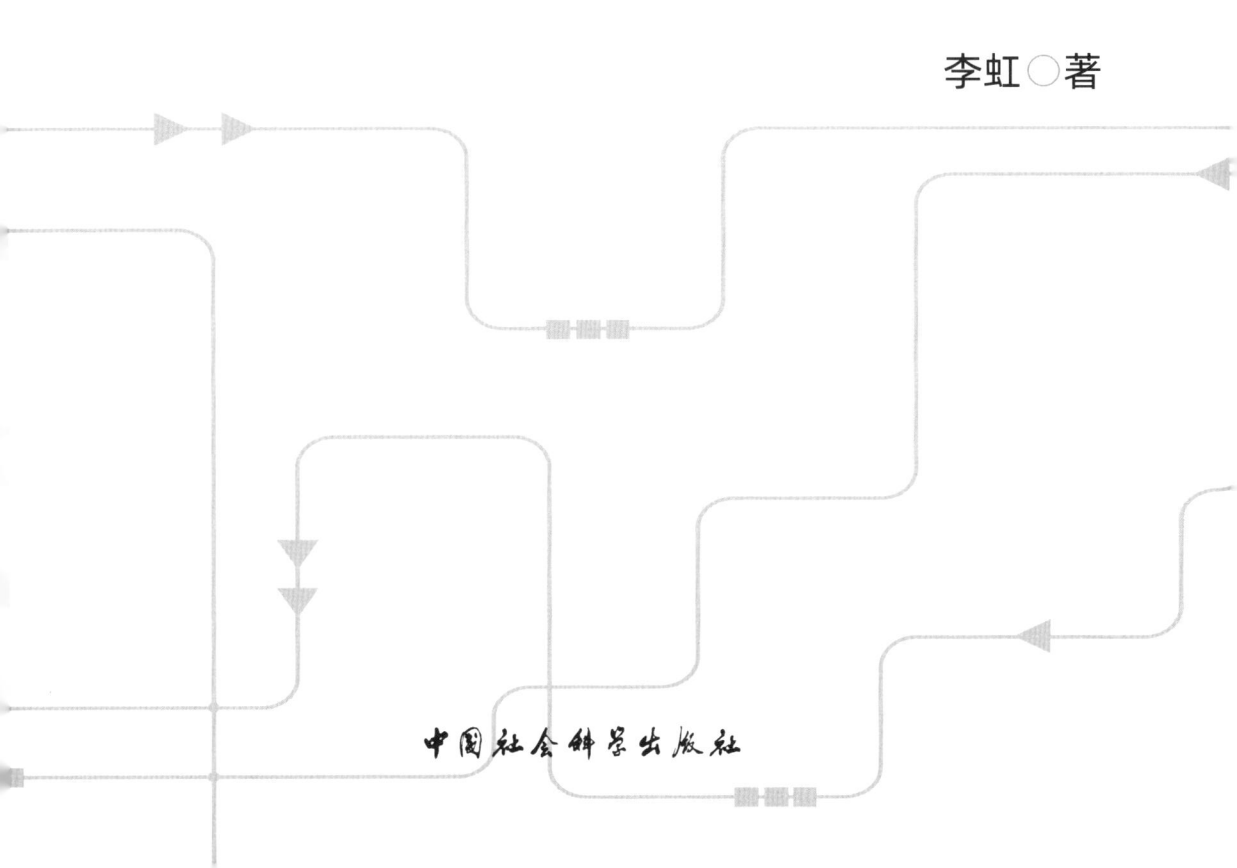

李虹 ○ 著

中国社会科学出版社

图书在版编目（CIP）数据

知识管理视域下高校教师胜任力研究 / 李虹著. —北京：中国社会科学出版社，2024.3
ISBN 978 - 7 - 5227 - 3081 - 3

Ⅰ.①知… Ⅱ.①李… Ⅲ.①高等学校—教师—能力培养—研究 Ⅳ.①G645.1

中国国家版本馆 CIP 数据核字（2024）第 037495 号

出 版 人	赵剑英
责任编辑	杨晓芳
责任校对	周　昊
责任印制	王　超

出　　版	中国社会科学出版社
社　　址	北京鼓楼西大街甲 158 号
邮　　编	100720
网　　址	http://www.csspw.cn
发 行 部	010 - 84083685
门 市 部	010 - 84029450
经　　销	新华书店及其他书店
印刷装订	三河市华骏印务包装有限公司
版　　次	2024 年 3 月第 1 版
印　　次	2024 年 3 月第 1 次印刷
开　　本	710×1000　1/16
印　　张	21
插　　页	2
字　　数	263 千字
定　　价	108.00 元

凡购买中国社会科学出版社图书，如有质量问题请与本社营销中心联系调换
电话：010 - 84083683
版权所有　侵权必究

前　　言

随着人类进入知识经济时代，世界政治、经济、文化都发生了翻天覆地的变化。习近平总书记在党的十九大报告中明确指出，经过长期努力，中国特色社会主义进入新时代。国际国内社会发展呈现出前所未有的新气象、新局面和新特点，各行各业都将面临新的机遇和挑战，高校教师也不例外。为了应对新时期价值观多元、学生主体性彰显、不确定性增多的时代难题，国家"双一流"建设的迫切需要，以及高校教师个人实现人生价值的美好愿望，满足高校教师胜任力理论有待发展和完善的理论诉求，本书选取知识管理理论作为研究视角，对高校教师学习、教学、科研和社会服务等履职活动的知识管理机制进行深入分析，并据此展开高校教师胜任力的模型、实然状况以及提升策略的研究。

本书从知识管理的理论视角出发，将知识管理理论与本研究的核心问题"高校教师胜任力"深度融合，通过理论演绎得出知识管理视域下高校教师履职活动胜任力的本质：学习胜任力即知识补给胜任力，教学胜任力即知识育人胜任力，科研胜任力即知识创造胜任力，社会服务胜任力即知识应用胜任力。进而得出知识管理视域下高校教师胜任力的本质，即高校教师知识管理胜任力。以此为理论根基，进一步确立了"理论阐释—模型构建—现状调查—问题归纳—原因分析—提升策略"的研究思路。

本书主要采用文献法、问卷调查法和访谈法展开研究。首先，围绕知识管理、胜任力两个关键词，对相关文献进行了搜集、分析和整理，剥洋葱式地对文献进行了述评。其次，采用根据知识管理视域下高校教师胜任力模型编制的《高校教师胜任力调查问卷》，对东北三省不同层次的高校教师进行了问卷调查，发放问卷890份，回收有效问卷786份，采用SPSS统计分析软件对回收的有效数据进行了统计分析。最后，在高校教师胜任力模型构建和高校教师胜任力发展障碍探寻的事后访谈中，对相关领域的专家和具有代表性的高校教师进行了深入访谈。

通过以上的理论阐释和调查研究，本书完成了以下三项工作。

第一，构建了知识管理视域下高校教师胜任力的理论模型。基于新时期高校教师胜任力的价值取向分析，通过知识管理视域下高校教师胜任力理论模型的初建、修订及验证，最终得出由知识素养、思维水平、职业认同、个性特征与协同合作5个维度及19个胜任特征构成的知识管理视域下高校教师胜任力理论模型。其中，知识素养为教师知识管理的工具，思维水平是教师知识管理的方式，职业认同是教师绩优行为的动力源泉，个性特征是教师绩优行为的先天优势，协同合作是教师实现绩优行为的有效组织形式。

第二，了解了新时期高校教师胜任力的实然状况、存在的问题及其原因。通过问卷调查和教师访谈发现：高校教师胜任力的总体状况良好，但存在薄弱环节；胜任力的整体水平较高，但存在弱势群体；胜任力呈随教龄增长趋势，但增速缓慢；现行学术训练能够提升知识素养，但对思维发展影响不显著。基于当下高校教师胜任力发展的实然问题，本书从知识经济时代人力资源管理难以调和的矛盾和冲突的角度，分析了高校教师胜任力发展存在问题的原因，主要包括学术投入分散与流失，批判性思维训练不足，自然合作文化弱势等。

第三，提出了知识管理视域下高校教师胜任力的提升策略。针对当下高校教师胜任力发展的问题及其存在的原因，从教师个人和知识型组织建设两方面，提出了促进高校教师胜任力发展的策略。一方面，提出个人愿景设计、知识管理能力提升和为未来合作做好充分准备等高校教师胜任力发展的自我提升策略；另一方面，建议通过组织共同愿景构建、混合型结构设计与应用、健全培训机制、改革激励机制以及打造合作文化等知识型组织建设策略，提升高校教师胜任力。

本书创新了高校教师胜任力理论的研究视角，丰富了高校教师胜任力的理论内容，能够为我国高等教育"双一流"建设政策的实施提供助力，为高校教师队伍建设提供参考信息，为高校教师个体专业发展提供帮助。

目　录

第一章　知识管理视域下高校教师胜任力研究概览 ················ 1
　　第一节　研究缘起 ··· 1
　　第二节　研究意义 ··· 8
　　第三节　文献综述 ·· 11
　　第四节　研究思路与方法 ·· 54

第二章　高校教师胜任力本质的理论阐释 ························ 58
　　第一节　核心概念界定 ·· 59
　　第二节　知识管理理论解析 ····································· 76
　　第三节　高校教师胜任力本质：知识管理胜任力 ············ 97

第三章　高校教师胜任力模型的理论演绎 ······················ 111
　　第一节　胜任力模型构建的一般思路 ························ 111
　　第二节　高校教师胜任力模型构建的价值取向 ············· 118
　　第三节　知识管理视域下高校教师胜任力模型初建 ······· 130

第四章　高校教师胜任力模型的实证检验 …………… 141
第一节　研究目的与研究方法 …………………………… 141
第二节　研究结果与分析 ………………………………… 147
第三节　高校教师胜任力模型构成要素的内涵 ………… 169

第五章　高校教师胜任力实然状况分析 …………………… 177
第一节　研究目的与方法 ………………………………… 177
第二节　研究结果与分析 ………………………………… 179
第三节　高校教师胜任力发展的问题 …………………… 221
第四节　高校教师胜任力发展问题的析因 ……………… 227

第六章　高校教师胜任力提升策略 ………………………… 236
第一节　高校教师胜任力的自我提升策略 ……………… 236
第二节　知识型组织建设策略 …………………………… 259

结　语 ………………………………………………………… 283

参考文献 ……………………………………………………… 286

附　录 ………………………………………………………… 317

后　记 ………………………………………………………… 325

第一章　知识管理视域下高校教师胜任力研究概览

第一节　研究缘起

一　新时期高校师资队伍建设的实践诉求

随着人类进入知识经济时代，世界政治、经济、文化都发生了翻天覆地的变化。习近平总书记在党的十九大报告中明确指出，经过长期努力，中国特色社会主义进入新时代。国际国内社会发展呈现出亘古未有的新气象、新局面和新特点，各行各业都将迎来新的机遇和挑战，高校教师也不例外。

（一）新时期迫使高校教师面临严峻考验

这里的新时期主要指19世纪后半叶以来，人类社会进入知识经济时代的社会发展时期，也即著名管理学大师彼得·德鲁克所指的后资本主义社会时期。彼得·德鲁克在《后资本主义社会》一书中写道："我们已进入一个不同的新社会"，"这个新社会——它已经存在——是后资本主义社会"。[①] 对于高校教师来说，新时期呈现出价值观多元、

---

① ［美］彼得·德鲁克：《后资本主义社会》，张星岩译，上海译文出版社1998年版，第6—9页。

主体性彰显和不确定性增多等新的时代特点。

首先，价值观多元。生活上的富足，给人们的精神追求奠定了坚实的物质基础；国际化的交流，使人们了解到世界的精彩纷呈、文化各异；文明程度的提高，让人们的思想和精神更加宽厚包容。这就形塑了"一千个学生，有一千种价值观"的可能。思维的活跃可以孕育创造的灵感，但过度自由也有可能使人走向胡思乱想、不切实际、虚度光阴的歧路。面对"不再听话"的新时期大学生，高校教师面临的挑战可想而知。

其次，主体性彰显。主体性即主观能动性，是人们主动认识世界和改造世界的能力。主体性的背后是人类的自由意志，这是人类有别于动物最重要的能力。对传统教育观的批判和扬弃，使广大教育者反思主体性之于学生发展的重要性。从杜威的"儿童中心"，到马斯洛、罗杰斯的人本主义，再到建构主义以及后续的研究者，无不在教育中将学生的主体性置于至关重要的位置。岂不知水满则溢，物极必反，主体性的本质是支配资源的权力，而权力与能力应该是对等的。能力够了，不给权力，将导致人力资源浪费和主体性减弱；权力大于能力，也会致使权力滥用，造成资源浪费和安全风险。在教育学生的过程中，放权与限制之间的度如何把握，对于教师来说确实是个难题。

最后，不确定性增多。全世界声名大噪的历史学家尤瓦尔·赫拉利的《今日简史》，给我们描绘了信息技术、人工智能、大数据快速发展的当今时代，人类在工作、生活、教育等重要领域将面临前所未有的巨大挑战。面对"大智联云"的崛起、信息科技与生物技术的融合、全球性问题的恶化，加之自然灾害、病毒侵袭等不可预测的生态问题的频繁出现，尤瓦尔·赫拉利写道："在这个困惑的年代,旧的故事崩塌,新的故事还无以为继,我们该怎样生存下去?"① 新时期人类面临的现实就是——"改变是唯一不变的事",人类要想生存下去,唯有重新认识自己,积累应变的资本,探寻人类心智的奥秘,不断提升自身的适应能力。在这个充满不确定性的时代,教师不仅要学会自己应变,还要教会学生如何应变,其难度之大,不言而喻。毋庸置疑,面对新时期的挑战,高校教师的工作将会变得更加复杂,因材施教的难度会越来越大,对应变能力的要求也将愈发提高,高校教师胜任力将面临严峻考验。

(二)"双一流"建设对高校教师提出更高要求

"双一流"建设战略是在"211工程"和"985工程"基础上提出来的。从理论探索和以往"211工程"和"985工程"建设的经验可知,高校教师是我国高水平大学建设的主力军,教师队伍建设是人才培养质量的保障和提升,学科知识体系的发展与完善,学术成果的社会服务与转化,民族文化的传承与创新等大学社会基本职能实现的核心和关键。

"双一流"建设战略在总要求中,提出了"双一流"建设是以中国特色、世界一流为核心,以立德树人为根本,以创新驱动为发展,以服务经济社会为导向的指导思想;明确了以一流为目标,以学科为基础,以绩效为杠杆,以改革为动力的总原则。并提出了到2020年,若干所大学和一批学科进入世界一流行列,若干学科进入世界一流学科前列;到2030年,更多大学和学科进入世界一流行列,一批学科进入世界一流学科前列,高等教育整体实力显著提升;到21世纪中叶,一流大学和一流学科的数量和实力进入世界前列,基本实现建成高等

---

① [以] 尤瓦尔·赫拉利:《今日简史》,林俊宏译,中信出版社2018年版,第3页。

教育强国的总目标。

"双一流"建设的总体方案，为我国高等教育发展指明了前进的方向，明确了基本原则和要求，定下了目标和基调，给高等教育发展创造了新的机遇，提出了新的挑战。与此同时，"双一流"建设战略的总体要求，也给作为高等教育实施主体的高校教师，下达了任务书和时间表。以"双一流"建设战略"彰显特色、着力创新、育人为本、社会服务、国际合作"的价值取向反观高校教师的发展要求，不难看出，"双一流"建设对高校教师在教学、科研、社会服务等方面，都提出了新的更高的要求。创新创业教育的引导者、智慧教育的实施者、数字公民的培育者，由 0 到 1 的原创性知识的创造者，专利科技成果转化的推动者，这些在传统教师观中不包含的角色期待，悄然地深化和扩展着高校教师胜任力的主要内容。

（三）当前高校教师胜任力发展的现实困境

面对严峻的时代挑战和殷切的社会期许，高校教师的工作状态如何呢？近年来，媒体屡屡爆出大学教师过劳猝死的新闻，而且猝死教师中不乏大量青年教师，引起社会广泛关注。大学教师曾一度被视为一种清闲、稳定、福利好的职业。可研究表明，大学教师每天在学校中工作时间大多为 8—10 小时，大约 90% 的教师每天超出规定工作时间 1 小时以上。[①] 高强度、超负荷的工作未必能够带来理想的预期效果，相反，此种严重的透支很可能导致大学教师的职业倦怠[②]、工作疏离[③]，

[①] 秦琴：《高校教师工作压力与社会支持——以武汉高校为例》，《高等教育研究》2014 年第 4 期。

[②] 刘春华：《高校教师职业倦怠干预研究》，博士学位论文，天津大学，2014 年。

[③] 于海琴、敬鹏飞、王宗怡等：《是什么让高校教师产生工作疏离感——基于 5 所大学优势学科实验室的调查研究》，《高等教育研究》2016 年第 1 期。

影响他们的工作满意度①，致使部分高校教师产生外流意向②，甚至影响他们的身心健康。在这样的工作状态下，高校教师的胜任力发挥情况令人担忧。

另外，在高校教师胜任力的研究中，关注高校教师胜任力现状的学者还不多。从现有研究成果来看，我国高校教师胜任力的状况并不理想，仍有较多指标水平偏低。③ 即便有些研究表明，高校教师胜任力的总体水平较为理想，但仍然存在地区、学校、人口学特征等方面的群体间差异④，说明高校教师胜任力发展水平参差不齐。特别是近几年，随着"互联网+教育"、创新创业教育等教师工作任务的新挑战，高校教师在智慧教学⑤、翻转课堂教学⑥、SPOC 混合教学、创新创业教育等方面的胜任力亟待发展和提升⑦。在人力资源有限、任务复杂繁重的情况下，科学合理地开发高校教师的发展潜力，在保障高校教师身心健康的前提下有效提升高校教师胜任力的水平，进而提高高校教师的工作绩效——相关的理论和实践研究既有意义，又十分必要。

二 高校教师胜任力理论的发展需要

关于高校教师胜任力的研究，我国大约在 2000 年以后兴起，相对

---

① 高鸾、陈思颖、王恒：《北京市高校青年教师工作满意度及其主要影响因素研究——基于北京市 94 所高校青年教师的抽样调查》，《复旦教育论坛》2015 年第 5 期。

② 罗蕴丰、沈红：《大学教师流失意向的影响因素——基于"2014 中国大学教师调查"的实证分析》，《中国高教研究》2017 年第 11 期。

③ 何齐宗：《我国高校教师胜任力研究：进展与思考》，《高等教育研究》2014 年第 10 期。

④ 何齐宗、赵志纯：《高校教师教学胜任力的调查与思考》，《中国大学教学》2018 年第 7 期。

⑤ 赵忠君、郑晴、张伟伟：《智慧学习环境下高校教师胜任力模型构建的实证研究》，《中国电化教育》2019 年第 2 期。

⑥ 王永花、李春燕、殷旭彪：《高校教师翻转课堂胜任力现状与对策研究——基于 S 校一线实践教师的调研》，《高教探索》2019 年第 11 期。

⑦ 廖宏建、张倩苇：《高校教师 SPOC 混合教学胜任力模型——基于行为事件访谈研究》，《开放教育研究》2017 年第 5 期。

西方发达国家起步较晚，最早的研究成果是在 2004 年前后发表的。至今我国高校教师胜任力的研究虽已取得了不少有价值的成果，但仍存在一些不容忽视的问题。①

本书关于高校教师胜任力理论的反思，是从概念界定开始的。高校教师胜任力的概念是由胜任力的概念衍生而来的。目前学界对于胜任力的概念尚无定论，广泛认同的定义是莱尔·史班瑟和西格·史班瑟于 1994 年提出的，即胜任力是指能将组织中绩效优秀的工作人员与绩效一般的工作人员区分开来的人的一切特征的集合。② 将胜任力的概念带入高校教师胜任力，对照胜任力的本质属性反观高校教师胜任力，不难发现，高校教师胜任力理论的不断改进和完善，是其自身存在合法性的内在需要。

首先，在本体论方面，高校教师胜任力的内涵、结构、模型等，与其职业角色期待相关联。也即从业人员的胜任力本体应与时俱进，不断迎合社会对该职业的角色期待。

其次，在价值论方面，高校教师胜任力的研究价值，应在实践领域有所体现。那么，在理论研究方面，就应通过研究，证明高校教师胜任力对工作绩效、工作满意度、工作幸福感等方面的作用机制，以彰显高校教师胜任力的存在价值。

最后，在实践论方面，高校教师胜任力应是可指导、可提升的。这就要求理论研究对此做出有力回应，探究高校教师胜任力的内在和外在的影响因素及其作用机制，为高校教师胜任力提升的实践提供科学的理论指导。综观我国高校教师胜任力理论研究成果，在以上三方

---

① 何齐宗：《我国高校教师胜任力研究：进展与思考》，《高等教育研究》2014 年第 10 期。

② [美] 莱尔·史班瑟：《才能评鉴法》，魏梅金译，汕头大学出版社 2003 年版，第 15—18 页。

面研究上，仍存在提升空间。

三 高校教师个体专业发展的深刻反思

笔者就是一名教龄超过十五年的高校教师，从事高校教育工作多年。在工作中，深感高校教师职能之多元，任务之复杂，工作之繁重。从职能角度，高校教师身兼多种职能。随着时代的发展、社会的变革，大到国家社会，小至家庭个人，对高等教育的期许越来越高，人民对"满意的高等教育"的要求与时俱进。目前社会对高校教师的角色期待，早已不局限于人才培养者、知识创造者、社会服务者和文化传承与创新者，还扩展和提升为数字公民培育者、智慧教育者、创新创业人才培育者、原创性成果的创造者、知识成果的孵化者、国际交流合作者……不断丰富的职责，不断飙升的要求，加之零散的行政事务，常常让高校教师疲于奔命，无所适从。从任务角度看，高校教师的每一种职能的实现都不是轻而易举的，相反都是十分复杂的，甚至是"前路难测"的，最为典型的就是科研工作。德国著名的社会学家马克斯·韦伯，1918年在慕尼黑大学发表的演讲中讲道："学术生涯就是一场豪赌。"近于迷狂的热情、最彻底的专业化、行踪不定的灵感、兢兢业业的努力、绞尽脑汁的思考、无法了解的命运，以及不可操控的"天赋"，这些要素都关乎学术工作的成败。科学研究中有多少不可控和不确定的风险，由此可见一斑。它们给高校教师精神上造成的重压，这在目前的多项研究中都是可以显见的。

那么，面对如此多元的职业角色，繁复的工作任务，高校教师还要兼顾家庭事务，其感知到的时间之紧迫，精力之透支，可想而知。如何将有限的资源精准投入，合理组织，有效利用，以最大限度地促进高校教师专业发展，提升其胜任力？此乃当前高校教师专业发展迫切需要解决的重要问题。首先，在教师个体时间精力有限，任务又复杂繁重的情况下，了解高校教师胜任力的理论模型，搞清楚高校教师胜任力的影响要素及其作用机制，将有利于高校教师培养培训机构以及高校教师本人更好地安排学习和训练活动，将有限的资源投注到效率最高、效果显著的内容和活动中去。其次，根据高校教师胜任力与高校教师本人特质的契合情况，合理安排或选择高校教师的岗位和专业发展方向。一方面，尽可能让高校教师选择相对而言更适合自己的工作和专业；另一方面，也使高校教师不断扬长避短，努力使自己更加胜任自己的工作和专业，走出适合自己，且自己擅长的专业发展之路。

第二节　研究意义

一　理论意义

（一）创新高校教师胜任力理论研究视角

本书试图以知识管理为视角，将高校教师视为特殊的知识工作者。将高校教师履职活动纳入知识管理范畴，即将教学纳入知识育人范畴，将科研纳入知识创造范畴，将社会服务纳入知识应用范畴，对高校教师胜任力进行研究，以期发现高校教师胜任力中以往忽视的内容。以知识管理为视角观察高校教师胜任力，不但能看到高校教师知识应用也即知识育人、知识创造以及知识服务等职能实现过程中的胜任力，还能看到高校教师在知识价值实现以前对知识进行学习、完善的知识管理过程的胜任力，从而能更为系统地对高校教师胜任力进行考察。

以此为后续研究者进行高校教师胜任力的多视角研究，提供经验和借鉴。

（二）丰富高校教师胜任力理论内容

本书力图在对已有高校教师胜任力内涵、结构及理论模型进行系统全面的梳理和反思的基础上，博采众长，归纳整理，并结合本书的独特理论视角，即知识管理的理论视角，将已有研究成果中包含的高校教师胜任力的合理内容纳入本书构建的高校教师胜任力理论模型。通过专家访谈法和统计分析法对本书构建的模型进行修订和验证，争取进一步丰富和完善现有的高校教师胜任力理论模型。

二　实践意义

（一）为"双一流"建设政策的实施提供助力

"双一流"建设是党中央、国务院做出的关于高等教育的重大战略决策，对于提升我国教育发展水平、增强国家核心竞争力、奠定长远发展基础，具有十分重要的意义。在"双一流"建设中，高校教师是必然的主力军。高校教师胜任力的提升，是"双一流"建设的必要保障。本书在"双一流"建设政策实施的大背景下，对高校教师胜任力进行研究。在高校教师胜任力模型构建中，将充分考虑"双一流"建设政策对高校教师在教学、科研、社会服务、国际交流与合作等方面提出的新要求，使高校教师胜任力的内涵与"双一流"建设政策要求相适应，力求为高校教师队伍建设和高校教师个体专业发展提供助力，进而促进"双一流"建设政策的有效推进和实施。

（二）为高校教师队伍建设提供参考信息

当前，随着我国经济体制改革和高等教育改革的发展，高校教师队伍建设已经进入了由数量的外延化发展，向质量的内涵式发展转变的新阶段。《关于新时期加强高等学校教师队伍建设的意见》中指出，当今世界，科学技术日新月异，知识经济初见端倪，国力竞争日趋激烈。科教兴国是我国教育的重要发展战略，这一发展战略，对于作为国家创新之源的高等教育和高校教师提出了更高水平的要求。面对新的挑战和仍然存在的许多问题和困难，教师队伍整体素质亟待进一步提高。本书将以高校教师胜任力为切入点，利用笔者依据知识管理视域下高校教师胜任力模型编写的《高校教师胜任力调查问卷》，对高校教师胜任力现状进行调查研究，力求发现其中存在的问题，探究问题的根源，并提出相应的解决策略，为我国高校教师队伍建设提供第一手资料和建设性建议。

（三）为高校教师个体专业发展提供帮助

个体是整体的细胞，个体的活性影响着整体的生命。高校教师每个个体的专业发展状况，决定着高校教师队伍整体的战斗力和质量。促进高校教师个体的专业发展，是实现高校教师队伍整体建设的有效且重要的途径。针对高校教师个体专业发展中，教师时间精力有限与任务繁重复杂的矛盾问题，为了帮助高校教师更为精准地进行资源投入，更为有效地利用有限的发展资源，并促进高校教师共享资源、交流合作，对个体资源加以有效组织，谋求整体价值最大化，本书力求通过构建知识管理视域下高校教师胜任力模型，使高校教师明确绩优者胜任力的构成要素，靶向精准地投入学习资源；通过借鉴本书提出的高校教师胜任力提升策略，更为有效地学习、交流、合作，逐渐提升自身的胜任力。

第三节 文献综述

一 高校教师知识管理的研究述评

(一) 知识管理研究的学术史梳理

知识管理研究是伴随知识经济时代的来临而发端的。20世纪90年代中期,知识经济时代悄然而至。现代管理学泰斗彼得·德鲁克最早提出了"知识工作者"和"知识社会"的概念,并断言"知识是唯一有意义的资源"[①]。知识经济时代的主要特征是,知识由以往被视为一种促进经济增长的力量,转而成为社会最为重要的价值源泉。如果说,在知识经济时代以前,知识就是力量——通过知识(技术)的力量,促进对资源价值的最大化挖掘;那么,在知识经济时代,知识就是资源或资本——知识本身就能创造价值。[②] 在知识经济时代,产业结构不断改造升级,由原来的以硬件为中心,转变为以服务为中心;软件开发、信息服务、咨询、制药、生物技术等新型产业不断兴起。在这样的大背景下,知识管理越发受到关注和青睐,知识管理研究也逐渐成为一个热门的研究领域。

1986年,卡尔·思威彼第一次提出了"知识型企业"和"知识管理"的概念。随后,他与汤姆·劳埃德合著的《知识型企业的管理》出版,书中提出了一整套指导知识型企业经营管理的思想和方法,被学界视作知识型企业管理最早的一部作品。1990年思威彼

[①] [美]彼得·德鲁克等:《知识管理》,杨开峰译,中国人民大学出版社2004年版,第3页。

[②] 叶茂林:《知识管理及时信息化系统》,经济管理出版社2006年版,第1—5页。

又出版了《知识管理》一书，这是世界上首部以"知识管理"作为书名的著作。① 思威彼的知识管理理论和工具为企业和学习型组织建设，保障组织在知识经济时代的长期、可持续的生存和发展提供了有效的路径和方略，故而思威彼被誉为"知识管理的奠基之父"②。

随着知识价值的凸显，知识管理研究与实践迅速升温、如火如荼。20世纪80年代末，美国一个企业开启了一个名为"管理知识资产"的项目；随后，类似的项目如雨后春笋般在管理咨询公司的指导下，在各地企业内部开始实施。同一时期，众多以"知识管理"为主题的文章在诸如《组织科学》之类的学术刊物上刊出；欧洲也在同一时期创办了国际知识管理网络平台。越来越多的企业、组织以及学术研究者，投身于知识管理的研究与实践。

在众多的知识管理研究者中，最负盛名的当属日本学者野中郁次郎与竹内弘高。20世纪末，野中郁次郎和竹内弘高在深入分析和研究日本成功企业的大量案例之后，撰写了《创造知识的企业》一书。与以往知识管理理论不同，传统知识管理研究"基本上是在重述如何利用信息技术对现有知识进行管理"，野中郁次郎和竹内弘高两位学者，却强调知识管理在知识创造中的作用。他们通过该著作，构建了知识创造的理论体系。具体而言，书中探讨了知识转化的四种模式，即共同化、表出化、联结化和内在化，并基于此提出了促进组织知识创造的条件，以及组织进行知识创造的五个阶段。③

不久之后，野中郁次郎与竹内弘高再度合作，出版了《知识创造

---

① 徐向艺、辛杰主编：《企业知识管理》，山东人民出版社2008年版，第46—47页。
② 高洪深、丁娟娟编著：《企业知识管理》，清华大学出版社2003年版，第27页。
③ [日]野中郁次郎、[日]竹内弘高：《创造知识的企业：日美企业持续创新的动力》，李萌、高飞译，知识产权出版社2006年版，第71、99页。

的螺旋》和《创造知识的本质》等多部经典作品,将知识管理理论拓展到了更广阔的实践领域,为企业知识管理理论的发展与应用做出了突出的贡献。野中郁次郎与竹内弘高合著的《创造知识的企业》一书,是迄今为止被引用最多的知识管理类专著。野中郁次郎也因其在知识管理理论研究领域的突出贡献而被誉为"知识管理之父"。

时至今日,人工智能、工业4.0、知识工作自动化等应用愈发普遍,知识管理研究作为构建人工智能与人类桥梁的关键角色,也将越来越受到重视和青睐。

(二) 知识管理的研究综述

在知识经济背景下,知识作为一项最重要的生产要素,在社会各个领域都发挥着重要的作用。[①] 因此,知识管理研究几乎涉及社会治理、企业经营、文化教育等各个实践领域,这就导致知识管理研究的内容十分庞杂。从学科角度看,知识管理研究辐射到商业经济学、信息科学图书馆学、运筹管理学、教育学、心理学等众多学科领域;具体研究内容包括知识的分类研究,以及知识管理的概念、过程、模式、作用、技术等各个方面;研究对象包括企业、学校、图书馆、编辑部等社会组织,以及法官、编辑、教师、学生等行业群体和个人。本书试图透过具体研究内容,根据研究者知识管理研究关注点的不同,透视其背后的价值取向,对知识管理研究成果进行梳理,由此得出,知识管理研究大致可以分为三种主要的研究取向,即技术取向、行为取向和综合取向。[②]

技术取向的观点认为,知识管理的重点应该是对信息(显性知识)

---

① [美]彼得·德鲁克:《后资本主义社会》,张星岩译,上海译文出版社1998年版,第182页。

② 霍国庆等:《企业知识管理战略》,中国人民大学出版社2007年版,第19页。

的管理，而技术在知识管理中发挥着重要的作用。技术取向的研究力图通过开发并利用有效的知识管理工具、方法、流程等技术，提高知识管理的绩效。特别是近年来，由于互联网的普及，大数据的应用，在信息爆炸的背景下，各种先进技术在知识管理中所发挥的作用愈加凸显，此类研究也层出不穷。王馨悦等人对交互记忆系统在模型中的知识积累管理、知识交流管理和知识应用管理等方面的应用研究进行梳理，认为交互记忆系统在知识管理中的作用和价值日益凸显，并对未来研究的方向进行了预测。①叶英平等人认为，为了适应大数据时代对知识管理的要求，需要重新对知识管理过程进行定位，应运用大数据技术构建知识管理模型。②

总之，技术取向认为知识管理就是对信息（显性知识）的管理，强调通过技术，对信息（显性知识）进行管理，包括信息的搜索、分类、储存、组织、提取等，其本质是知识本位本主义的研究取向。

与技术取向的观点不同，行为取向的研究者们认为，知识的承载者是人，知识管理应侧重对人的管理。③行为取向的研究试图通过改善或提升员工的知识管理行为，诸如知识的选取、知识的分享与交流、知识的分类与整理以及知识的应用与创造等行为，进而提升知识管理的绩效。行为取向的研究较为对重视蕴藏在知识工作者个体之中的隐性知识的开发与利用，更为侧重对隐性知识的管理。

野中郁次郎就是行为取向的典型代表。从野中郁次郎对知识的界定就可以看出，野中郁次郎十分注重对员工个人知识的开发。野中郁

---

① 王馨悦、卢新元、黄梦梅：《交互记忆系统在知识管理中的应用现状与展望》，《信息资源管理学报》2020年第2期。

② 叶英平、陈海涛、陈皓：《大数据时代知识管理过程、技术工具、模型与对策》，《图书情报工作》2019年第5期。

③ 徐向艺、辛杰主编：《企业知识管理》，山东人民出版社2008年版，第50页。

次郎认为，知识是验证个人信念接近真实的人际互动过程。① 从中可以看出，在野中郁次郎看来，知识与人是深度融合的，知识蕴藏于个体之中，对知识的管理与对人的管理是分不开的。

钟玲玲等人在虚拟学术社区用户知识交流影响因素的实证研究中发现，激励、社会影响以及感知信任对虚拟学术社区用户知识的交流意愿具有正向促进作用，绩效期望对虚拟学术社区用户的知识交流意愿存在阻碍作用，努力期望、便利条件对于知识交流意愿无显著影响。基于这些研究结论，他们提出了提高虚拟社区平台的活跃度及用户知识交流效率的建设性意见。②

杨瑞仙等人在学术虚拟社区科研人员知识交流效率感知的调查研究中发现，当前我国科研人员的知识交流效率较低；女科研人员的知识交流效率相较于男性处于劣势；年龄、科研工作年限、受教育程度、专业技术职称等是知识交流效率的重要影响因素；用户的感知易用性和感知有用性也对知识交流效率产生重要影响，而这一因素是通过知识交流意愿发挥作用的，知识交流主体特征在这一过程中对知识交流意愿产生部分调节效应。他们在分析知识交流效率感知影响因素的基础上，有针对性地提出了相应的对策建议。③

总之，相较于技术取向的研究，行为取向更看重人在知识管理中的重要地位，强调员工的动机、能力、个性特征、行为方式等个体因素对知识管理绩效的影响，且尤为重视在技术取向前期研究中容易被忽视的隐性知识的管理，其本质上是人本主义的研究取向。

---

① ［日］野中郁次郎、［日］竹内弘高：《创造知识的企业：日美企业持续创新的动力》，李萌、高飞译，知识产权出版社2006年版，第65页。
② 钟玲玲、王战平、谭春辉：《虚拟学术社区用户知识交流影响因素研究》，《情报科学》2020年第3期。
③ 杨瑞仙、权明喆、武亚倩等：《学术虚拟社区科研人员知识交流效率感知调查研究》，《图书与情报》2018年第6期。

综合取向的观点实则是对技术取向和行为取向观点的整合与补充。综合取向的观点将知识管理视为一项综合性很强的系统工程,强调知识管理的内容应包含知识要素、技术要素、组织要素、人力资源要素和文化要素等。[①]

如以埃里克·崔为代表的个人知识管理技术论学派认为,个人知识管理技术与组织知识管理技术有所不同,个人知识管理应将技术与实践、方法、能力等相结合,注重技术的运用,提升知识工作者的胜任力。[②]

艾瑞克等人于2014年讨论了PLE&N与Web服务互操作性的工具IFTTT的使用,解决了已有学习或知识管理工具与Web松散连接、不便管理的问题。他们还提出,个人知识工作者正在继续通过云中的Web 2.0工具来实现自己的个人目标。[③]

冈萨雷斯等人于2014年提出了支持知识管理过程的五种组织结构,即人力资源、团队合作、组织文化、组织结构、知识开发与吸收。同时,他还提出了知识管理过程的四个阶段,包括知识的获取、存储、分配和使用。[④]

对组织中知识工作者知识管理的研究,侧重组织环境下,知识工作者个人知识管理的研究。个人知识管理水平的高低影响组织知识管理的绩效,反之,组织知识管理的优劣也会对个人知识管理产生影响,

---

[①] 徐向艺、辛杰主编:《企业知识管理》,山东人民出版社2008年版,第50页。

[②] 杨羽茜、邓胜利:《国外个人知识管理研究进展与述评》,《数字图书馆论坛》2017年第4期。

[③] E. Tsui, W. M. Wang and F. Sabetzadeh, "Enacting Personal Knowledge Management & Learning with Web Services Interoperability Tools", 2014 IEEE 3rd International Conference on Cloud Computing and Intelligence Systems, Shenzhen, China, 2014, pp. 491–494.

[④] Domínguez Gonzalez R. V., Martins M. F., "Knowledge Management: An Analysis from the Organizational Development", Journal of technology management & innovation, Vol. 9, No. 1, Jan 2014, pp. 131–147.

二者相辅相成，相互促进。

另外，欧阳智等人认为，人工智能的快速发展，必将带动知识管理的发展与变革。他们通过分析人工智能环境下的知识管理和知识组织，提出人工智能不仅能提高个体沟通的便利性，提升个体隐性知识的效率，更具突破性的是，伴随着脑机交互技术的发展，有可能对于个体隐性知识的识别和外化产生重大的影响。虽然，目前这一技术的可靠性、准确性、信息转化率仍然较低，但脑机交互技术的发展对于人类隐性知识管理的重要意义却可见一斑。欧阳智等人的研究就将人工智能技术与个体知识转化机制的研究成果作为自己的研究基础，构建了结合深度学习等人工智能技术的知识管理框架，进一步促进了知识管理框架的系统化；将知识管理框架由知识创造，拓展到知识的分享、交流、应用等更加完整的知识管理过程，并充分展现了人工智能在其中发挥的重要作用。①

总之，综合取向的研究认为，知识管理应该是对技术、人和组织的综合管理。特别是进入 Web 3.0（2005—2020）和 Web 4.0（2015—2030）时代后，知识管理越发强调知识之间语义和智能的连接，人工智能与知识管理的联系愈发密切，个人知识管理研究不断升温，隐性知识显性化与显性知识标准化都离不开人、技术和组织三者协同融合的研究来实现，只有将三者有机结合，才能更好地促进知识管理研究的创新和发展。②

通过以上文献梳理可知，进入知识经济时代后，知识管理的重要性已经得到学界以及实践领域的普遍认同，并且知识管理在社会各个

---

① 欧阳智、魏琴、肖旭：《人工智能环境下的知识管理：变革发展与系统框架》，《图书与情报》2017 年第 6 期。

② [德] 马丁、Kai Mertins、Peter Heisig、Jens Vorbeck 编著：《知识管理：原理及最佳实践》，赵海涛、彭瑞梅译，清华大学出版社 2004 年版，第 35 页。

领域的作用必将愈发凸显。时至今日，经过前人的努力，该领域已经取得了丰硕的研究成果和大量宝贵的实践经验，知识管理已经形成了综合系统完整的理论体系，并仍然不断朝着理论愈发多元、领域逐步扩展、研究细致深化的方向发展。

（三）教育领域知识管理的研究综述

教育是以知识（教育内容）为媒介培养人的活动，知识管理在教育领域的价值不言而喻，教育领域的知识管理研究自然不容忽视。本书将按照分层递进的方式，从学科领域到教育管理学视域下知识管理的研究主题和教师个体知识管理的研究内容及方法等维度，对教育领域知识管理的相关研究成果进行逐层深入细化的梳理。

1. 教育领域知识管理研究的学科分析

教育领域知识管理研究主要分布在教育技术学、图书情报学和教育管理与组织行为学等学科领域。

首先，知识管理对教育技术领域的研究具有重要借鉴意义。随着信息技术的发展，知识在教育技术活动中的作用越来越重要。知识管理的理论、方法、手段、工具对于促进教育技术领域的发展和变革愈发具有借鉴意义。[1]

如温格关于实践社区的研究。温格认为，学习是一项社会化的活动，群体学习有助于提高个体的学习效率和效果。于是温格提出了实践社区的概念，即实践社区是一个社会学习系统，一群人在这个系统中共同努力分享他们的兴趣并从事增进联系的集体学习。[2] 温格构建的学习社区，实际上是借助网络而构建的促进个体知识管理，并有助于

---

[1] 智勇：《知识管理技术与教育技术的发展》，《电化教育研究》2002年第10期。

[2] Cuddy C., "Cultivating Communities of Practice: A Guide to Managing Knowledge", *The Bottom Line*, Vol. 15, No. 2, Jun 2002, p. 45.

知识分享和交流的技术或工具。

我国教育技术领域的专家黎加厚，在2001年学术刊物上发表的学术论文，首次将知识管理理论引入我国教育技术领域，并为后续研究者在教育技术领域的知识管理研究奠定了基础。而后，知识管理对教育技术学科研究与实践的影响愈发广泛而深入：教育信息化发展在知识管理理论的引领和启示下，不断改进初始阶段的"低认知水平，简单技术操作"的网络教学方式，朝着"高智慧学习体系"的方向发展；在知识结构建设、知识管理技术开发、教育技术服务和知识创新等方面，产生了丰硕的研究成果。

其次，知识管理是图书情报领域热门的研究内容。图书情报学对于知识和信息的研究问题一直十分关注，尤其在布鲁克斯提出知识方程后，知识管理更成为图书情报学研究的热点。[①]

赵蓉英等人于2017年采用文献计量学的引文分析方法，从时间维度对知识管理主题发展演变进行了分析。他们发现：图书情报学对知识管理的研究，其主题主要包括信息资源管理、信息化管理、知识发现、知识共享、知识组织、知识服务等。他们还预测：知识管理研究在未来将成为一个公认的体系；知识管理将从战略计划，逐渐渗透到工作、生活的方方面面；知识管理的主题，将从注重知识加工转变为强调知识共享；知识管理研究将从理论研究转向技术应用；知识管理的研究对象将越发走向精准化；知识管理将向网络化、智能化发展方向演进；知识管理将愈发重视知识的创新。[②]

最后，知识管理能够引发教育管理学领域研究的改革与创新。知

---

① 石玉玲、陈万明：《我国知识管理研究现状、热点与趋势》，《新世纪图书馆》2020年第4期。
② 赵蓉英、魏明坤：《基于引文分析视角的知识管理主题研究——以图书情报领域为例》，《情报科学》2017年第6期。

识管理作为管理学学科领域的重大理论突破，对其特殊理论学科教育管理学的研究，产生了显著的辐射效应。国内第一篇以知识管理为主题的教育管理学文章《学校的"知识管理"探微》，是刘毓于1998年在《教育评论》上公开发表的。刘毓在文章中介绍了知识管理的内涵和特征；阐述并分析了知识管理在学校办学和发展中的重要作用；并基于对本体和价值的分析，提出了学校知识管理的实施策略。随后，不断有教育管理学学科领域的研究者，投入到对教育知识管理的研究中。

教育管理学学科领域的研究者，往往比较注重知识管理在学校管理中的应用；同时，对知识管理与课程教学改革、知识管理与教师队伍建设、知识管理与人才培养等方面的研究内容比较感兴趣。①

张菊香等人将知识管理的理论和方法引入高校办公室的管理过程。他们在对高校办公室知识管理的内涵和特征进行分析和澄清之后，认为高校办公室的知识管理应包括内、外两方面内容；应通过高校办公信息系统建设与完善，保障高校办公信息系统的规范和安全，关注高校管理人员信息素养的培育和提升，增强高校办公系统的用户利用率和关联度等方面促进高校办公室的知识管理。②

杨卉等人将知识管理与课程教学改革对接，提出应通过教学案例知识管理系统建设，为教师提供促进专业发展的知识资源平台。他们认为，教学案例知识管理系统的建设和完善，应能又快又好地满足教师对教学案例学习的诉求，帮助教师解决实际教学中的困难和问题；同时，教学案例知识管理系统还应能促进教师对教育的多元理解和领

---

① 骆玲芳主编：《学校知识管理》，北京理工大学出版社2010年版，第7页。
② 张菊香、杨晓岚：《论高校办公室的知识管理》，《科技进步与对策》2003年第S1期。

悟，帮助教师采用多样化的方法分析和反思教育教学实践中存在的现实问题。①

梁占华和张玲比较关注知识管理与教师队伍建设之间的关系。他们将知识管理理论、方法和策略应用到了职前教师教育技术能力的培养之中。梁占华以野中郁次郎的知识管理理论为视角，剖析了职前教师教育技术能力培养的机制，在此基础上提出了职前教师教育技术能力培养的知识管理模式，并采用实证检验的方式对该模式的实践效果进行了验证。②

关于知识管理在学校管理中应用的相关研究，每年都有大量相关研究成果发表在核心及以上期刊，说明教育管理学无疑是教育知识管理学科的重要研究领域。

2. 教育管理学视域下知识管理的研究主题分析

教育领域具有知识工作者会聚、知识高度密集的特点，对知识的学与教是教育管理学的技术核心。③ 教育管理学受到管理学中知识管理研究的影响，十分注重对知识管理的研究。

我国在教育管理学领域早期的知识管理研究主题，侧重对学校知识管理的整体布局和宏观设计。刘毓、郁义鸿、蒋云尔等人的研究皆属于此类。这些研究成果充分肯定了学校知识管理的必然性、必要性以及知识管理之于学校生存与发展的战略意义，同时为后续研究提供了基本框架，即学校知识管理需要在信息基础设施建设④、组织与领导

---

① 杨卉、王陆、冯红：《教学案例知识管理系统的设计与实现》，《中国电化教育》2004年第10期。
② 梁占华、张玲：《知识管理在职前教师教育技术能力培养中的应用研究》，《电化教育研究》2008年第9期。
③ [美] 韦恩·K.霍伊、塞西尔·G.米斯克尔：《教育管理学：理论·研究·实践》，范国睿主译，教育科学出版社2007年版，第37页。
④ 孙绵涛：《教育管理学》，人民教育出版社2007年版，第163—164页。

建设、运行机制探索、制度建设、文化建设、个人知识管理能力①等方面进一步深入研究与改进。

刘毓认为,知识管理对于学校管理具有重要的意义,学校知识管理可以促进管理者树立危机意识,加强管理者的责任感;学校知识管理有利于提高学校的工作绩效;学校知识管理还可以促使学校发展自身的办学特色。在分析学校知识管理的价值和意义的基础上,刘毓还提出了关于学校知识管理的建设性意见和建议。②

郁义鸿也认为,知识管理对于高校提高竞争力十分重要。他指出,在知识经济时代,有效的知识管理是提升高校竞争力的根本出路,高校要想保障生存和可持续发展,就必须将知识管理置于核心战略地位。他提出高校知识管理实施应从以下几方面入手:第一,从信息基础设施的建设和完善入手,为高校知识管理提供技术支持和保障;第二,从组织结构入手,建设适合推行知识管理的组织结构,促进教师之间知识的分享与交流;第三,从体制改革和机制创新入手,推行类似"数字神经系统"的知识管理运行机制;第四,从制度建设入手,为高校知识管理营造良好的有利于知识成果保护、推广、应用和创新的外部制度环境;第五,从文化建设入手,努力建设有利于知识共享与交流、知识生产与创新和知识开发与应用的高校组织文化,树立适应新的时代特征的观念。③

随着知识管理研究成果的丰富与积累,教育管理学领域知识管理的研究主题,已逐步渗入学校管理的方方面面,包括知识管理技术的

---

① 陈孝彬、高洪源主编:《教育管理学》,北京师范大学出版社2008年版,第235页。
② 刘毓:《学校的"知识管理"探微》,《教育评论》1998年第6期。
③ 郁义鸿:《知识管理与高校竞争力》,《研究与发展管理》2002年第2期。

应用与开发、知识管理与学习型或知识型组织建设①、知识管理与学校制度的改革与创新、知识管理与学校文化氛围的建设与营造、知识管理与教育教学改革、教育领域个人知识管理等。

首先，随着互联网的迅猛发展，人们学习和获取信息的途径与方式都发生了翻天覆地的变化。一方面，知识和信息的指数级增长导致信息爆炸②；另一方面，人类受到官能的限制，需要借助各种平台、工具和操作方法等技术手段，延长或扩展人类的知识管理能力，进而提升知识管理的效率，以适应知识经济时代社会发展的需要。故而，技术的应用与开发，一直是知识管理领域的重要研究主题。该主题在教育管理学领域的价值追求，或是通过技术改善学校管理，进而提升学校竞争力；或是服务于教师的知识管理，促进教师的专业发展；或是融知识管理理念和技术于教育教学之中，优化人才培养的效率和质量。这里的技术，学界普遍认为，不仅仅包含以计算机为代表的信息技术，而是所有实践知识管理理念的具体的方法、过程、策略与工具的总称。

甘永成认为，应将知识管理理念和技术融入教育教学过程中，优化人才培养的效率和质量。他主张将 e-Learning 资源库和虚拟学习社区建设与知识管理相融合，促进学习者在虚拟社区环境下的知识共享、交流与协作。最后，他还总结和归纳了知识管理在虚拟学习社区建设和完善中应用的建议和意见。③

谭玉红等人强调知识地图在学校知识管理中的重要作用。他们认为，知识地图是提升知识管理绩效的重要手段。知识地图是帮助学习者快速、准确、高效地搜索知识的手段和技术。有了知识地图，学习

---

① [美] 韦恩·K. 霍伊、塞西尔·G. 米斯克尔：《教育管理学：理论·研究·实践》，范国睿主译，教育科学出版社2007年版，第31页。
② 朱国宏、刘子馨主编：《知识经济时代的来临》，复旦大学出版社1998年版，第63页。
③ 甘永成：《e-Learning 环境下的个人知识管理》，《中国电化教育》2003年第6期。

者可以按图索骥，将大大减少其在知识搜索过程中时间和精力的损耗。因此，他们建议学校建立知识库图、教职工图和专项工作知识地图，帮助教职工排除在知识管理过程中的障碍。①

王悦等人则关注通过知识链模型建设促进远程教育的知识管理。他们把知识链的理念和技术引入远程教育知识管理系统框架建设过程，强调知识链之于知识资源共享、知识加工处理、知识资源汇总、知识共享平台以及人际互动和环境支持等方面的启示，有利于促进知识管理理论在各领域应用价值的充分实现。②

诸如此类的研究成果不断涌现，可以预见未来的知识管理技术还将不断朝着与人工智能、大数据相结合的方向进一步发展，技术在知识管理中的价值也将越来越凸显。

其次，知识管理思想和理念在学校管理中的应用，离不开制度、组织和文化方面的协同配合，这些因素同样关乎学校知识管理的成败。③

丁激文等人认为，高校科研创新能力的提升，离不开有效的知识管理。他们基于对当时高校管理状况的分析，提出应营造有利于知识管理的文化氛围；构建有利于知识管理实施的组织结构；建立共享知识库，促进知识共享；增强对高校科研创新的激励机制；强化高校与校外机构的科研合作等建议。④

戴继平和张晓涵提出，在知识经济背景下，各类组织将知识管理

---

① 谭玉红、吴岩：《关于学校知识管理中的"知识地图"研究》，《电化教育研究》2005年第3期。
② 王悦、宋晓梅：《基于知识链的现代远程教育知识管理系统框架研究》，《中国电化教育》2009年第9期。
③ ［美］韦恩·K. 霍伊、塞西尔·G. 米斯克尔：《教育管理学：理论·研究·实践》，范国睿主译，教育科学出版社2007年版，第22—31页。
④ 丁激文、詹湘东：《试论知识管理在高校中的运行机制》，《现代大学教育》2006年第4期。

引入管理模式已经成为一种必然的发展趋势。只有通过组织结构变革，使之扁平化、柔性化，权力下放，给下层组织更大的自主权等组织结构变革，才能有效促进知识管理与高校管理的充分结合。[①]

刘晔倡导通过建立开放、互信、和谐、融洽的知识共享型校园文化，以促进高校知识管理绩效的提升。同时，他提出了一系列营造共享型校园文化的建议，即"一把手"知识管理工程，就是说，强化高校领导知识观方面的宣传和教育，使之形成积极正向的知识观；培养团队合作意识，营造相互信任的氛围；弘扬奉献精神，破除自私观念；推进学术交流与合作，促进百家争鸣、百花齐放的学术氛围的生成。[②]

再次，知识管理理论给教育教学改革提供了全新的视角和高效的模式。教育教学是以知识为主要媒介，对学生的身心发展施以特定影响的活动。各学科知识是教育教学的主要内容。学生的学习过程，很大程度上是对知识的获取和吸收、消化和理解、应用和创造的过程，以知识管理的视角观之，其本质就是知识管理的过程。[③] 研究学生知识管理的规律，以其作为教育教学设计和实施的重要依据，即是"以学生为中心"教育教学理念的落地与实施。

张建华基于知识管理的理念提出了"教—学—做"一体化的教学模式。他从知识管理的理论视角观察教学活动，认为教学活动的本质是知识管理系统的自组织过程。该过程通过教师与学生的互动，实现由教到学的对知识的传播、理解与吸纳，以及由学到教的对知识的加工、整合、应用与创新。在该教学模式下，实现了教学活动中教与学

[①] 戴继平、张晓涵：《知识管理视角下高校组织结构的变革分析》，《湖北大学学报》（哲学社会科学版）2010年第6期。

[②] 刘晔：《校园文化对高校知识管理的影响》，《河南师范大学学报》（哲学社会科学版）2011年第5期。

[③] 孙绵涛：《教育管理学》，人民教育出版社2007年版，第210—214页。

知识管理过程的无缝对接，能更有效地提升教学活动的知识管理效率。①

吴言明以知识管理的理论视角，反思了我国课程体系建设中的问题，提出自己的独到见解。他将知识管理理念与高职课程建设相结合，提出基于知识管理的高职课程体系建设的关键节点，即知识审计、知识地图绘制、课程资源库建设。在此基础上，他基于对行业企业家、高管、技师等职业人员履职活动的知识管理机制分析，提出整合智能资源库之于高职课程体系建设意义重大。②

杨蕾和王秀彦将知识管理理念引入大学生创新创业教育实践。她们以知识管理为理论视角，分析了当前大学生创新创业教育中存在的问题，即由于隐性知识教学的缺失，导致隐性知识在大学生创新创业中的作用未能充分发挥，致使其严重制约了大学生创新创业实践的成效。基于隐性知识与显性知识的转化机制，他们提出应加强教师在创新创业教育中隐性知识的分享和开发，并建议通过师徒制、案例教学、实践教学等方式解决隐性知识难以教授的问题。③

最后，学校中教育者与受教育者的知识管理，也是教育管理领域知识管理的重要研究内容。④ 随着知识经济社会的发展，知识管理日渐成为学生适应社会、提高个人竞争力、应对机遇与挑战所必备的一项重要技能。学生知识管理的研究，也因此成为当前教育领域知识管理的一个热点问题。

杨羽茜与邓胜利致力于对学生个人知识管理的研究。他们通过对

---

① 张建华：《基于知识管理的"教—学—做"一体化教学模式研究》，《研究生教育研究》2013年第1期。
② 吴言明：《基于知识管理理论的高职课程体系构建》，《广西社会科学》2014年第5期。
③ 杨蕾、王秀彦：《基于知识管理的大学生创业教育质量提升策略研究》，《中国大学教学》2016年第2期。
④ 骆玲芳主编：《学校知识管理》，北京理工大学出版社2010年版，第10页。

国外知识管理研究的综述，提出了学生的知识管理能力对于其就业竞争力、终身学习能力具有重要影响。他们对当时学生个人知识管理中存在的问题进行了归纳和分析，提出学生在个人知识管理方面存在知识整合度不高、知识分享不够、隐性知识匮乏、知识评价工具欠缺等问题。针对这些问题，他们提出，应增强学生的知识管理意识，建立个人知识体系，恰当使用知识管理工具，注重知识的分享与交流，养成反思学习的习惯等提升学生个人知识管理水平的策略。[1]

贾波专门针对大学生创新能力培养，探讨了隐性知识管理的问题。他认为，大学生创新能力培养，必须注重隐性知识的开发。基于此，他提出了有利于隐性知识分享与交流的大学生教育模式。[2]

李洪杰也认为，大学生的学习和研究离不开有效的知识管理，知识管理对于大学生知识的巩固和扩展具有重要影响。他提出，高校应注重培养大学生的知识管理能力，应从知识资源库建设的角度，为大学生的知识获取、分享、交流与应用创造有利的环境条件和文化氛围。[3]

总之，学生知识管理的研究大多依据知识管理的相关理论，如知识分类及其特点、知识管理过程机制、知识管理影响因素等，指导学生个体知识管理的实践，通过思辨研究或实证研究的方式，分析和探讨目前学生个体知识管理中存在的问题和原因，并提出相应的解决路径和建设性意见，旨在提升大学生的知识管理能力，提高其知识管理的效率。

教师作为特殊的知识工作者，对于教师个人知识管理的研究，也

---

[1] 孙晓宁、储节旺：《国内个人知识管理研究述评与展望》，《情报科学》2015年第2期。
[2] 贾波：《刍议大学生创新能力培养中的隐性知识管理》，《学校党建与思想教育》2017年第1期。
[3] 李洪杰：《大学生知识管理能力培育简析》，《学校党建与思想教育》2017年第20期。

是不容忽视的。出于研究目的和意图的需要，本书试图对教师知识管理单独进行阐述。

3. 教师知识管理研究的分析

关于教师知识管理的内涵，因研究者对教师知识理解的不同而有所差异。

姜美玲提出，教师知识中最重要的是教师实践性知识，也即在教师的教育教学活动中，真正指引教师决策和行为，决定教育教学质量和效率的知识。因此，姜美玲特别强调教师应重视对自身实践性知识的管理。[1]

邱学青等人将教师知识理解为教育教学情境中的知识和日常生活中的知识，故而将教师知识管理界定为教师对日常生活中和教育教学实践中的知识经验进行的学习、储存、分享、交流和创造的过程。他们将高校教师知识的内涵，理解为技术知识、内容知识、教育知识、技术内容知识、教育内容知识、技术教育内容知识的结合体，所以，他们将教师知识管理理解为对技术教育内容知识的管理。因此，高校教师知识管理即是对技术知识、内容知识等以上知识结合体的管理。[2]

杨上影则强调，在"互联网+"时代，应注重教师个人知识的管理。杨上影提出：互联网引发了知识大爆炸，知识更新的速度不断加快。互联网作为知识和信息传播的重要媒介，教师对以互联网为主要渠道获取的知识的管理，其成效对教师的专业发展产生重要的影响。[3]

---

[1] 姜美玲：《教师实践性知识研究》，华东师范大学出版社2008年版，第21—24页。
[2] 邱学青、李正：《基于知识管理视角的高校教师专业发展策略研究》，《高等工程教育研究》2013年第6期。
[3] 杨上影：《"互联网+"时代教师个人知识管理》，电子工业出版社2019年版，第3页。

本书将教师知识理解为体现教师专业性的学科专业知识和教育教学知识，以及反映这两类知识与实践情境互动状况和知识活性的实践性知识。因此，本书将高校教师知识管理界定为，高校教师在教育教学、科学研究与社会服务中，对其学科专业知识和教育教学知识及社会服务知识的不断获取、积累、分享、交流、整合、应用与创新的过程。

从研究内容的角度看，教师个人知识管理对教学质量与教师专业发展产生重要影响。[①] 通过对国内外教师知识管理研究成果的梳理，教师知识管理研究基本上是以知识管理理论——包括知识内涵、知识管理过程和知识管理模型等为理论基础，分析和探究不同层次教师知识管理的理论阐释、模式探讨、实施方法等内容。[②] 如果从不同视角对现有教师知识管理研究内容进行梳理，可以发现各研究者对教师知识管理研究的侧重点有所不同。

从不同类型知识的管理视角来看，包括教师实践性知识管理、教师个体的知识管理、教学策略的知识管理、TPACK 的知识管理以及教学方法的知识管理等。

程凤农重点探讨了教师实践性知识管理的问题。他认为，教师实践性知识管理在教师履职活动中发挥重要作用，但在实践场域中，教师实践性知识管理仍然存在诸如知识管理动机较弱、隐性知识分享不力、知识反思不足等问题。究其根源，是由于实践性知识本身难以分享，教师和学校在知识管理方面仍然存在一定的缺失。为了更好地促进教师实践性知识的分享、交流与应用，应依据隐性知识与显性知识

---

① 鲍嵘、何珊云：《地图构建：教师个人知识管理的方略》，《大学教育科学》2008年第5期。
② 孙晓宁、储节旺：《国内个人知识管理研究述评与展望》，《情报科学》2015年第2期。

相互转化的规律，对现有教师和学校的管理进行完善和改进。①

王健聚焦教师个人的知识分享，对其进行了深入的探究。他归纳和整理了当时教师个人知识分享中存在的问题，主要为教师知识管理的意识不明确，共享知识的愿望不强，不同教师的认知结构存在较大差异等主观上的问题；同时由于教师个人知识本身具有难以分享和交流的特点；加之学校在知识管理方面的缺失，给教师个人知识分享造成了一定的障碍。为了促进教师个人知识的共享，他提出应从学校组织结构、文化氛围、激励机制、信息平台、团队学习等方面入手，完善学校的知识型组织建设，促进教师个人知识的分享。②

从不同层面知识管理的角度来看，不同学者从不同层面——包括组织层面和个体层面的不同视角，关注教师的知识管理。研究者们分别从组织层面和个人角度提出了促进教师知识管理的建设性意见和建议。

吴卫东关注的是教师共同体层面的知识管理。他认为，教师共同体的知识管理有利于改变教师的知识观、学习观，促进教师个体知识管理能力的提升。他提出，应通过组织建构校内和校际教师学习共同体，开展学术交流活动，进行研讨型、沙龙型、实习型等类型的学习场域建设，采用案例教学以及建设教师实践共同体等运作策略，提升教师共同体的知识管理效率。③

易凌峰等人则关注教师个体层面的知识管理。他们对教师个体的知识管理能力进行了深入剖析，认为教师个体知识管理能力应包括教学知识的获取能力、转化能力、应用能力和保护能力。基于教师个

---

① 程凤农：《教师实践性知识管理策略探析》，《教育发展研究》2014 年第 12 期。
② 王健：《促进教师个人知识共享的学校知识管理策略》，《教育理论与实践》2005 年第 16 期。
③ 吴卫东：《教师共同体的知识管理》，《教育发展研究》2005 年第 3 期。

体知识管理能力的内涵,他们还提出了促进教师个体知识管理的措施和策略。①

代君与张丽芬针对高校青年教师个体知识管理的需要和特点,提出高校青年教师应加强主动学习,积极开展科学研究,强化实践反思,不断提升自己的知识管理能力,进而促进自身的专业发展。②

从过程与结构视角来看,包括侧重过程性要素的教师知识管理研究③和侧重结构性要素的教师知识管理研究④。

姜建明和马竞飞从知识管理过程的视角,提出高校教师应在提升获取信息、评估信息、组织信息、分析信息、表达信息、确保信息安全和围绕信息进行协作的知识管理过程中,掌握科学适切的技能,提高教师个人知识管理的效率。他们还针对这些教师个人知识管理的过程,提出了相应的知识管理策略,包括分析学习中的知识缺口、获取所需知识、应用知识资源解决具体问题、参与知识交流和共享、维护及改善个人知识体系等。他们经过研究还发现,创新、反思和交流是贯穿于个人知识管理整个过程的三个要素,只有坚持在这三个要素上发力,教师个人知识管理的效能才能充分显现。在已有过程性视角的教师知识管理研究中,对教师知识管理各环节能力的分析,比较注重智力因素的功能阐释,对非智力因素作用的重视程度明显不足。⑤

程凤农和唐汉卫基于结构性视角,对教师知识管理的影响因素进行了深入的探讨。他们发现,教师自组织对于教师实践性知识的管理

---

① 易凌峰、吴艳梅:《教师知识管理能力维度研究》,《教育发展研究》2010 年第 24 期。
② 代君、张丽芬:《基于知识管理理论的高校青年教师创新能力培养的若干思考》,《黑龙江高教研究》2014 年第 6 期。
③ 赵明仁:《教学反思与教师专业发展》,北京师范大学出版社 2009 年版,第 45 页。
④ 姜美玲:《教师实践性知识研究》,华东师范大学出版社 2008 年版,第 104—105 页。
⑤ 姜建明、马竞飞:《试论高校教师个人知识管理》,《苏州大学学报》(哲学社会科学版) 2009 年第 4 期。

成效显著。教师自组织在教师实践性知识共享、交流与合作的过程中，显示出传统的"他组织"所没有的优势对于教师实践性知识的开发与利用具有很大的促进作用。基于自组织的启发，他们提出了相应的促进自组织形成的策略或建议。①

从研究方法的角度看，目前关于教师知识管理的研究仍然以思辨的规范性研究为主，实证的事实性研究凤毛麟角。在中国知网上，以"教师知识管理"为篇名进行CSSCI（中文社会科学引文索引）检索，仅搜到12篇文章，其中还包括以教师知识管理技术等为主题的文章；如果扩大搜索范围，将数据库修改为CSSCI+核心期刊，共检索到文献22篇，其中同样包含非教师知识管理主题的文章；再以"教师"和"知识管理"为篇名在CSSCI数据库中进行检索，共搜索到50篇文献，去掉非教师知识管理主题的文献，共剩下32篇文献。

对这32篇文献进行研究方法视角的梳理，发现只有4篇文章属于实证性研究，即张敏霞和刘霜的《教师在线实践社区中的知识管理行为研究》、程凤农的《教师实践性知识管理策略探析》、夏海鹰等人的《学校创新氛围如何影响教师创新行为》和张海等人的《小学教师知识管理策略学科差异研究》。其中，程凤农对教师实践性知识的现状进行了基于描述性的即百分比的统计分析。从文章发表层次的角度可以看出，关于教师知识管理研究的高级别研究成果不多，并且在已有研究中实证性研究比较匮乏。

综上所述，在相关领域研究者的智慧耕耘之下，关于教师知识管理的研究已经取得了丰硕而有价值的成果，但在研究深度和研究方法上仍存在较大的可提升空间。特别是近年来，我国进入全面建设小康

---

① 程凤农、唐汉卫：《教师自组织：教师实践性知识管理的一种组织方式》，《教育理论与实践》2014年第1期。

社会的社会主义发展新阶段,教育领域的改革力度不断加大,对高校教师的教学水平和科研要求也逐步朝着更加精准和创新的高度攀升,对教师知识管理的研究是实现以上社会期望的重要理论支撑和实践催化力量。

二 高校教师胜任力的研究述评

(一) 胜任力研究的学术史梳理

美国哈佛大学教授戴维·麦克利兰于1973年最早提出了胜任力的概念。胜任力又称胜任特征、胜任能力、胜任素质,是指能够区分特定工作职位和工作环境中绩效水平的个人一切特征。[1] 继戴维·麦克利兰提出胜任力的概念之后,西方国家在各行各业、各个领域兴起了胜任力的应用热潮,许多国际知名企业都将胜任力纳入其人力资源管理体系,有关胜任力的研究也因此逐渐升温。[2] 我国有关胜任力的研究起步较晚,最早研究胜任力的文章公开发表于2001年,随后,文献数量逐年增多。[3] 目前,胜任力的研究已经渗入多种行业领域,其在理论研究方面取得的成果颇丰,在实践领域也成为各行业选拔和考核人才的辅助方式;但实际上,由于胜任力中起主要鉴别作用的隐性胜任力的测量难度比较大,导致胜任力在人力资源管理中发挥的作用受到了较大的限制。因此,胜任力在人力资源管理中的应用价值仍有待进一步挖掘。

---

[1] 彭剑锋主编:《战略人力资源管理:理论、实践与前沿》,中国人民大学出版社2013年版,第208页。

[2] 薛琴:《胜任力模型构建与应用研究——以教学型高校教师为例》,南京大学出版社2016年版,第8—10页。

[3] 郑晓明、王明娇:《中国企业人力资源专业人员胜任力模型研究》,电子工业出版社2010年版,第31页。

（二）胜任力的研究述评

本书出于研究需要，将从研究对象、研究内容和研究方法等方面，对胜任力的相关研究成果进行系统性梳理。

1. 研究对象

从研究对象的角度，已有胜任力的研究涉及范围较广。例如，自1986年起，英国管理认证机构（MCI）通过广泛的胜任素质研究工作，逐步在数百个行业内成功设置千余种职业表，产生了广泛影响。[①]

我国的胜任力研究涉及的对象包括知识员工、公务员结构化面试官、乡镇干部、制造业技能人才、新生代农民、农民企业家、大学生以及研究生等各个领域、各个层次的从业人员。

陈万思对知识员工的胜任力进行了研究，构建了知识员工的胜任力模型，并提出了中国高校人力资源管理专业本科教育的发展对策。[②]

李蓉蓉对乡镇干部胜任力的现实状况进行了分析和研究。他从治理能力现代化对乡镇干部提出的新要求出发，认为乡镇干部应具有学习与落实、创新与耐心、回应与敬业、应急与协商四个维度的胜任力。乡镇干部只有努力回应这些社会期许和人民诉求，才能真正实现其应有的价值。然而通过研究发现，当下的乡镇干部在以上各方面胜任力的发展仍存在缺失和不足。针对现实问题，他提出应通过改革制度规范、完善激励机制、加强文化建设等方式促进乡镇干部胜任力的提升。[③]

[①] 方振邦、徐东华编著：《战略性人力资源管理》，中国人民大学出版社2010年版，第173页。

[②] 陈万思：《知识员工胜任力：理论与实践》，上海财经大学出版社2007年版，第193—219、271页。

[③] 李蓉蓉：《治理能力现代化视域下乡镇干部胜任力研究——以山西省150名乡镇干部为考察样本》，《理论探索》2018年第3期。

张宏如等人基于新时代社会发展的特点，对新生代农民的胜任力进行了实证研究。他们采用 Akkermans 开发的职业胜任力测量量表对新生代农民的胜任力进行了问卷调查，并发现了自我效能感、敬业度和新生代农民胜任力之间的关系。[1]

宋彩萍和郝永林于 2017 年，以上海市六所地方本科院校的大学生为研究对象，对大学生的跨文化胜任力进行了实证研究。通过数据收集、分析和整理，他们发现大学生的跨文化胜任力包括国际化动机、态度与价值观、知识与技能三个一级指标。从 2017 年的状况来看，地方本科院校大学生的跨文化胜任力在整体上处于一般水平，仍存在较大的提升空间。他们提出应通过加强国际交流与合作，增加学生的国际交往体验，增强地方本科院校大学生的跨文化胜任力。[2]

张书凤等人于 2018 年基于制造业日趋走向服务化的行业发展背景，对制造业技能人才的胜任力情况进行了调查。调查结果显示，制造业技能人才的胜任力的总体水平一般，在专业知识与技能、职业角色认同等一级指标上，制造业技能人才的胜任水平良好；而在学习与创新能力、客户协作意识与能力等一级指标上，他们的胜任力水平仍然较低。在职业角色认同方面，"90 后"的技能人才显著低于"80 后"和"70 后"；在总体胜任力上，高级工和技师并不存在显著差异，民营企业与小企业的技能人才处于相对劣势。[3]

---

[1] 张宏如、樊允花、李群等：《新时代市民化视阈中新生代农民工职业胜任力实证研究》，《管理世界》2018 年第 11 期。

[2] 宋彩萍、郝永林：《地方本科院校大学生跨文化胜任力测评——基于上海市 6 所院校的实证研究》，《中国高校科技》2017 年第 9 期。

[3] 张书凤、朱永跃、杨卫星等：《制造业服务化背景下技能人才胜任力模型构建与评价》，《科技进步与对策》2018 年第 8 期。

2. 研究内容

从研究内容的角度，已有胜任力研究的内容主要包括定义与内涵、结构化模型与现状分析、影响机制及提升策略等。

第一，学界对胜任力的定义和内涵的认识，虽存在共识，但仍有所差异。共识是胜任力应能够区分绩效水平。分歧在于"胜任力是什么"以及"胜任力包含什么"两个问题的答案上。关于胜任力是什么，大体具有两种倾向性，一种是以戴维·麦克利兰为代表，认为胜任力是能区分在特定工作职位和组织环境中绩效水平的个人特质，即特质说，持有这种观点的还有20世纪70年代的美国管理协会和20世纪90年代的美国公益公司等。[①] 另一种倾向于行为说，以美国学者理查德·博雅特兹为代表。他认为，行为是结果的决定性因素，特性与能力决定人们采取怎样的行为，胜任力是在行为的中介作用下影响工作绩效的。也就是说，胜任力应是一系列与职能相关的行为。[②] 关于"胜任力包含什么"的回答也因特质说和行为说的倾向性不同而有所不同。对此，本书将结合胜任力模型研究加以阐释。

第二，胜任力模型构建与现状分析。美国学者史班瑟夫妇在胜任力模型研究方面做出了突出的贡献，他们提出了著名的冰山模型。冰山模型将胜任力分为"水面上"和"水面下"两大部分。"水面上"的部分包括知识、技能等基准性的胜任力，它们相对易于观察，容易获取，虽能影响绩效，但在区分绩效的优劣方面辨别力不高。"水面下"的部分包括社会角色、自我形象、个性、动机等，它们相对难以

---

① 方振邦、徐东华编著：《战略性人力资源管理》，中国人民大学出版社2010年版，第166页。

② 彭剑锋主编：《战略人力资源管理：理论、实践与前沿》，中国人民大学出版社2013年版，第209页。

观察和获取，但具有较强的鉴别力。隐性胜任力或是与个体先天因素相关联，或是形成过程复杂而持久，因此不易模仿和学习，但对绩效的预测性却很高，是具有较高鉴别力的胜任力关键因素。①

关于胜任力的另一个经典模型是美国学者博亚特兹提出的洋葱模型。洋葱模型是在冰山模型的基础上发展起来的，是基于胜任力的构成要素的特点，对其的进一步划分。洋葱模型将胜任力进一步划分为三个层次，由外而内分别是知识技能，态度、价值观、自我形象和社会角色，以及动机和个性特质。其中，动机与个性的内隐性最强，对胜任力影响最大，也最难培养和开发。基于这两个经典的胜任力结构化模型，后来的研究者们对各行各业、各个领域的从业人员的胜任力结构化模型进行了构建，并基于其构建的胜任力结构化模型对其研究的从业人员群体胜任力的状况进行了状况分析。②

近年来，我国关于不同职业领域工作者的胜任力模型的研究也取得了一定的成果。

陈志霞与郭金元于2018年构建了研究生的胜任力模型。他们认为，研究生的胜任力主要包括自主管理、研究能力、态度等六个维度的内容。③

赵如在2018年对乡村振兴战略下农民企业家的胜任力模型进行了深入研究。他认为，农民企业家的胜任力应包括创业技能和创业素质两个维度，其中创业素质维度包括创新偏好、成就欲望、机会直觉、先验知识和社交能力五个方面的主要内容。④

---

① 国际人力资源管理研究院编委会：《人力资源经理胜任素质模型》，机械工业出版社2005年版，第10页。
② 诺姆四达集团：《解码胜任力》，光明日报出版社2014年版，第10页。
③ 陈志霞、郭金元：《研究生胜任力结构模型构建及其预测作用》，《学位与研究生教育》2018年第7期。
④ 赵如：《乡村振兴战略下的农民企业家胜任力培育》，《农村经济》2018年第7期。

陈芳、谢慧芹、盛艳燕于 2019 年构建了公务员面试官的胜任力结构化模型。他们对 2014 年和 2015 年湖北省公务员面试官的胜任力进行了问卷调查，发现公务员面试官的胜任力是由 3 个一级指标和 12 个二级指标构成的。且通过研究，他们发现公务员面试官的胜任力具有政治性的特点，在个人特质方面应具备客观公正性，在专业能力上要求具备稳定的心理素质。胜任水平较高的面试官在评分绩效上显示出显著的优势。①

第三，胜任力的影响机制与提升策略的研究。精准靶向胜任力模型的组织建设可以帮助组织更好地选拔、培养、激励那些能为组织核心竞争优势构建做出贡献的员工，进而保障组织在激烈的市场竞争中立于不败之地。② 从胜任力模型角度观察影响胜任力的主要因素，归结起来主要涵盖组织变革、制度改进、领导风格、教育培训③以及文化建设等方面的内容。④ 这些影响胜任力的关键要素几乎已成为学界的共识，而这些要素对胜任力内涵诸要素产生怎样的影响？影响程度如何？这些要素之间的协同关系怎样？对于这些问题，目前学术界尚无定论。

王红军于 2018 年对科技创新人才的创新创业胜任力进行了研究。他通过文献梳理、访谈研究、案例分析，提出了科技创新人才的创业胜任力模型。他认为科技创新人才的创业胜任力，应包括创业机会胜任力、团队建设胜任力、国际文化胜任力、创业效能胜任力、商务创

---

① 陈芳、谢慧芹、盛艳燕：《公务员结构化面试考官胜任力研究》，《中南财经政法大学学报》2019 年第 2 期。
② 方振邦、徐东华编著：《战略性人力资源管理》，中国人民大学出版社 2010 年版，第 184 页。
③ [美] 大卫·D. 迪布瓦编著：《胜任力》，杨传华译，北京大学出版社 2005 年版，第 1—18 页。
④ [美] 安托尼特·D. 露西亚、[美] 理查兹·莱普辛格：《胜任：员工胜任能力模型应用手册》，郭玉广译，北京大学出版社 2004 年版，第 27—59 页。

新胜任力五个一级指标。基于该模型，他认为，应从政府、高校、产业三方面入手，加强行政驱动、创业教育和产业联合之间的协同配合，促进科技创新人才创新创业胜任力的培养和提升。①

陈小平等人于2018年对企业导师指导风格对徒弟工作绩效的影响进行了研究，发现企业导师的指导风格对徒弟的工作绩效产生了重要影响，而且这一影响过程的作用机制是企业导师的指导风格通过影响徒弟的职业胜任力和工作投入，进而对徒弟的工作绩效产生影响。研究结果显示：相比控制型的指导风格，支持型的指导风格更加有利于徒弟的工作绩效的提升；支持型的指导风格，有利于提升徒弟的职业胜任力，增加徒弟的工作投入，进而提升徒弟的工作绩效；但是，控制型的指导风格，只能提升徒弟的职业胜任力，不能增强徒弟的工作投入的积极性，因此在提升徒弟工作绩效上稍显乏力。②

曲垠姣于2019年通过文献研究和专家访谈等研究方法，建立了大学生创新创业胜任力主要影响因素的假设模型，针对全国具有创新创业经历的5000名大学生进行了问卷调查，获取具有代表性的研究样本；并运用多元回归分析的方法，对问卷调查获取的第一手数据资料进行了实证分析和研究，结果显示：大学生创新创业胜任力的影响因素包括创业政策体系、培养机制、导师队伍、实训平台、社会保障体系、创业文化等。进而，她提出了促进大学生创新创业胜任力培养和提升的建设性意见。③

---

① 王红军：《科技创新人才创业胜任力培养机制研究——以跨境电子商务领域创业为例》，《科技管理研究》2018年第9期。
② 陈小平、孙延明、黎子森等：《企业导师指导风格与徒弟工作绩效——职业胜任力与工作投入的中介作用》，《软科学》2018年第12期。
③ 曲垠姣：《我国高校大学生创业胜任力影响因素实证研究》，《首都师范大学学报》（社会科学版）2019年第2期。

3. 研究方法

关于胜任力的研究采用的研究方法，大体包括事实研究和规范研究。事实研究又包含质性研究和量化研究，质性研究以关键事件访谈法为主[①]，量化研究以问卷调查法为主[②]；规范研究则以思辨为主。事实研究往往将关键事件访谈法与问卷调查法结合使用，侧重于胜任力模型构建和现状调查；规范研究则倾向于从理论演绎或实践经验归纳出发，侧重逻辑推演胜任力的构成以及依据理论，提出具有针对性的胜任力提升策略。

吴鑫磊等人在2019年对共享领导胜任力进行研究。他们通过文献梳理和典型个案的访谈，构建了共享领导胜任力的理论模型。该胜任力模型由参与能力、激励能力和影响能力3个一级指标和若干二级指标构成[③]。

胡敏于2019年结合国际国内社会发展的新动态和新要求，通过研究21世纪人才核心素养等新时期对国际人才的期许，以逻辑演绎的方式提出21世纪人才的全球胜任力，以及青少年需要怎么做才能发展全球胜任力。她通过对国际国内已有研究成果的归纳和整合，认为全球胜任力应包含沟通能力、批判性思维能力、合作能力、创造力等[④]。

另外，也有部分研究人员采用文献研究、文本研究、结构方程模型和专家评价等方法对胜任力的相关问题进行研究。张宏如等人于2018年研究了在新时代背景下农村进城务工人员的职业胜任力状况，

[①] 陈万思：《知识员工胜任力：理论与实践》，上海财经大学出版社2007年版，第53—54页。

[②] 冯明主编：《人力资源管理》，重庆大学出版社2013年版，第163页。

[③] 吴鑫磊、顾琴轩、胡冬青等：《共享领导胜任力构念与测量》，《系统管理学报》2019年第2期。

[④] 胡敏：《全球胜任力：面向未来的青少年核心素养》，东方出版社2019年版，第18—31页。

并探究了敬业度对农村进城务工人员职业胜任力的影响。研究结果表明：农村进城务工人员的敬业度通过影响他们的自我效能感，进而提升职业胜任力。这一研究成果为新时代农业的供给侧改革研究提供了新的研究视角。①

总之，从研究方法上看，关于胜任力的研究，为了达到研究目的，学者们在选择研究方法上采用的是多元化、不拘一格的策略。

(三) 教师胜任力的研究述评

随着胜任力研究的逐渐升温，其研究范围也逐渐从管理领域延伸到教育领域。教育领域胜任力的研究，起始于对教育管理者的胜任力研究。1970—2000 年，美国、英国相继对校长、教务长等教育管理者的胜任力进行了研究，开发出侧重职业资格、职业素质、技能与行为等不同方面的教育管理者胜任力模型。② 20 世纪末以后，教育领域胜任力的研究逐渐由关注教育管理者，转向关注教师。各国相继对教师胜任力进行了研究。20 世纪末，美国和英国等发达国家的学者对教师胜任力的构成要素进行了大量研究。如美国研究者西蒙兹对称职教师的特征进行了研究；卡比兰尝试提出了对教师胜任力进行评价的标准等。③

我国教师胜任力的研究几乎与国际同步。目前研究内容已扩展到各级各类教师胜任力的研究。研究问题涵盖教师胜任力的内涵、模型与现状、影响因素及提升策略。④ 在教师胜任力研究的文献梳理上，本

---

① 张宏如、樊允花、李群等：《新时代市民化视阈中新生代农民工职业胜任力实证研究》，《管理世界》2018 年第 11 期。
② 何齐宗：《我国高校教师胜任力研究：进展与思考》，《高等教育研究》2014 年第 10 期。
③ 林立杰：《高校教师胜任力研究与应用》，中国物资出版社 2010 年版，第 17—21 页。
④ 王强：《教师胜任力发展模式论》，华东师范大学出版社 2011 年版，第 1—13 页。

书从教师层次的角度进行分析,从而发现不同层次教师胜任力的共同点和差异。

首先,对幼儿教师胜任力的关注。

利威斯特等人于2014年对瑞典幼儿教师胜任力的内涵和结构进行了探讨。该研究以瑞典15所大学的810名学前教育专业学生为研究对象,探讨幼儿教师胜任力的内涵和结构。结果表明,学前教育专业学生认为的幼儿教师胜任力的构成包含一般教育胜任力、专业内容教学胜任力、专业胜任力、游戏设计与实施胜任力、了解与研究幼儿胜任力,以及合作与社交胜任力。①

董圣鸿等人于2016年采用关键事件访谈法对32名幼儿教师进行了深入访谈,并通过数据分析和处理构建了幼儿教师胜任力模型。模型由基准胜任力和鉴别胜任力两个层面构成。其中基准胜任力主要是个人特质,包括九项二级指标;鉴别胜任力包括专业知识与技能、沟通与交往、追求卓越、自我意象以及成就能力五个维度,共34个二级指标。②

同年,刘云艳、陈希通过对14位幼儿教师的访谈研究,构建了幼儿教师家园沟通胜任力的"扶梯"模型。幼儿教师家园沟通胜任力由认知类、技能类、人际互动类以及人格特质类四个维度的胜任特征构成,其中认知类主要是指专业知识;技能类胜任特征包括词语表达、交互管理、建设反馈和倾听四个二级指标;人际互动类胜任特征主要包括认同度和移情两个二级指标;人格特质类胜任特征主要包括责任

---

① Lillvist, A., Sandberg, A., Sheridan, S., et al., " Preschool Teacher Competence Viewed from the Perspective of Students in Early Childhood Teacher Education", *Journal of Education for Teaching*, Vol. 40, No. 06, Jan 2014, pp. 3 – 19.

② 董圣鸿、胡小燕、余琳燕等:《幼儿教师胜任力研究:基于BEI技术的模型构建》,《心理学探新》2016年第5期。

心、主动和自信三个二级指标。基于幼儿教师家园沟通的胜任力模型，他们提出，在今后的教师培训方面，应注重家园沟通能力的培养，且应针对教师在家园沟通胜任力方面的不足之处设计并实施培训课程，同时应努力为教师家园沟通胜任力的提升提供有力的外部支持。①

其次，对中小学教师胜任力的兴趣。罗德里格斯等人于 2017 年运用德尔菲法构建并验证了西班牙中学数学教师胜任力模型。②

张丽萍、谢彩春于 2014 年发表了她们关于农村中小学教师胜任力及其培养路径的研究成果。她们认为，农村中小学教师的胜任力应包括专业素养、专业能力和专业价值观等胜任要素。通过对农村中小学教师胜任力状况的调查研究，她们发现，相较于城市教师，农村中小学教师的胜任力发展水平处于相对劣势。要想提升农村中小学教师的胜任力，应从待遇、晋升、评价等方面加强农村中小学教师队伍建设，促进农村中小学教师胜任力的提升。③

袁磊、王冠楠、闫耀丽于 2015 年构建了适应社交网络促进教师胜任力的模型，模型由六个维度和 22 个二级指标构成。同时，基于该模型他们提出，应通过在线导师实时提供帮助，共享资源库，建立多功能聊天室，提供优秀作品展示平台等途径促进教师胜任力的提升。④

李晔等人于 2016 年构建了基于长期绩效的中小学教师的胜任力模

---

① 刘云艳、陈希：《幼儿园教师家园沟通胜任力特征及其提高策略》，《学前教育研究》2016 年第 2 期。

② Muniz‑Rodriguez, L., Alonso, P., Rodriguez‑Muniz, L. J., et al., "Developing and Validating a Competence Framework for Secondary Mathematics Student Teachers Through a Delphi Method", *Journal of Education for Teaching*, Vol. 43, No. 4, Jan 2017, pp. 383–399.

③ 张丽萍、谢彩春：《农村中小学教师胜任力及其培育路径》，《求索》2014 年第 2 期。

④ 袁磊、王冠楠、闫耀丽：《社交网络促进农村中小学教师教学胜任力的模型构建》，《电化教育研究》2015 年第 12 期。

型。该模型由主动性、冲击与影响、人际了解、学生服务导向、关系建立、团队合作、培养他人、分析性思考、自信心、自我控制、尊重他人、责任心、反思与改进、正直诚信等胜任特征构成。①

何齐宗和龙润于 2018 年对小学教师教学胜任力进行了调查研究。他们通过对江西省 13000 多名小学教师进行的问卷调查，发现小学教师的教学胜任力整体水平较高；不同年龄、教龄、职称、学历、专业、任教科目以及学校等人口学变量对小学教师教学胜任力具有显著影响。另外，他们发现教师培训、教研活动、教学借鉴、文献阅读、教学压力和教学研究等是影响小学教师胜任力的主要因素。基于此，他们提出了应从加强教师职后培训、开展教师教研活动、倡导教师学习和阅读，促进教师之间的分享与交流，缓解教师压力等方面提升小学教师的教学胜任力。②

根据已有幼儿教师和中小学教师胜任力内涵和模型的研究成果可以发现，在胜任力的内涵和模型构建上，大多数研究借鉴了教师专业结构和胜任力经典模型，即冰山模型和洋葱模型的理论框架。③

与此同时，在已有研究中也存在一些对经典胜任力模型的批判性反思。王强在 2008 年的研究中就指出，尽管胜任力是针对传统智力与人格等心理测评，缺少专业考虑、不能有效预测复杂工作者绩效而提出的，但也只是心理学内部的一种不彻底的批判。之后的胜任力研究多停留在心理学层面，模型的专业性受到弱化，中看不中用。王强在 2011 年提出了 K-12 教师胜任力的伞状模型理论。④

---

① 李晔、李哲、鲁铱等：《基于长期绩效的中小学教师胜任力模型》，《教育研究与实验》2016 年第 2 期。
② 何齐宗、龙润：《小学教师教学胜任力的调查与思考》，《课程·教材·教法》2018 年第 7 期。
③ 张丽萍、谢彩春：《农村中小学教师胜任力及其培育路径》，《求索》2014 年第 2 期。
④ 王强：《教师胜任力发展模式论》，华东师范大学出版社 2011 年版，第 85 页。

综上所述，本书也认为已有教师胜任力模型中提出的胜任力特质在辨别绩优者和绩效一般者方面确实有其独到之处；但在教师胜任力的培育和提升方面，由于隐性特质难以形成，导致教师胜任力模型对于实践需求回应乏力。①

同时，个性特质与职业角色特征的结合点仍存在关系不明的情况。比如责任心和教师职业认同（或爱岗敬业）是什么关系？是否能够通过改善教师的职业理念，增强教师的职业认同，来提升教师的责任心呢？如果是这样，作为职业角色特征的职业认同，是否就能取代责任心，而成为距离专业实践更近、更具有可操作性的教师胜任力特质？……对此类问题的研究，将有助于找到更为简洁、精准、可操作的教师胜任力的构成要素，并在此基础上构建更为明确的教师胜任力模型，以回应教育实践领域对胜任力的研究价值的现实诉求。

（四）高校教师胜任力的研究述评

为了深入、系统地研究高校教师的胜任力，本书将从研究对象、研究视角、研究内容和研究方法等方面，对高校教师胜任力的研究成果进行梳理和评述。

1. 研究对象

高校教师胜任力的研究对象涉及范围较为广泛，涵盖了多种学校类型、专业方向以及新兴的教育领域。

从学校类型上看，涉及研究型大学、职业技术型高校、民办高校等多种类型的学校。

郝永林基于对41份教学名师访谈录以及大众传媒和书籍的文本资

---

① 王强、宋淑青：《幼儿教师胜任力模型之构建》，《上海教育科研》2008年第4期。

料的分析，构建了研究型大学教师教学胜任力的理论模型。该模型由学术支撑能力、教学转化能力和教师个性态度三个维度构成。该理论模型的构建为研究型大学在师资招聘、职后培训和职称评聘等方面的改革提供了助力。①

何齐宗和赵志纯则于 2018 年对江西财经大学、井冈山大学、赣南师范大学、南昌大学、华东理工大学等江西省 13 所高校的教师教学胜任力进行了大规模的实证研究。②

从专业方向上看，高校教师胜任力的研究选取的研究对象包含了思想政治教师、英语教师、工科教师等多个专业方向。

陈鸿雁于 2011 年对高校思想政治理论课教师的胜任力进行了研究，构建了高校思想政治理论课教师的胜任力模型。她利用依据模型编制的问卷，对高校思想政治理论课专任教师进行了问卷调查，找出了他们胜任力的不足，并提出了相应的提升策略。③

随着新兴学科领域的产生和发展，高校教师胜任力的研究也在不断向这些专业领域延伸。

陈德明等人对职业生涯规划的辅导和专任教师的胜任力进行了深入的研究④，颜正恕将关注点落在了智慧教育教师的胜任力上⑤，廖宏建等人则尤为关注 SPOC 教学教师的胜任力⑥。梁韵妍于 2019 年对创新

---

① 郝永林：《研究型大学教师教学胜任力建模——基于 41 份文本分析的理论构建》，《高教探索》2015 年第 8 期。
② 何齐宗、赵志纯：《高校教师教学胜任力的调查与思考》，《中国大学教学》2018 年第 7 期。
③ 陈鸿雁：《高校思想政治理论课教师胜任力研究》，河北人民出版社 2011 年版，第 56—189 页。
④ 陈德明、王创：《基于胜任力：高校职业指导课教师培训的新视角》，《高教探索》2009 年第 4 期。
⑤ 颜正恕：《高校教师慕课教学胜任力模型构建研究》，《开放教育研究》2015 年第 6 期。
⑥ 廖宏建、张倩苇：《高校教师 SPOC 混合教学胜任力模型——基于行为事件访谈研究》，《开放教育研究》2017 年第 5 期。

创业教育背景下"双师型"教师胜任力进行了深入研究，构建了创新创业教育背景下"双师型"教师胜任力模型。① 可见，多种新兴学科专任教师的胜任力也引起了广大学者的兴趣和关注。

2. 研究视角

从已有高校教师胜任力内涵和模型的研究成果来看，大多数研究采用的是扎根理论视角，从经验数据搜集出发，获取胜任者在履职活动中的胜任特征，进而归纳整理，形成胜任力初始模型，再进一步加以验证。其中，既包括具有普适性的囊括所有类型、所有专业、所有领域的高校教师胜任力的宏观视角的研究，又包含个性化的某一类型、某一专业、某一学科任课教师的胜任力的微观视角的研究。

祁艳朝和于飞构建了包含个人魅力、人际沟通、教学水平和科研能力四大因素的高校教师胜任力模型。②

汤舒俊通过对中南地区不同类型大学教师的调查研究，构建了高校教师胜任力模型，该模型包括四个维度及19个二级指标。③

刘兴凤和张安福则专门针对高校工科教师的特点，构建了涵盖素质、能力、知识和个人特质4个维度的高校工科教师胜任力模型。④

扎根理论视角的缺陷在于理论性薄弱，胜任特征的选取与整合受到研究者理论水平的制约；同时，与幼儿教师与中小学教师胜任力的研究模型构建一样，在内涵上存在冗余、重复、专业性弱、可操作性不强等弊端。

---

① 梁韵妍：《创新创业教育背景下"双师型"教师胜任力模型研究与构建》，航空工业出版社2019年版，第114页。
② 祁艳朝、于飞：《高校教师胜任力模型的思考》，《黑龙江高教研究》2013年第9期。
③ 汤舒俊：《高校教师胜任力的结构探索与问卷编制》，《高教探索》2014年第6期。
④ 刘兴凤、张安富：《高校工科教师胜任力的研究——模型构建与实证分析》，《高等工程教育研究》2018年第1期。

3. 研究内容

有关高校教师胜任力的研究内容，主要包括高校教师胜任力的内涵及其结构模型，高校教师胜任力的现状调查，高校教师胜任力的影响机制及提升策略等。

首先，关于高校教师胜任力的内涵及其结构模型的研究，大多基于扎根理论视角，结合了教师专业结构和经典胜任力模型的理论框架，又根据不同学校、岗位、专业和学科等的工作要求而有所不同。

尤尔兹等人于2018年对教师的智慧教育胜任力进行了文献综述。他们经过研究认为，教师的智慧教育胜任力包括技术能力、教学与教育技术使用能力、教与学的信念和专业能力四个维度。[1]

祁艳朝通过研究发现，高校教师胜任力的构成要素包括四个维度和24个二级指标，其中包括个人魅力、教学水平、科研能力、人际沟通等。[2]

李小娟等人提出了四个维度32个二级指标的高校教师胜任力模型。[3] 郝永林对研究性大学教师的胜任力进行了研究，得出了三个维度的模型。[4]

另外，关于高校教师胜任力的现状调查表明，我国高校教师胜任力的总体状况良好。但随着时代的发展，国家对人才质量的要求进一

---

[1] Uerz, D., Volman, M., Kral, M., "Teacher Educators' Competences in Fostering Student Teachers' Proficiency in Teaching and Learning with Technology: An Overview of Relevant Research Literature", *Teaching and Teacher Education*, Vol. 70, No. 2, Feb 2018, pp. 12 – 23.

[2] 祁艳朝、于飞:《高校教师胜任力模型的思考》,《黑龙江高教研究》2013年第9期。

[3] 李小娟、胡珂华:《基于行为事件法的高校教师胜任力研究》,《湖南师范大学教育科学学报》2017年第5期。

[4] 郝永林:《研究型大学教师教学胜任力建模——基于41份文本分析的理论构建》,《高教探索》2015年第8期。

步攀升，教育在社会发展中的价值愈发凸显，高校教师在精准施教和科研创新方面的胜任力显然无法迎合国家和社会对其的殷殷期待；而高校教师队伍内部胜任力的发展水平仍存在地域、学校、性别、年龄、教龄、职称、学历和专业等方面的差异。

黄翔通过对温州市高校大学英语教师胜任力的现状调查发现，温州市高校大学英语教师的胜任力发展水平并不理想。基于调查结果，他提出应通过激发教学热情，促进同行分享交流，加强学习深造，与行业企业对接等方式促进大学英语教师胜任力的提升。①

熊思鹏和何齐宗调查发现，我国高校青年教师的教学胜任力发展水平整体上较好，但存在性别、年龄、教龄、职称、学历等人口学变量上的显著差异②。

蒋馨岚对西部地方本科院校青年教师的胜任力进行了问卷调查，结果表明，我国西部地区本科高校青年教师的胜任力发展水平有待提升。不同性别、不同年龄、不同教龄、不同职称、不同学历和不同专业的高校青年教师的胜任力存在显著差异。针对这一现状，她提出应通过改革激励机制、打造专业发展平台等措施提升青年教师的胜任力发展水平。③

最后，关于高校教师胜任力影响机制和提升策略的研究较少，且集中在对人口学变量的分析上。

何齐宗、赵志纯通过对江西省高校教师教学胜任力状况的问卷调查，发现高校教师教学胜任力在性别、教龄、职称、学历、学科、课

---

① 黄翔：《大学英语教师胜任力现状及其提升路径——以温州市高校为例》，《教育理论与实践》2015 年第 15 期。
② 熊思鹏、何齐宗：《高校青年教师教学胜任力的调查与思考》，《教育研究》2016 年第 11 期。
③ 蒋馨岚：《西部地区本科高校青年教师胜任力的调查与思考》，《重庆高教研究》2019 年第 1 期。

程、院校类别等人口学变量上存在显著差异。他们针对高校教师胜任力发展存在的问题，提出应改革教师培训模式，发挥优秀教师的模范带头作用，建立资深教师的隐性知识分享机制，培养教师积极的人格特征等策略。①

4. 研究方法

高校教师胜任力的研究方法，与其他领域胜任力的研究方法并无二致，也是以思辨研究法、关键事件访谈法和问卷调查法为主。②

葛仁霞采用思辨研究的方法，以新时代高校党支部书记胜任力为研究对象，构建了新时代高校党支部书记胜任力的理论模型。该模型包括政治引领力、组织执行力、学习创新力以及凝聚感召力四个维度。基于新时代高校党支部书记胜任力的理论模型，他提出应从人才标准体系、教育培训体系和保障激励体系三方面进行改革，进而提升高校党支部书记的胜任力。③

赵忠君和郑晴运用关键事件访谈法搜集数据，构建了智慧学习环境下高校教师胜任力的四维模型。基于该模型，他们提出了智慧学习环境下，应通过转变观念、明确需求、组建团队和改进考核激励等途径提升高校教师胜任力。④

黄扬杰通过对高校创新创业教育教师的调查研究，构建了高校创业教师胜任力的三维模型。他认为，高校创业教师胜任力应包含创业技能胜任力、传统学术胜任力和创业态度胜任力三个维度。基于该模

---

① 何齐宗、赵志纯：《高校教师教学胜任力的调查与思考》，《中国大学教学》2018年第7期。
② 王强：《教师胜任力发展模式论》，华东师范大学出版社2011年版，第16页。
③ 葛仁霞：《提升新时代高校教师党支部书记胜任力》，《中国高等教育》2019年第Z2期。
④ 赵忠君、郑晴：《智慧学习环境下高校教师胜任力关键要素识别研究》，《湘潭大学学报》(哲学社会科学版) 2020年第4期。

型，他提出通过加强学习和培训，着重增强创业技能，以及树立创业典型等方式，提升高校创业教育教师胜任力。①

三 已有研究的启示

（一）知识管理在高校教师履职活动中扮演重要角色

本书遵循从学术史梳理—研究内容概览—教育领域具体学科的相关研究—教育管理学领域的不同主题分析—教师知识管理研究的逐层递进的分析思路，对高校教师知识管理的相关研究进行了条分缕析和归纳整理。通过对高校教师知识管理相关研究的综述可以看出，随着知识经济时代的到来，知识管理在社会各领域的作用和价值已愈发凸显。作为典型的知识工作者的高校教师，其教学、科研以及社会服务等履职活动更是与知识管理密不可分。高校教师知识管理的能力和水平，直接关乎其履职活动的绩效和成败。

目前，关于各行各业知识工作者的知识管理研究已经取得了丰硕成果，但关于教师知识管理的研究，特别是专门指向高校教师知识管理的研究仍然不多；而且关于高校教师知识管理的概念、内涵、过程、方法、策略等问题的研究，似乎存在较大的扩展和研究空间。比如，从高校教师知识管理的过程来看，与其他行业知识管理者相同，都应包含获取、评估、领会、组织、储存、提取、应用、创造等步骤，但并没有体现出高校教师履职活动知识管理的特殊性，对这一过程的深层内在心理机制的探索似乎也不多。在知识管理内在机制研究方面，贡献比较突出的当属日本知识管理大师野中郁次郎的研究团队。野中郁次郎等人对一般知识管理的内在机制——知识转化机制的研究，已

---

① 黄扬杰：《高校教师胜任力与创业教育绩效研究》，《高等教育研究》2020年第1期。

为高校教师知识管理内在机制的探索提供了重大启示和理论基础，加之以往认知心理学和教育心理学在信息加工过程心理机制方面的研究成果，已经为高校教师知识管理过程心理机制的探究提供了重要的参考和借鉴资料。

（二）高校教师胜任力的研究为高校师资管理提供新的实践思路

胜任力的研究直接指向履职活动胜任要素的分析和整理，相较于一般的专业素养，指向更加明确，靶向更加精准，与新时期精准实践的价值旨趣高度契合。高校教师胜任力的研究，精准指向高校教学、科研、社会服务的履职活动中胜任要素的探寻、胜任力模型的构建、胜任力影响机制的寻求，进而为高校组织进行精准的资源供给，教师个人进行精准的学术投入，提供理论上的引导和帮助。指向胜任力的师资管理应包括组织和个人的知识管理，才能满足新时期内涵式发展和集约式发展的诉求，实现对资源的个性化利用，以及建立在资源个性化利用基础上的资源有效整合与组织整体价值最大化。

从目前的研究成果来看，胜任力的研究，包括高校教师胜任力的研究，已经取得了比较丰硕的研究成果，但仍存在有待提升之处。比如，研究视角稍显单一。胜任力的研究与其他研究一样，需要解决"是什么""为什么""怎么做"的问题。研究视角不同，对于胜任力"是什么"这一问题的回答就不同，那么，对"为什么"与"怎么做"的回答也极有可能不同。

目前，对于高校教师胜任力构成要素的获取，也即高校教师胜任力"是什么"问题的探寻，大多采用胜任力概念的提出者戴维·麦克利兰的方法，即关键事件访谈法。该方法采用事实性研究方法论的思路，从绩优者相较于绩效一般者的实然的胜任特征探寻入手，从实践场域中搜集和归纳某一履职活动的胜任要素，并加以整合。这一方法在保证研究过程客观性和严谨性的前提下，对现实的胜任要素的获取将是有效的，但对于未来或社会期许的胜任要素就不敏感了。比如，在传统课堂教学中胜任的教师，未必胜任"互联网＋教育"背景下混合课堂教学的任务；"看起来"学术成果丰硕（从数量上衡量）的教师未必胜任原始性创新的学术活动；在当前环境下的绩优者，未必能成为未来教育情境中的绩优者。诸如此类的问题，是现实所无法回答的，只能靠人类进行理性的探寻，方可找到答案。同样，对于高校教师胜任力的探寻，要兼顾当前的高等教育需求与未来的高等教育变局，既要保证现在的稳步发展，又要积蓄和准备未来的发展力量。那么，基于规范性研究方法论思路的理论和战略演绎研究，也应成为高校教师胜任力研究不可缺少的组成部分。

（三）已有研究成果为二者结合的研究奠定了坚实的基础

无论是知识管理的研究，还是胜任力的相关研究；无论是研究视角、研究内容，还研究方法，已有的研究成果都已有了数量较多且质量较高的积累。关于知识管理一般过程的研究、关于知识转化机制的研究、关于促进知识管理的组织策略的研究、关于胜任力的概念与内涵的研究、关于胜任力模型建构的研究、关于胜任力提升策略的研究等成果，都为本书设计思路和框架、确定研究内容、选取研究方法等，提供了颇多的学习资料和启示。正是基于对已有研究成果的梳理和学习，本书才提出了可能的创新之处，即将知识管理理论视角与高校教师胜任力相结合，从知识管理的理论视角去分析和探究高校教师胜任力的构成要素及模型构建等问题。这一方面，可能揭开高校教师履职活动深层认知加工（知识管理）机制的面纱，有利于提高高校教师履职活动的效率；另一方面，通过理论视角，可以专注于高校教师履职活动中的知识管理过程和机制，使得研究更加聚焦。

第四节　研究思路与方法

一　研究思路

本书以新时期高校教师胜任力为研究对象。首先，构建知识管理视域下高校教师胜任力模型。本书以知识管理为视角，分析高校教师学习、教学、科研和社会服务等履职活动的知识管理过程机制，进而推理与演绎出高校教师胜任力的构成要素，并对胜任力的构成要素加以整合，构建知识管理视域下高校教师胜任力模型。然后，调查高校教师胜任力的现状。在对知识管理视域下高校教师胜任力模型进行科学修订和验证的基础上，依据该模型设计并编制了《高校教师胜任力调查问卷》，并利用该问卷对东北三省高校教师胜任力的现状进行调查，了解当下高校教师胜任力的状况，归纳高校教师胜任力发展中存在的问题，并结合事后访谈法深入分析高校教师胜任力发展问题的根源。最后，提出高校教师胜任力提升策略。本书从个体和组织两个维度，针对当下高校教师胜任力发展的主要障碍，提出促进高校教师胜任力发展的建议和策略。

二　研究问题

（一）模型构建：知识管理视域下高校教师胜任力模型

"以知识管理为理论视角观察高校教师胜任力，高校教师胜任力模型会呈现怎样的样态?"此乃本书需要解决的首要问题。为了解决这一问题,本书基于知识管理理论的视角,将高校教师视为特殊的知识工作者,对其学习(知识获取)、教学(知识育人)、科研(知识创造)以及社会服务(知识应用)等履职活动中知识管理过程的内在机制进行了深入分析和挖掘,从而得出知识管理视域下高校教师胜任力的构成要素,并将其置于已有经典胜任力模型和相关研究成果的分析框架下进行了统合,构建并验证了知识管理视域下高校教师胜任力的理论模型。

(二)现状调查:新时期高校教师胜任力的实然状况分析

"新时期高校教师胜任力的现状、问题和发展障碍为何?"这是本书着力解决的第二个问题。为了解决这一问题,本书基于知识管理视域下高校教师胜任力模型,编制了《高校教师胜任力调查问卷》,并在东北三省各级各类高校中选取代表性样本,采用分层随机抽样的方式,进行了高校教师胜任力现状的问卷调查。在对调查数据进行统计分析后,归纳了高校教师胜任力发展存在的问题,并分析了其发展障碍。

(三)对策建议:高校教师胜任力提升策略

"如何提升高校教师胜任力发展水平?"其为本书努力解决的第三个问题。为了解决这一问题,本书针对新时期高校教师胜任力发展问题的深层根源,从个体和组织两个角度,借鉴推进个体和组织知识管理绩效提升的已有研究成果,提出了促进高校教师胜任力发展的策略。

三 研究方法

(一)文献研究法

文献研究法是指围绕某一研究主题,搜索相关文献,并对搜索到的文献进行选取、分析和整合等深入的加工处理,为进一步发展新知识、形成新理论、发现新工具等奠定基础的研究方法。① 本书围绕知识管理、胜任力两个关键词,尽可能系统全面地对相关文献进行了搜集、分析和整理,采用剥洋葱的方式,层层深入、逐步聚焦地进行了文献梳理和评述。基于文献梳理和评述,本书提出了"知识管理视域下高校教师胜任力研究"的选题,并从中吸取了大量可贵的研究参考信息。

(二) 问卷调查法

问卷调查法是指利用设计好的、能够保障信度和效度的调查问卷,对随机抽取的被试者进行调查研究,从而搜集信息资料的一种社会学研究方法。② 本书为了了解高校教师胜任力的现状和问题,根据知识管理视域下高校教师胜任力模型,编制了《高校教师胜任力调查问卷》,并通过专家访谈和统计分析的质性与量化相结合的方式对该问卷进行了修订和验证。在保障问卷信效度的前提下,本书运用该问卷对当下高校教师胜任力状况进行了调查,借此了解高校教师胜任力的现状,并总结其胜任力发展存在的问题。

(三) 访谈法

访谈法,是指由访谈者与受访者进行谈话,获取受访者对某一研究问题的认识和看法的社会学研究方法。③ 本书主要在两处采用了访谈法。一是为了保证《高校教师胜任力调查问卷》的科学性,本书采用专家访谈的方式,与相关领域的专家针对《高校教师胜任力调查问卷》

---

① 风笑天主编:《社会学研究方法》,中国人民大学出版社2009年版,第229页。
② 陈时见主编:《教育研究方法》,高等教育出版社2007年版,第76页。
③ [美] 艾尔·巴比:《社会研究方法》,邱泽奇译,华夏出版社2009年版,第264页。

中的题项和维度等问题进行了深入访谈，在听取专家意见的基础上，对该问卷进行了反复修订。二是为了更准确地了解当下高校教师胜任力发展存在问题的深层原因，本书针对问卷调查得出的高校教师胜任力发展存在的问题，进行了事后访谈。选择具有代表性的教师，围绕这些教师胜任力发展的困难和障碍进行了深入的访谈，为高校教师胜任力发展存在问题的原因分析提供现实场域的有力证据。

第二章　高校教师胜任力本质的理论阐释

　　研究视角不同，人们看到的现象或问题的样态也会有所不同。高校教师作为特殊的知识工作者，其学习、教学、科研和社会服务等履职活动无一例外地与知识、知识管理有着千丝万缕的联系。那么，如果从知识管理的理论视角，观察高校教师学习、教学、科研和社会服务等履职活动，这些履职活动又将呈现何种样态？高校教师学习胜任力、教学胜任力、科研胜任力以及社会服务胜任力的本质又将为何呢？另外，以知识管理理论视角研究高校教师胜任力，将有助于对高校教师胜任力作用发挥过程以及深层心理机制的分析。因此，将知识管理的理论视角与高校教师胜任力的研究问题相结合，不仅具备理论上的适切性，而且具有现实上的优越性。欲将二者有机融合，须得先行扫清概念和理论的障碍，然后再进行胜任特征的演绎，并且应确保整个理论演绎过程的逻辑性与合理性。因此，本书将对相关核心概念、理论基础以及二者结合的理论演绎过程进行条分缕析的阐明。

第一节 核心概念界定

一 知识

古希腊语中"知识"的词根是 gnosis,本义为对精神事实的直觉理解。在西方哲学史上,知识与认知是如影随形的。"知识是什么"的答案,与"知识从哪里来""人类认知的途径和方式为何"等问题的答案密切相关。因此,知识论与认识论在西方哲学传统上是同一种表达。在英语中,表达认识论的专业术语是"epistemology"。从词源学分析,该术语包含两个希腊词根,一个是"episteme",是认识或知识的意思。另一个是"logos",是逻辑或者理性基础的意思。二者合在一起就是认识论或知识论,也就是对知识的理性分析(哲学研究)。[①] 哲学是科学之母,它为所有学科提供理论基础和方法论支持,故本书试图通过对西方哲学史上知识观嬗变的分析和梳理,厘清知识观的发展脉络,进而批判地吸取和继承其合理内核,并尝试对知识的本质属性加以澄清。

(一)西方哲学知识观梳理

知识观是哲学认识论的核心议题。从苏格拉底和柏拉图对知识内涵的界定,到胡塞尔和海德格尔对传统知识观的批判,哲学家们对知识问题的兴趣始终有增无减。

古希腊哲学家在哲学知识观上的主要贡献,是明确了知识的概念,奠定了传统知识观的理论基调。苏格拉底提出了知识是什么的问题,

[①] 徐向东:《怀疑论、知识与辩护》,北京大学出版社2006年版,第3页。

他在寻求"事物本质即事物是什么是很自然的;因为他正在寻求推理,而本质是推理的出发点"①,这使知识具有本体论意义的普遍性。柏拉图区分了知识和意见的差别。他认为,知识是永恒不变的,而意见则是变动不居的。基于此,柏拉图最早提出知识的概念,即知识是经过验证的真实信念。②普遍、真实、经过验证,苏格拉底和柏拉图的知识观,奠定了传统知识观的基调。从此以后,直到近代的哲学知识观,都是建立在普遍必然性和客观有效性的知识本性认识的基础之上的。

近代以前的哲学家对于知识问题倾向于关注知识的本性,而近代及以后的哲学家对于知识问题的探讨更多围绕知识的来源。近代哲学的知识观对于知识本性的认识,较之以往的哲学家并无本质性的飞跃,而对于知识的来源则产生了非常独到而卓越的见解。近代哲学对于知识来源的认识大体包含两大学派,即唯理论和经验论。

唯理论认为,知识只能依靠理性来把握,并且只能来自理性本身,其奠基人和代表人物是笛卡儿。笛卡儿的知识观是以"我思"的自明性直观"我在"的确实性开始的。笛卡儿以"我思故我在"为哲学认识论的第一原理,通过逻辑演绎推论出三类观念,即天赋观念、来自外界的观念(广延)和被创造出来的观念。笛卡儿对广延持的是贬抑的态度,甚至笛卡儿总是试图说明广延也是由天赋观念演绎而来的;之于第三类观念,笛卡儿认为"被创造出来的观念"是"把不同事物的形象拼凑在一起的,例如美人鱼、飞马等观念,它们纯属心灵任意想象或杜撰出来的假象",就更不是知识了。③

经验论认为,一切知识都来源于感觉经验,其奠基人是培根,最

---

① 苗力田主编:《古希腊哲学》,中国人民大学出版社1989年版,第219页。
② 张志伟主编:《西方哲学史》,中国人民大学出版社2010年版,第67页。
③ 张志伟主编:《西方哲学史》,中国人民大学出版社2010年版,第267页。

主要的代表人物是约翰·洛克。洛克对知识的定义是知识就是"对于我们的任何两个观念之间的联系与符合，或不符合与冲突的知觉"。从知识来源的角度，洛克将知识分为直觉的知识、证明的知识和感觉的知识。直觉的知识，即直觉所获得的知识。证明的知识是"当人心不能通过直觉直接知觉两个概念是否符合的时候，就需要在两个概念之间插入一个或多个中介观念，来知觉它们是否符合，这个过程就是推理"，由推理而形成的知识就是证明的知识。另外，洛克还提出了感觉的知识，即感官与外物接触所获得知觉。[①] 总体来说，洛克认为，知识的本性同样应具有确定性（可靠性）。知识的来源是感性经验。虽然证明的知识在推理的过程中需要理性的参与，但知识确定性（可靠性）的尺度却是客观实在。

康德应对两者唯理论与经验论的两难困境，主张调和唯理论和经验论。他认为"先天的"与"后天的"是一对基本概念。"后天的"意即单纯经验的，就知识而言表现为个别、偶然和相对的。"先天的"意即独立于经验而且是经验的先决条件，就知识而言表现为普遍的、必然的、客观的。康德的知识观提出，经验提供知识的内容，即感性材料；知性提供概念范畴，用以整理感性材料，使之成为具有普遍必然性的认识，即知识。这就在一定程度上弥合了唯理论与经验论的缺陷，但仍然无法完美解释知识来源的复杂性。[②]

随着社会进入新的发展阶段，现代社会中人类面临的各种危机与问题似乎都与过度推崇技术理性的知识观有关，现代哲学家开始反思对科学主义盲从的弊端。胡塞尔和海德格尔是其中最具代表性的人物。

---

① ［英］约翰·洛克：《人类理解论》，谭善明、徐文秀译，陕西人民出版社2007年版，第149、237页。
② 张志伟主编：《西方哲学史》，中国人民大学出版社2010年版，第391页。

胡塞尔崇尚的知识，并不是自然科学知识，而是人文学科的知识。胡塞尔的知识观一方面排除了对自然科学的盲目信仰，给人文科学以广阔的发展空间；另一方面又吸收了自然科学的严谨性来限制人文学科的丰富性，以先验主体性来保证人文科学知识的可靠性。至此，知识的外在标准即实体或存在被消解，取而代之的是先验主体性。[1]

海德格尔在胡塞尔的基础上更进了一步。如果说胡塞尔对传统知识观的批判在于消解了知识的外在标准，那么海德格尔则将历史性引入哲学，进而提出了知识的相对性和可变性；更重要的是，海德格尔提出艺术的运思方式是知识的重要来源。海德格尔认为，世界中的每一个具体的存在都是"存在者"（being），"存在"（Being）是"存在者"得以存在的终极原因，也即"存在"是让所有"存在者"能够存在的那个存在。海德格尔认为，不能单独探索"存在"，但是我们可以从"此在"（人）的生存出发来追问、思考、探究和领悟"存在"，通过"此在"的生存方式来领悟"存在"，具体的方法就是思与诗。[2]

海德格尔的思是返回到人类最初的没有被科学划分的思——前苏格拉底之思。只有前苏格拉底之思，即一种摆脱了前见和条框限制的思，也即无所取用的思和异乎寻常的思，才能引领我们回归本真的"存在"。而这种思的引发和传递，是无法用语言表达的。因为语言已经带有了前见（先入之见），是已经被搞坏了的表达方式和传递方式。但是如诗、音乐、绘画等艺术的表达和传递方式，可以让人规避语言所带来的前见对我们的干扰，给人带来震撼和启示，帮助人通过艺术的运思方式去体验、感悟"存在"。

---

[1] ［德］埃德蒙德·胡塞尔：《形式逻辑和先验逻辑》，李幼蒸译，中国人民大学出版社2012年版，第49页。

[2] ［德］马丁·海德格尔：《存在与时间》，陈嘉映、王庆节译，商务印书馆2016年版，第70页。

胡塞尔的现象学和海德格尔的存在主义哲学思想，虽然在知识本体论上带有一种晦涩神秘的意味，但在知识的方法论上，无疑提供了一种与众不同又颇具启示的思维方式。胡塞尔的"主客体融合"的理念，海德格尔"此在与生存世界"圆融的思想和艺术的敞亮的运思方式，二者共同批判的科学主义和工具理性，都给身处极端科学束缚和技术统治之下，思想空虚迷茫的现代人以振聋发聩、醍醐灌顶的冲击，召唤人们重新寻找敞亮的精神家园，重拾诗意栖居的生存方式，实现知识功能从工具理性向价值理性的转变。

（二）知识的本质属性

通过以上对哲学史上知识观的梳理，本书认为，知识的内涵至少包含三对关键的本质属性，即可靠性和确证性、实践性和经验性、有用性和人本性。每一对本质属性都是一体两面的关系：一个是果，另一个是因；一个面向规范化，另一个直指操作化，二者紧密联系，不可分割，辩证统一。

首先，知识应具有可靠性和确证性。

可靠性即在一定范围内、特定条件下，知识的正确性。"我们认识什么"和"我们如何确定我们是否认识"是两个不同的问题，前者是认识的内容与范围的问题，而后者是我们通过何种标准区分我们所认识和不认识的事物的界限。[①] 认识的可靠性和确证性问题属于价值判断的问题，它是主体获得知识的前提。从价值论的角度讲，知识必须具有可靠性。知识只有具有可靠性才能保证自身存在的合法性，否则知识将无以安身立命。可靠性的保障是知识的合理性，表现为合逻辑性、合规律性以及合人文性。合逻辑性是指知识应符合人类理性思维的逻

---

① 陈嘉明：《知识与确证：当代知识论引论》，上海人民出版社2003年版，第2页。

辑，即唯理论认为的知识尺度——清楚明白（逻辑理性）；合规律性是指知识应符合客观规律，即经验论认为的知识的尺度——与客观现实相符合；合人文性是指符合人的文化和精神幸福的追求，即现代哲学知识观的尺度——诗意的生存。

可靠性是知识本质属性的规范要求。那么，如何保障知识的可靠性呢？在操作层面，唯有经过确证，方可保证知识的可靠。因为确证了，所以才可靠；只有确证的，才是可靠的。这主要是从哲学史上的知识观中抽取的合理内核。

唯理论认为，知识的内容是天赋观念以及以天赋观念为逻辑起点，通过逻辑演绎而得出的其他观念。知识确定性的尺度是"清楚明白"，也即符合理性和逻辑，其"清楚明白"的确证方式是天赋观念以及演绎过程合乎理性的。

经验论主张的知识内容不仅包括直觉的知识、证明的知识，还包括感觉的知识。经验论认为，知识的来源只能是经验，直觉的知识是对客观现实的直觉；证明的知识是以简单观念（直觉的知识）为起点，通过证明的过程，而获得的复杂的观念；感觉的知识是对客观现实的感知。

无论是直觉的知识、证明的知识还是感觉的知识，其本质都是主体对客观现实的经验。"世界正是在其与主体实际的关联中被揭示出来的。世界的原初意义在于它是一个被知觉的世界，而同时这个被知觉的世界是相对于知觉主体而言的，或者说，它是正在知觉的主体的世界，是围绕着这个知觉主体的、作为知觉主体的生活环境和知觉场域的世界。"[①] 经验论认为的知识的尺度是"是否与客观现实相符合"，

---

① 宁晓萌：《表达与存在：梅洛-庞蒂现象学研究》，北京大学出版社2013年版，第59页。

其确证的方式是从客观现实中获取经验，并以人的直觉能力作为确定性的保证。

无论是唯理论的符合理性和逻辑的演绎，还是经验论的与客观事实相符合的经验的归纳和证明，其不谋而合地认同知识的确证性。即便是胡塞尔和海德格尔的知识观，也只是否定极端科学主义和工具理性确证的知识，然则并未严厉指摘知识需要确证。

胡塞尔以先验主体性作为人文知识确证性的尺度，海德格尔的存在主义哲学思想否定的是形而上学和科学的确证方式。但从海德格尔著作的字里行间不难看出，在他看来，本真的"存在"就是确证的尺度。

可见，哲学史上任何一个哲学流派对于知识确证性的本质属性都是认同的，至少是不否认的，分歧主要在于知识确证尺度和确证方式的不同。

其次，知识应具有灵活性和经验性。

灵活性是指，一方面，在实践应用的过程中，特定的知识能够被快速及时地激活或唤醒，参与认识或解决问题的活动；另一方面，在知识发现生成的过程中，人们能够不受已有知识的局限和束缚，更发散灵活地探寻知识。这种灵活性既是知识在实践情境中发挥作用、实现价值的前提基础，又是知识创造更新的关键所在。

只有在实践情境中，能够或者有助于解决问题的知识处于激活而不是沉睡状态，知识才能参与问题解决。无论问题能否解决，参与是前提。在知识应用的问题上，知识的恰切与否往往成为问题研究的关注点，而知识是否处于唤醒或活性状态，很容易被研究者、教育者和学习者所忽略。其实，很多时候知识之所以无法帮助人们解决问题，其中一个重要原因是，在解决问题的过程中，知识一直在睡大觉。

在知识的创造过程中，同样需要知识的灵活性。知识的创新关键在于新，新思想、新理论、新技术、新工艺等"新"的产生，需要打破常规，摆脱束缚，另辟蹊径。而人已有的知识既是知识生成的肥沃土壤，同时也可能对知识创造构成束缚。打破常规就需要以丰富性、充实性去防止思维定式和思想束缚。这样才能在灵活、开放、包容的思维方式之下，去发现"新"、领悟"新"。如何才能使知识具有这种实践中所需要的灵活性呢？经验性是促进灵活性生成的重要实践路径。在实践操作中，可以在学习知识和发现知识的过程中尽量丰富知识的经验性。也就是要充分地关注经验，开放地包容经验，用心地领悟经验。就像胡塞尔所提倡的将主客体相融合，融入生存世界，不是以旁观者，而是以亲历者的身份去充分体验，只有这样才能获得更加丰富、鲜活和生动的经验；还有海德格尔强调的达到一种"此在"与"存在"圆融的状态。知识与经验，你中有我，我中有你，深度融合，圆融一体。

事实上，这一点在心理学的信息加工理论中有更为切近的解说。正因为感性的经验（如感知和情绪）与知识（如概念和理论）的联结（结合），才易于使知识在问题情境中激活，才有可能使知识的价值得到充分的发挥。[①] 而在知识创造过程中，心理学也是非常强调发散性思维的，发散性思维是知识创造过程中灵感萌生的重要途径。故而，知识的灵活性是知识价值实现——既包括实践价值又包括在自身发展中的价值——的规范诉求，而要想实现知识的灵活性，就需要在知识的学习和创造过程中，使知识具有经验性。二者也是一体两面、辩证统一的关系。

---

① 李虹、曲铁华：《信息加工理论视域下教师实践性知识的生成机制探析》，《教育理论与实践》2018年第7期。

第二章 高校教师胜任力本质的理论阐释

最后，知识应具有有用性和人本性。有用性是一种价值判断。价值判断以不同角度观之，对有用与否、有用程度大小等问题的回答都将有所不同。从结构维度上看，有用可以分为对整体有用和对局部有用；从时间维度上既可以分为短暂有用和持续有用，也可以分成近期有用和长远有用；从方向维度上，还可以分为工具理性的有用（推动经济的增长）和价值理性的有用（促进人类的精神幸福）。

总之，"有用"是一个非常抽象，且内涵十分丰富的概念。真理即是"当下的满足"，可以"立即兑现"，很多真理是"潜在的"，即每个人还储备了一批"额外的真理"，"它们在平时潜伏不用，在需要时随时可供调遣使用"，因此"真理是有兑换价值的"。[①] 而关于有用性的判断实质上就是我们的价值观，价值观作为精神文化的核心，影响到一个国家、一个组织以及一个个人的选择方向和行为取向。知识的有用性判断将直接影响到知识工作者包括研究者和实践者的研究方向和实践取向。研究方向主要关涉的是知识创造，实践取向主要影响的是知识应用。这些都以知识价值观也即对知识有用性问题的判断为方向性指引。那么，在面对繁复或具体的知识创造和知识应用的实践选择时，我们该如何确保知识的有用性呢？

"以人为本"也即人本性，应成为知识有用性判断的实践旨归。在具体知识工作的方向选择时，理性应秉持的原则是人类的生存与发展应重于某一种族、某一国家、某一地区、某个个人的生存与发展；内涵式发展之所以取代了外延式发展，是因为内涵式发展是一种可持续的发展，而非只追求眼前利益的发展；无论是工具理性还是价值理性，只要是有利于人类的福祉和幸福的，都是我们所需要和追求的，这正

[①] 赵敦华：《现代西方哲学新编》，北京大学出版社2001年版，第56页。

是"不管白猫黑猫,能抓住耗子就是好猫"。但应该注意的是,以人为本是一个原则上的旨归,在具体实践中,人与人、人与物、人与自然、人与社会是普遍联系的,因此,在有用性判断上,往往需要进行适当的平衡。平衡好整体人类与某一国家、某一地区、某一组织、某一个人的利益;处理好长远价值和近期价值之间的关系;在工具理性和价值理性也即物质财富增长和精神追求满足方面,切忌走极端,要把握好二者之间的度。

打一个不太恰当的比喻,从哲学家的有用性价值观角度来讲,洛克可能说:"没有馒头,饿肚子的人是不会幸福的。"胡塞尔和海德格尔可能会反驳:"为了馒头去挣命,也是不会幸福的。"但其实,这两种价值观都过于极端,平衡好"做馒头的劳动强度"与"保障人有追求精神家园的闲暇自由"之间的关系,才是知识工作者应该努力的方向。

(三) 知识的分类阐释

知识的分类阐释主要是依据知识内容的特点,对知识进行分类研究。从古至今,许多研究者对知识进行过结构性分析,旨在依据知识内容的特点,更好地掌握和应用知识。本书着重阐释古希腊哲学家亚里士多德对知识的分类和近代哲学家迈克尔·波兰尼对知识分类的发展。

首先,亚里士多德对知识的分类思想给传统知识观的分类体系定下了基调。亚里士多德是西方哲学史上第一个对知识进行分类研究和阐述的哲学家,他的知识分类对后世的西方哲学和科学知识观产生了持久而深刻的影响。亚里士多德在《形而上学》中将知识分为理论知识、实践知识和创制知识。他是以"目的因"为依据对知识进行划分的。理论知识是追求知识本身,没有认知以外的目的的知识。实践知识是以人的行为为研究对象,以实现良好生活为目的的知识。创制知识是以生产和制作某些产品为目的的知识。① 亚里士多德对知识分类研究的思想，有利于后世知识研究者在其知识学科分类的基础上不断深入和细化，进而促进知识的专业化发展。

其次，迈克尔·波兰尼的著作《个人知识》，打破了传统知识观的禁锢，使隐性知识得以华丽亮相。正像波兰尼自己所宣称的那样——意会认识论的提出，将导致全部传统认识论的重大格式塔转换，这是一个全新的认知架构。波兰尼将知识分为形式知识（显性知识）和暗默知识（隐性知识）。形式知识是可以通过语言或媒介传播的知识，具有客观性、普遍性、规范性和系统性的特点。暗默知识是内心知道，但无法将其转化为语言的、经验的、身体的知识，具有个体性、经验性和缄默性的特点。暗默知识的提出是波兰尼知识体系构建的重大创举，为后世知识观的发展提供了新的方法论指导。②

无论是对显性知识的精准开发与利用，还是对作为新知识重要来源的隐性知识的关注与挖掘，无疑都是为了促使知识价值的最大化实现。本书认为，要想实现知识价值最大化，还须厘清"准知识""真知识"和智慧的区别与联系。

"准知识"是指具有成为知识的可能性的知识，也即部分知识的本质属性已经显现，而其他作为知识所必备的本质属性尚处于潜在状态，有待进一步加工处理方能显现出来的知识。"准知识"主要包括理论和经验。理论是具有可靠性和确证性的"准知识"，只有与经验相结合，才能具备灵活性，随即才能具有有用性；经验是具有灵活性和经验性的"准知识"，只有得到确证，才能具有可靠性，进而成为更为广泛有

---

① 张志伟：《西方哲学十五讲》，北京大学出版社2004年版，第42页。
② [英]迈克尔·波兰尼：《认知与存在：迈克尔·波兰尼文集》，李白鹤译，南京大学出版社2017年版，第137页。

用的知识。

"真知识"是指具备知识所有本质属性,即经过确证具有可靠性,与经验结合具有灵活性,基于人本的有用性的知识。"真知识"只是初步具有了知识的各个本质属性,但仍具有较大的发展空间,其发展的理想结果就是达到智慧的程度。

智慧是高度精准娴熟、极能灵活应变、广泛稳定有效的知识。智慧是知识的高水平发展阶段。

本书对"准知识""真知识"和智慧的划分,是为了凸显由"准知识"向"真知识",由"真知识"向智慧转化的过程,以此促进知识价值的充分实现。

二 知识管理

20世纪末,威格在国际知识工程组织大会上,第一次对知识管理进行了界定。[①] 之后,随着知识管理重要性在实践和研究领域达成共识,许多学者对这一概念做出了自己的诠释,但时至今日,关于知识管理的概念仍然尚无定论。通过梳理,已有关于知识管理概念的界定,大体涉及知识管理的目的、知识管理的对象、知识管理的过程等关键要素。

首先,知识管理的目的是通过对知识价值的开发和利用,提高组织或个人的核心竞争力。

美国学者穆雷认为,知识管理是把一个组织的智力资产(包括记录信息和组织成员的才智)转化为更高的生产力、更新的价值和持续增强的竞争力的战略。[②]

[①] 付彦:《知识共享型组织结构》,经济管理出版社2008年版,第15页。
[②] 霍国庆等:《企业知识管理战略》,中国人民大学出版社2007年版,第4页。

美国 APQC 认为，知识管理是企业有目的、有计划、有组织地向企业内部的员工传递信息和知识，从而促进知识的传播和共享，促进员工提升履职胜任力，最终实现提高组织核心竞争力的目的。①

国内也有学者在知识管理的界定中体现了这一思想。我国有学者这样界定知识管理的概念，即知识管理是通过对知识进行各种加工处理的操作，提高劳动者的履职胜任力，进而保障组织的生存和发展的管理过程。②

也有学者提出，知识管理旨在通过知识管理理念与人和技术的组合，从而为组织服务，促进组织提升核心竞争力的管理活动。③

其次，关于知识管理的对象，不同学者视角不同，观点不同。

克里斯·马歇尔等人认为，知识管理是对暗默知识的开发和利用。他们指出，知识管理不仅涉及对有形的各种资源的加工处理，还要充分考虑到蕴含于员工脑海之中，难以言表，却在实践当中富于活力和价值的各种个人知识；并通过有效的途径，使之成为促进组织财富增长，促进组织快速、高质发展的资本。④

CIN 思想库认为，知识管理是对专门知识的管理，而这种专门知识是能够促进企业或组织核心竞争力提升，使组织或企业长期立于不败之地的知识。显然，这样的知识一定蕴含着组织或企业管理者和员工的个人智慧。

Ovmm 公司也认为，知识管理的对象应既包含看得见摸得着的有形资产，又包含蕴含着巨大潜力的、实际上在组织发展中更加重要的无

---

① 夏敬华、金昕：《知识管理》，机械工业出版社 2003 年版，第 48—50 页。
② 石玉玲、陈万明：《我国知识管理研究现状、热点与趋势》，《新世纪图书馆》2020 年第 4 期。
③ 嵇娟、牛芳、翟丹妮：《知识管理系统的研究综述》，《改革与开放》2018 年第 10 期。
④ 廖开际主编，李志宏、刘勇副主编：《知识管理：原理与应用》，清华大学出版社 2007 年版，第 15 页。

形资产。①

  我国学者郁义鸿提出，组织之外的各种对组织发展有利的资源，常常被研究者所忽视。而这部分资源的争取和获得，对于组织的发展也是十分重要的。②

  因此，无论是组织之内的资源，还是组织外部的资源，都是组织生存和发展不可或缺的，都应该得到充分的重视。

  最后，大多数的知识管理概念都包含对知识管理过程的界定。

  达文波特和德隆提出，知识管理包括知识组织和存储、知识转移、知识创造和知识应用四个流程。③

  我国学者黎加厚对知识管理的界定为，知识管理是研究人类获取、传播、共享、利用和创新知识的活动规律，管理有关知识的连续过程，以促进经济和社会发展的理论和实践。④

  储节旺等提出，知识管理包含知识获取、知识组织、知识应用、知识传递与共享、知识创造等过程。⑤

  通过对已有知识管理内涵的梳理，本书认为，知识管理内涵应回答三方面问题：为什么要进行知识管理？知识管理管什么？知识管理过程的本质是什么？基于对以上三个问题的回答，本书尝试对知识管理的内涵做以下界定：知识管理是适应时代和社会发展对组织和个体精准实践与原始创新的需要，采用多种方式进行"准知

---

① 邱均平主编：《知识管理学》，科学技术文献出版社2006年版，第53—54页。
② 郁义鸿：《知识管理与高校竞争力》，《研究与发展管理》2002年第2期。
③ Davenport T. H., De Long D. W., Beers M. C., "Successful Knowledge Management Projects", *MIT Sloan Management Review*, Vol. 39, No. 2, Feb 1998, p. 43.
④ 黎加厚：《知识管理对网络时代电化教育的启迪（上）》，《电化教育研究》2001年第8期。
⑤ 储节旺、郭春侠、陈亮：《国内外知识管理流程研究述评》，《情报理论与实践》2007年第6期。

识"知识化,包括理论经验化和经验确证化,以及"真知识"智慧化的过程。

所谓"准知识"知识化是指通过对"准知识"进行加工处理,使之转化为"真知识"的管理过程。"准知识"知识化主要包括理论经验化和经验确证化两个存在差异又相互联系的知识转化过程。理论经验化是指将抽象理论与感性经验相联结的过程,包括学习、领悟、反思、实践、整合等主要阶段。经验确证化是指通过验证,即以理性逻辑、客观规律或人文精神作为衡量标准,对经验进行符合学术规范的检验,确证其可靠性,并以学术规范的方式加以表达的过程,主要包括实践、体悟、行动中反思、验证、整合等关键环节。分享、交流与合作则贯穿理论经验化和经验确证化的所有阶段或环节,在整个知识转化过程中发挥极其重要的促发和催化作用。

"真知识"智慧化是指由初步具有知识各种本质属性的"真知识"向具有高度精准性、应变性和高效性的智慧转化的过程。这一过程就是理论经验化和经验确证化的持续累积和迭代的过程。

三 胜任力

关于胜任力概念的界定大体存在两种观点,即特质说和行为说。特质说以胜任力概念的提出者戴维·麦克利兰为代表,他把胜任力界定为能区分在特定工作职位或组织环境中绩效水平的个人特质。[①] 行为说的代表人物是理查德·博雅特兹,他认为胜任力是通过对行为的引导而最终影响绩效的,因此胜任力应是一系列与职能相关

---

① 方振邦、徐东华编著:《战略性人力资源管理》,中国人民大学出版社2010年版,第166页。

的行为。①

二者的共识是胜任力都具有能够区分绩效水平的能力，以及胜任力是与特定任务或活动相匹配的。不同之处是，特质说认为胜任力的本质是个人特质，行为说认为胜任力的实质是行为倾向。在两种关于胜任力概念的经典界说的基础上，本书基于特质是内因，行为是外在表现的哲学认识论观点，倾向于认为，胜任力是胜任特定任务或活动的个人特质；而胜任力可以通过外在行为表现加以测量，并可以通过外在行为塑造加以培养和提升。

在胜任力概念的界定中，应注意三个关键词。

第一个关键词是"胜任"。胜任的表现就是具有区分绩效水平也即绩优者和绩效一般者的能力。在实证研究中，绩优者和绩效一般者在胜任力的各个维度上的成绩应存在显著差异。戴维·麦克利兰的杰出贡献就在于，他一改以往自上而下的方法，即通过工作分析确定岗位工作所需素质；而是采用自下而上的方法，即运用关键事件访谈法，通过对绩优者和绩效一般者的访谈研究，在分析、比较之后，萃取出绩优者与绩效一般者在关键事件中表现出来的存在显著差异的特质，并将其引入人力资源管理领域，定义为胜任力。因此，戴维·麦克利兰实质上是在胜任力来源问题上实现了方法论转向，但并不意味着从工作分析出发的胜任力获取方式就是毫无可取之处的。通过工作分析（如组织战略分析）而获取胜任力的方式被称为演绎法②，同样是构建胜任力模型的一种重要方法。

第二个关键词是"特定"。特定任务或活动表明胜任力需要顺应任

---

① 彭剑锋主编：《战略人力资源管理：理论、实践与前沿》，中国人民大学出版社2013年版，第209页。

② 彭剑锋主编：《战略人力资源管理：理论、实践与前沿》，中国人民大学出版社2013年版，第229页。

务或活动的目的和规律。首先，胜任与否的评价标准与目标达成紧密联系。胜任力必须有助于目标的达成。另外，胜任行为必须是顺应特定任务或活动的规律的。只有顺应活动规律才有利于目标的达成，显示出优质的绩效。

第三个关键词是"特质"。特质应既包含智力因素，又包含非智力因素。非智力因素特别是情绪智力对于任务成败具有重大影响几乎已成为共识。

基于以上分析，本书将胜任力界定为有助于组织或个人目标达成，顺应特定活动或任务规律的智力因素和非智力因素的总和。

四 高校教师胜任力

本书认为，从知识管理角度观察到的高校教师胜任力，其本质就是高校教师的知识管理胜任力。高校教师知识管理胜任力的概念，限定了胜任力概念的第二个关键要素——特定活动。高校教师胜任力概念中的特定活动是高校教师在履行职责过程中所进行的知识管理活动。因此，高校教师知识管理胜任力应为有助于高校或高校教师个人知识管理目标达成，且顺应高校教师知识管理活动规律的智力因素和非智力因素的总和。

关于高校教师知识管理胜任力概念的阐释，需要对知识管理价值取向和知识管理活动规律两方面问题加以说明。

首先，知识管理活动目标的方向，也即知识功能实现的价值取向，是依据时代精神和社会发展的需要而确定的。目标确定与价值追求既是主体因应客观现实的明智选择，又不免带有满足个体愿望的主观色彩，严格意义上讲，是主客观相结合的产物。但从时下文化的发展态势观之，崇尚精准实践和探索创新的集约式发展的价值取向，愈发显示出时代和社会主流文化的特征。精准实践要求知识开发必须确证可靠，知识利用能够灵活应变；探索创新更是需要知识创造不拘一格，实现知识的自我颠覆式发展。这些新时期社会主流文化的价值取向必定会给处于新时期的组织和个人留下文化的印记，成为高校教师知识管理胜任力目标确定的主要价值取向。

其次，高校教师知识管理胜任力的构成要素，应顺应高校教师知识管理活动的规律。人类经过长期的知识管理实践，以及对知识管理活动的研究，已经对知识管理的规律性有充分的认识，如知识管理过程的划分、知识转化机制的发现、知识管理模型的构建等。要想顺利实现知识管理活动的目标，人的行为必须顺应这些知识管理活动的规律以及知识转化的内在机制。而高校教师因其履职活动的特殊性，其知识管理胜任力也有其不同于其他职业知识管理胜任力的一面。

因此，高校教师知识管理胜任力的构成要素的确定，应充分考虑高校教师学习、教学、科研和社会服务等主要履职活动中知识管理的任务和特点，以及知识转化的内在机制。

第二节　知识管理理论解析

知识管理理论是人类对知识管理活动规律性认识的归纳和总结。本书将从知识管理对象、知识管理过程、知识转化机制、知识型组织建设四个方面，对知识管理理论进行系统阐释。

一　知识管理对象

以日本学者野中郁次郎为代表的知识管理研究者普遍认为，知识管理的对象是显性知识和隐性知识。野中郁次郎的组织知识创造理论的前提假设,就是"人类知识是通过暗默知识(隐性知识)与形式知识(显性知识)之间的社会化相互作用而创造和扩展出来的"①。野中郁次郎知识管理研究的核心问题,是隐性知识和显性知识的相互作用和相互转化。根据目前研究者对显性知识和隐性知识特点的总结,显性知识具有客观性、普遍性、规范性和系统性的特点,隐性知识具有个体性、经验性和缄默性的特点。

如果从本书澄清后的知识本质观来看显性知识和隐性知识,二者都属于"准知识"的范畴。显性知识只不过是具有可靠性的理论,隐性知识则属于具备灵活性的隐性经验。二者都没有完全具备知识的本质属性,只有经过进一步的管理(加工处理),才能实现向"真知识"的转化。与此同时,"真知识"同样具有进一步管理(加工处理)的空间,它的发展方向应该是更高层次的知识——智慧。

故而,本书认为知识管理的对象应该是"准知识"和"真知识"。对"准知识"的管理旨在使之转化为"真知识"。"准知识"包括理论和经验。理论的缺陷是缺乏经验化过程,管理的重点是使之具有灵活性;经验不足是因为缺乏确证,管理的目的是使之得以验证,具备可靠性。对"真知识"的管理旨在进一步提高灵活性,完善可靠性,使其更具应变能力,扩展其适用范围,成为智慧。因为无论是"准知识"的知识化过程,还是"真知识"的智慧化过程,都包含显性知识和隐性知识的相互转化,因此本书对知识管理对象的界定并不排斥其包含显性知识和隐性知识的观点。

---

① [日]野中郁次郎、[日]竹内弘高:《创造知识的企业:日美企业持续创新的动力》,李萌、高飞译,知识产权出版社2006年版,第70页。

二　知识管理过程

无论是"准知识"向"真知识"转化的过程,还是"真知识"向智慧的转化过程,都是知识生成及发展的过程,因此,知识管理实质上是对知识的生成过程进行管理。"真知识"向智慧转化的过程是"真知识"不断提高灵活性和可靠性的过程,也是知识不断累积和叠加的过程,同样要经历由"准知识"向"真知识"转化的过程。故而,知识生成过程的管理主要是对"准知识"向"真知识"转化过程的管理。"准知识"向"真知识"的转化过程,主要包括以学习为起点的理论经验化过程和以实践为起点的经验确证化过程。

理论经验化过程主要包括获取、领悟、反思、实践和整合等任务要项。

这里的"获取"相当于教育心理学中狭义的学习。教育心理学中人的学习又称为狭义的学习,是指人在社会生活实践中,在社会传递下,以语言为中介,自觉地、积极主动地掌握社会和个体的经验的过程。[1] 简言之,学习是人类获取他人或社会有益或优质间接经验的过程。获取的内容是他人或社会的间接经验,既包括形象的感性经验,又包括抽象的理论。他人感性经验因其直观形象的特点,容易使人产生共鸣,易于接受;而理论的表达方式具有抽象化和符号化的特征,如不领会和反思,对于学习者来说就是毫无意义的符号,即使内化,也难以长期储存或激活。

领悟的本质是一种对他人间接经验的模仿性构建的活动,包括理性的模仿和感性的模仿。理性的模仿是模拟构建他人的认知结构,

---

[1] 莫雷:《教育心理学》,广东高等教育出版社2002年版,第33—36页。

感性的模仿是模拟他人的感性经验。简言之，模拟他人经验的存在方式构建他人经验。领悟的关键在于，在这一环节要努力去理解他人的理解，思考他人的思考，体验他人的体验，感受他人的感受；规避主观映射给他人经验造成的干扰，以免错失对他人经验中有益内容的吸收。

反思的本质是用自己的认知结构与模拟他人经验存在方式构建的他人经验互动，对他人经验进行自我重新建构。具体而言就是，用自己的认知结构辩证地评价他人的经验及其结构，然后批判性地进行自我重新建构，取其精华，去其糟粕，并进行自己的补充、改组或改造。

反思环节中主观性的介入，是一种用自己的头脑（认知结构）进行的思考（互动）。反思过后，作为"准知识"的理论实质上已经初步完成了向"真知识"的转化，但主体认知结构的改变仍处于松弛状态，仍有待进一步坚定固化。

接下来的实践环节，本质上就是用新的认知结构与问题情境互动：一方面，检验其可靠性、灵活性和有用性；另一方面，也起到加固联结的作用。

最后环节的整合，是将所有经验，包括新经验和已有经验建立符合逻辑的意义联结，以便在更复杂的问题情境中综合运用。

经验确证化过程主要包括实践、体悟、行动中反思、验证和整合等任务要项。

实践是经验的主要来源，实践的本质是人用自己的已有知识，包括"真知识"和智慧，与外部问题情境进行互动。一方面，是外部情境刺激作用于主体感官，所产生的相应的感觉经验；另一方面，是人已有知识与外部情境刺激互动过程中，接收到的来自外部情境的反馈刺激。二者共同构成了直接经验。来自情境刺激的直接经验是丰富而杂乱的。用海德格尔的表达，就是"存在"（知识）可以通过"存在者"（情境刺激）显现，但又被"存在者"所遮蔽；照亮"存在"的方式就是用"此在"（人）的生存方式来领悟"存在"。"此在"的生存彰显为感官的活性，"此在"的生存方式应该是"具身"的；或者退一步讲，这种海德格尔式的领悟至少是从体悟开始的。

体悟的本质是"具身认知"，即人的全部感官都参与直接经验的鉴别与选取，个体的人的"具身"的敏感性和个性偏好决定着哪些直接经验将进入下一个阶段的加工处理。

行动中反思的本质是人在用已有的知识与外部情境刺激互动的过程中，受外部情境的反馈刺激，不断激活新的已有知识参与互动。这里"新的已有知识"是指在最初的问题情境刺激下并未被激活，而是受到反馈刺激才被激活的已有知识。在行动中，人的理性加入与外部问题情境的互动，使人对直接经验的加工更加深入而彻底。因为理性的介入，直接经验应该得到了框定和抽象，进一步的加工应该能够以研究问题或研究假设的方式重新"亮相"。接下来，这一偶然拾取的"灵感"需要规范而严谨地验证，以确保它的可靠性。

验证是经验转化为"真知识"的必由之路。篡改一下苏格拉底的名言，未经验证的经验未必可靠。验证的内容是来源于实践，经过体悟和行动中反思的新思想、新观点、新方法等。验证的过程应该符合学术规范或者人类理性的逻辑规范。

最后的整合环节，同样是将所有经验建立符合逻辑的意义联结的过程。

与此同时，理论经验化和经验确证化过程，除了上述任务要项之外，还有三个任务要项，即分享、交流与合作，是贯穿"准知识"向"真知识"转化以及"真知识"向智慧转化的全过程的。它们可以成为每一个任务要项的催化和促进力量，使每一个环节的活动产生更优质的绩效。

分享的本质是经验——包括直接经验和间接经验的共同化。分享的作用主要是有利于个性化经验——或是个体独特的直接经验，或是与个体独特直接经验结合的间接经验的共同化；而个性化经验的共同化则意味着每个人所能获取的经验的丰富化、充分化和多样化。这就好像在你面前摆有很多把不一样的能够开启智慧大门的钥匙，钥匙的数量越多，钥匙的形状越多样，其中就越有可能找到适合你的那一把。或者类比大数据识别技术，对每一种个别属性的大数据进行收集和存储，将会大大提高识别任务完成的准确率和成功率。

当然，分享也是存在风险的，对于分享者来说存在竞争风险，对于接收者来说存在时间风险。分享者将个人优势经验分享给他人，有可能因此丧失竞争优势；接收者在接受他人分享的经验之前，是无法知晓该经验对于自身的价值的，如果分享的内容于己无益，接收者至少需承担时间成本。因此，分享的背后隐藏着许多奥秘。

交流的本质是复合型的知识管理活动，包含着对自己经验的表达，以倾听为主要方式的对他人经验的接收，对他人经验的体悟和领悟，自己经验与他人经验的互动等多种知识管理任务要项，其独特的要项是倾听。倾听在交流中发挥着不可忽视的重要作用。

合作的本质除了分享交流以外，还包括分工配合。合作的保障原则是共赢，合作的基本思想是扬长避短、优势互补。因此，合作成员的差异性，分享交流，沟通协调，对合作取得预期的成效起着十分关键的作用。

以上对知识管理过程任务要项的分析,是为进一步推论任务要项背后的心理特质做准备的。只有明确任务要项的本质和价值取向,才能确定任务要项需要具化为哪些绩优行为,也才能演绎和推测出绩优行为背后的心理特质。

三 知识转化机制

显性知识与隐性知识的转化机制,是日本学者野中郁次郎和竹内弘高在对日本成功企业的知识创造实践进行研究的基础上,发现的能够促进显性知识和隐性知识相互转化的行为模式或行为倾向。这一知识转化机制是对显性知识与隐性知识社会性转化的深层本质和规律性根源的探讨,揭开了知识管理过程中蕴藏的知识转化的奥秘。该机制的提出,对于改进知识管理过程,促进知识创造和知识价值的最大化实现都具有很大的启发意义。

知识管理过程中每一个任务要项的完成,每一个具体的知识管理行为,都是显性知识和隐性知识共同参与的过程,其中都蕴含着显性知识和隐性知识的相互转化。特别是分享、交流与合作这三个贯穿整个知识管理过程的任务要项,显性知识和隐性知识之间的转化在其中都十分关键,关乎这三个任务要项的实践成效。为了将知识管理任务要项分解为有效的知识管理行为,本书认为,有效知识管理行为的确定应基于显性知识与隐性知识的知识转化机制。

根据野中郁次郎和竹内弘高的知识创造理论,显性知识与隐性知识的转化机制,包含相互影响、相互渗透的四种模式,即共同化、表出化、联结化和内在化。[①]

(一)共同化:个性经验共享

共同化(socialization)是共享体验并由此创造诸如心智模式和技

能之类的暗默知识（隐性知识）的过程。① 从该界定分析可知，共同化的主要任务是共享。共享的内容是诸如心智模式和技能之类的体验，也即个性化经验。之所以将其理解为个性化经验，是因为这里野中郁次郎所指的诸如心智模式和技能之类的体验，应该是与个体的人融为一体的经验。其中应该不仅仅是隐性经验，事实上应既包含个性化的直接经验，也包含与个性化直接经验联结在一起的间接经验。间接经验毋庸置疑是已经被表达出来过的。因此，间接经验的表达和共享并不是共同化的难点。

共同化难就难在个性化经验中隐性成分的表达，因为隐性知识具有难以言传的特点，这就给个性化经验中隐性成分的共享造成了很大的困难。共同化的价值追求或预期结果是视界融合。视界融合的概念，源自德国哲学家加达默尔。加达默尔认为，对文本的真正理解是诠释者与作者视界的一种融合。这里的视界，加达默尔给出的定义是从一个有利的角度可以看到任何事物的视野范围。野中郁次郎借用视界融合这一概念，来表达形成共同的心智模式和技能之类的体验。通俗地讲，就是大家看到的、体验到的、想到的是一模一样的。

如何才能跨越隐性知识难以表达的障碍，形成共享参与者的视界融合呢？野中郁次郎从日本成功企业的案例分析中，得出了两种方式：一种是学徒式的共享即"做出来"或"做中学"，另一种是头脑风暴式的共享即"碰撞出来"。这两种方式本身并不是野中郁次郎的创造，事实上，这两种方式具有能够促进知识共同化的作用是在实践中得以验证的。野中郁次郎的贡献在于，对这两种方式能够促进知识共同化的机制进行了由表及里、深入透彻的剖析。学徒式的共享主要是通过

---

① ［日］野中郁次郎、［日］竹内弘高：《创造知识的企业：日美企业持续创新的动力》，李萌、高飞译，知识产权出版社2006年版，第72页。

"做中学"来实现。隐性知识虽然说不出来,但有些是可以做出来的,比如技能。师傅可以通过示范动作或系列动作,甚至手把手地教学徒完成与自己相同或相似的动作;学徒通过观察、模仿,做与师傅同样的实践,在相同的实践(相同或相似的情境和相同或相似的动作)中获得共感,并通过反复模仿的练习,不断接近师傅的动作,进而不断获取与师傅相似的体验。

当然,这种"做中学"并不一定能够获得完全一致的共感,因为每个人的个性特点不同,同一个动作未必引发同样的直接经验,却可以无限逼近视界融合。头脑风暴式的共享主要是针对隐性知识难以表达,但并不是完全不能表达的问题,可以通过反复的交流、碰撞,实现对视界融合的无限靠近。共同化参与者对经验的交互碰撞需要经历以下阶段:经验分享者的接近自身个性化经验的表达—参与者对他人表达的经验的领悟—参与者对领悟到的他人经验的表达—分享者对他人领悟到的自己经验表达的修正—参与者领悟的再一次表达—分享者的再一次修正……在如此循环往复的碰撞过程中,分享者与参与者的视界不断逼近融合。

在共同化过程中,无论是学徒式的共享还是头脑风暴式的共享,其中需要突破重点都是"是否愿意共享"(共同化)、"能否有效表达"(表出化),以及"是否能够准确体悟或领悟"(内在化)的难题。

(二)表出化:个性经验结晶

表出化(externalization)是将暗默知识(隐性知识)表述为形式概念的过程。[①] 表出化的本质是对个性化经验理论化的过程。从显性和

---

① [日]野中郁次郎、[日]竹内弘高:《创造知识的企业:日美企业持续创新的动力》,李萌、高飞译,知识产权出版社2006年版,第74页。

隐性的角度来看，表出的经验既包括显性经验又包括隐性经验；从感性和理性的角度观之，表出的内容涵盖感觉经验和理性认识。显性经验易于表达，隐性经验难以言传；碎片化的感觉经验易于捕捉，需要合理整合和抽象概括的理性认识的形成和表达相对困难。因此，表出化的难点是隐性经验的表达和个性经验的结晶，即整合与抽象的过程，最终的结果就是创造出形式概念。表出化的过程一般经历隐性经验的表达（或者隐性经验的显性化）—个性经验的结晶—形式概念的创造，即个性经验形式化的过程。

在概念创造的过程中，人们常用的是演绎和归纳的方法。演绎就是由一般概念或原理，遵循人类理性逻辑规则，推导出特殊概念或原理的逻辑思维过程，即最典型的演绎的范例就是欧氏几何理论体系的构建——由最基本的公设，通过逻辑演绎，推导出整个欧氏几何的理论体系。归纳是由特殊到一般的思维过程，即通过对所有特殊事物或关系的特征的采集、分析、比较，发现并抽取共同特征，进行分类处理，并对同类事物或关系进行抽象、概括和界定的过程。近代哲学经验论知识（概念或原理）的发现主要依靠的就是归纳的思维路径。

演绎和归纳是以往概念创造的常用思维方式，很多时候，二者是结合使用的。[①]但这两种方式尚不足以突破隐性经验（与个性化经验结合的新概念）难以表达的困境，于是野中郁次郎提出了实现等效含义表达，以逼近共同体验的隐性经验表达的两种非分析方法，即比喻和类比。比喻是一种用能够产生相同或类似体验的另外一个事物（或等效含义），来表达或解释被波兰尼称为暗默知识的东西，以使倾听者获得与讲述者共同的体验。比喻倾向于直觉地表达等效含意，但并不一定产生完全等效的体验。因为喻体（最佳原型）与本体（蕴藏在个性化经验之中的新概念）并非完全一致。

最佳原型是某类事物中，凸显该类事物本质属性，而较少非本质属性的典型代表。比如知更鸟可以作为鸟的原型。最佳原型只是讲述者在表出时所能选取的最易于产生等效体验的共感刺激。最佳原型能呈现或能让倾听者体验到本体的本质属性和非本质属性，因为最佳原型本身所包含着的本体的本质属性相对突出，非本质属性的干扰较弱，故而易于产生较丰富、较强烈的共感体验；但不可避免地，这种更依赖于直觉的认知是不够严谨的，可靠性也是比较弱的。相较于比喻的直觉驱使，类比则是由理性控制的。

比喻的主要任务是促使个性化经验的表达，而类比则是个性化经验的结晶过程。类比是通过已知事物（最佳原型）来理解未知事物（新创概念），并且弥补意象（蕴含着个性化经验的新概念）与逻辑模型（新概念）之间的差距。类比是由意象（最佳原型所产生的共感）向逻辑模型（新概念）转化的中间环节。类比的实质是在比喻所产生的共感的启发下，理性地分析原型和模型的异同，发现二者之间的差距，从共感原型中抽象并提炼出未知事物的本质或规律的概念化表述（逻辑模型）的个性化经验结晶过程。结晶后的新概念或新命题的表达必须采用高度抽象概括的语言，遵循缜密的理性逻辑规则，确保新概念或新命题的可靠性。

在表出化的过程中，比喻运用的效果取决于表述者和倾听者共感刺激的丰富性或实践经历的复杂性，这决定着比喻所产生的共感效果；类比的运用受限于表述者和倾听者的抽象概括能力和逻辑思维能力，这决定着个性化经验结晶的成败。当然，无论是比喻中共感刺激的表出，还是类比中逻辑模型的学术呈现，都离不开表达能力的参与和支持。

（三）联结化：间接经验整合

联结化（combination）是指将各种概念综合为一个知识体系的过程。[①]联结化的本质是建立概念与概念之间的联结关系。联结化的内容显然是各种概念。在联结化语境中的各种概念包括新概念和已有概念。野中郁次郎在他的知识创造理论中提出两种概念：大概念和中程概念。所谓中程概念就是介于大概念和有形之物（碎片性感觉经验）之间的概念。大概念就是高度达到企业经营理念和发展战略层级的概念。这种概念往往受组织高层领导的个人信仰和价值倾向影响很大，它的抽象化、理念化程度非常高，统领整个组织的价值取向和发展方向。例如，马自达汽车公司的战略理念"创造崭新价值，提供驾驶乐趣"，据此，公司将新款车型定位为"面向美国市场和创新新形象的策略车型"[②]。

大概念在组织发展的宏观层面起到方向指引的作用，但在微观层面的具体决策中则指导乏力。碎片性经验主要是人们实践产生的直接经验或是未经结晶的间接经验，比如汽车研发团队的驾驶体验，从顾客和汽车行家那里收集到的各种意见，以及由此引发的研发团队对新产品的具体想象。碎片性经验具有零散、感性、庞杂的特点，其中内容良莠不齐、杂乱无章，无法确保可靠和有用。故而，野中郁次郎用中程概念来弥补大概念和碎片性经验的缺陷和不足。马自达公司在产品创新过程中，经过大概念演绎和碎片性经验归纳创造出的中程概念是"一种提供刺激与舒适驾驶乐趣的纯正跑车"。中程概念的优势在于：相较于大概念，其更具有针对性；相对于碎片性经验，其更具可

[①] ［日］野中郁次郎、［日］竹内弘高：《创造知识的企业：日美企业持续创新的动力》，李萌、高飞译，知识产权出版社2006年版，第78页。
[②] ［日］野中郁次郎、［日］竹内弘高：《创造知识的企业：日美企业持续创新的动力》，李萌、高飞译，知识产权出版社2006年版，第74页。

靠性；而且中程概念更符合当今时代对知识的有用性范围的期许，外延适中，既不拘泥于一隅，也不放诸四海而皆准。

大概念和中程概念的价值取向是趋同的，二者是一般和特殊的关系。大概念的践行和落实，需要多个中程概念相互协同；大概念与中程概念，以及中程概念与中程概念之间的联结是一种理念上价值趋同，逻辑上相辅相成，依其含意的内在逻辑关系而结构化为概念体系的过程。

联结化的方式包括对形式知识（大概念和中程概念）的整合、增添、结合和分类等。整合是对大概念和中程概念依其含意逻辑关系进行结合，如果从不同的视角观察它们之间的关系，可能会看出不同的结构化概念体系。增添是对原有结构化概念体系的丰富和补充，类似于皮亚杰图式理论中的同化。结合是依据概念含义之间的逻辑关系建立联结。分类是依据概念本质属性的不同，将其分成不同的类别。野中郁次郎还强调了现代化信息技术手段对概念联结化的重要作用。

在联结化过程中建立概念和概念之间的逻辑关系，以及在整理过程中观察视角的选取都非常关键。观察视角的选取决定概念体系选取怎样的逻辑进行构建——不同的观察视角，决定概念体系的构成要素，构成要素的类别划分，以及构成要素之间的联结应遵循怎样的逻辑关系。其中，联结者的逻辑思维与辩证思维，理论观察视角的丰富性是联结化过程的关键支撑。

（四）内在化：间接经验学习

内在化（internalization）是使形式知识体现到暗默知识（隐性知识）之上的过程。[1] 内在化的本质是间接经验转化为个性化经验的过

---

[1] ［日］野中郁次郎、［日］竹内弘高：《创造知识的企业：日美企业持续创新的动力》，李萌、高飞译，知识产权出版社2006年版，第80页。

程，也就是间接经验与内化者（学习者）融合的过程。间接经验包括理论和他人的感性经验。因为他人的感性经验易于使学习者产生共感，故而相对容易与学习者融合；而理论的抽象性、符号性使得理论的内在化过程相对困难。[①] 因此，内在化的难点是理论经验化。理论经验化主要是通过领悟、体悟和反思完成的。领悟是模仿他人经验存在方式构建他人经验的过程。体悟是亲身实践，通过感官直接获取关于理论或他人经验的直接经验。反思是用自己的认知结构与模拟他人经验存在方式构建的他人经验互动，对他人经验进行自我重新建构的过程。以野中郁次郎的表达方式就是，经过共同化、表出化和联结化过程中的经验，以共有心智模式或技能诀窍的形式内化到个人的暗默知识库的过程。

野中郁次郎通过案例分析得出的有效内在化方式包括经验文档化、"做中学"、阅读或倾听一个成功的故事，以及扩大实际体验的范围。经验文档化就是将与组织生存和发展相关的各种知识资源，包括已有理论和新创理论，以文档或资源库的方式加以积累和储存，以便组织内部成员搜索和获取。文档化的目的在于累积和共享准知识（包括理论和经验）。

"做中学"是通过实践，实际经历并体悟理论或他人经验的产生过程，通过实践获得有关理论或他人经验的共感经验。另外，野中郁次郎认为，内在化中的领悟和体悟，不一定是听者亲身经历才能实现的。听别人讲述一个情节饱满、真实可靠，使人身临其境的故事，也可以获得与讲述者类似的感受和体验。如果故事内容饱满，情节真实，生动形象，画面感和情境性强，在内化者（学习者）的脑海中，同样可

[①] 李虹、曲铁华：《信息加工理论视域下教师实践性知识的生成机制探析》，《教育理论与实践》2018年第7期。

以产生与真实经历相近的体验,只是这种体验的清晰度和饱和度都比真实经历所获得的体验要弱一些。

这与教育心理学中班杜拉提出的替代强化的效果和斯金纳所提出的强化的效果相似,但二者在对学习者影响的强度上,还是有所差别的。毕竟亲身经历更深刻一些。不过,对有些特殊的不可重复、难以模拟、无法亲历,或因为条件和成本的限制,无法进行的实践活动,通过阅读或倾听一个成功的故事同样可以获得与亲历者类似的共感体验。

扩大实际体验范围也是野中郁次郎从企业成功知识管理实践中发现的有效促进内在化的方式。组建跨部门团队是扩大实际体验范围的典型做法。所谓跨部门团队就是由不同部门成员构成的研发团队,或是让团队成员参与或完成跨部门的工作任务,使成员对超越自身专业范围的职能进行体验,以扩大自身的实际体验范围。无论是"做中学"、阅读或倾听一个成功的故事,还是组建跨部门团队,实质上都是促进间接经验——特别是抽象化理论与感性经验相结合的过程;其目的都是增强理论的灵活性。

在内在化过程中,实践的行动力和体悟力,对他人理论和感性经验的领悟力,以及他人理论和感性经验与自身经验结合的反思力,都发挥着重要的作用。

四　知识型组织建设

(一) 知识管理典型模型的启示

1. 双轨道模型

知识管理双轨道模型是由 Arthur Anderson 咨询公司（2000 年后改名为 Accentrue）提出的关于知识管理的理论模型。该模型采用两条轨道探讨知识管理的实施路径。第一条是流程之轨,主要是指知识管理一般包含的管理流程;第二条是支持之轨,主要是指知识管理成功所必需的支持条件或影响因素。知识管理的流程应依据知识管理的规律设计和实施,一般包括创造、收集、适应、组织、运用和共享等环节。知识管理成败的影响因素众多,但主要的包括领导、文化、技术和评估。[①] 该模型认为,领导支持是知识管理绩效的重要保障,没有领导的充分认同和支持,知识管理只能是纸上谈兵;要想有效实施知识管理,还必须营造崇尚知识、尊重知识分子的文化氛围;知识管理绩效同样需要有力的技术支持和辅助;最后,知识管理绩效需要科学合理的评估手段和方法,为知识管理的实施提供正确的指引和可靠有效的评价。

2. 知识创造模型

日本学者野中郁次郎教授在20世纪90年代提出组织知识创造理论,在该理论中,野中郁次郎不但通过对大量成功日本企业的知识创造活动案例分析,发现了知识转化的SECI模型、知识创新的螺旋上升过程等重要的知识管理规律,还归纳出了促进组织知识创造的五个条件,即意图、自主管理、波动与创造性混沌、冗余以及必要多样性法则。[②]

第一,意图是组织对目标的渴望,它是组织知识创造的价值取向,也是组织知识创造的动力源泉。

第二,自主管理强调尽可能给组织成员的知识管理活动提供充足的自主行动空间,野中郁次郎给出的策略是建立自组织团队,促

[①] 廖开际主编、李志宏、刘勇副主编:《知识管理:原理与应用》,清华大学出版社2007年版,第46—47页。
[②] [日]野中郁次郎、[日]竹内弘高:《创造知识的企业:日美企业持续创新的动力》,李萌、高飞译,知识产权出版社2006年版,第86—99页。

进全息互动，遵循最少重要规定原则，以充分挖掘组织员工自主创新的活力。

第三，波动与创造性混沌的本质是创造一种打破原有行为模式的环境，用野中郁次郎的原话就是"瓦解成员在例行程序、习惯或认知上的模式"，使员工"所习惯的、感到自在的状态被打破"，进而不得不走出自己的"舒适区"，对自己基本的思维方式和视角进行重新研讨，继而走上创新之路。

第四，冗余是指有意图地制造有关业务活动、管理职责和劳动分工等方面的重叠，看似是一种资源的浪费，实则是为知识的碰撞和融合创造机遇，使带有不同种类知识的个体"浸入"异质性的知识场域，促进异质性知识之间的碰撞和融合，以期创生出新的意见和观点，迸发出新知识的火花，进而发展出新的知识。野中郁次郎提出的冗余的方式是模糊的劳动分工和策略性的人事轮调。

第五，必要多样性法则是指组织应确保各个成员以最快的方式，通过最便捷的途径，获取最广泛的必要信息。必要多样性法则旨在丰富组织成员知识的种类和内容，拓展组织成员的眼界和视野，促使其具有多样化的思考问题和解决问题的视角与工具。

3. 学习型组织模型

学习型组织是彼得·圣吉在对企业进行研究的过程中创生的一种管理观念，即企业应建立学习型组织。学习型组织是一种能够促使组织成员通过有效的学习、研究和实践，学会采用系统思考等学习策略，不断改善和超越原有的心智模式，进而促进个人完善，提升组织核心竞争力的一种组织。[①]学习型组织所倡导的学习不是日常用语中的仅限于吸收知识、获取信息的学习，而是一种真正意义上的学习，即为改善和超越组织成员自我心智模式的学习，是一种让组织成员充分实现自我价值,保障组织永葆活力,促进组织可持续发展的学习。

彼得·圣吉为真正意义上的学习提供了五种学习策略,即五项修炼,包括自我超越、改变心智模式、建立共同愿景、团队学习和系统思考。①

第一,自我超越能够给团队成员提供源源不竭的学习和发展动力。自我超越类似于马斯洛自我实现的概念,是人生而就有的需要。每个人都希望不断超越自我,成就更优秀的自己。彼得·圣吉认为,如果组织能够激起成员不断进行自我超越的动机,将能够给成员和组织的发展提供源源不断的动力。

第二,改变心智模式能提升人们解决问题的能力。心智模式类似于皮亚杰图式理论中的图式的概念,从认知心理学的角度来讲,人是通过心智模式与外部环境互动的,在这个过程中,不但人们因同化或顺应的作用,使自身的心智模式不断强大,而且可以利用自身的心智模式去改造外部世界。图式也即认知结构的发展和完善是终身的,心智模式的不断改善将给人提供认识世界和改造世界的强大能力。

第三,建立共同愿景能够汇聚力量。如果说个人愿景能够给个体提供发展和实践的动力,那么,共同愿景则是将原本分散而孤立的个人力量凝聚到一起,形成更加强大的组织力量的策略。在当今时代,只有汇聚的、整合的力量才足以解决复杂和变动不居的问题,共同愿景可以促使组织成员心往一处想,劲往一处使,形成强大的合力。

第四,团队学习可以提升学习的效率。团队学习可以促进团队成员的分享、交流与合作,特别是在促进团队成员个性化经验的传递和碰撞中,发挥着重要的作用。

---

① [美]彼得·圣吉:《第五项修炼:学习型组织的艺术与实践》,张成林译,中信出版社2009年版,第7—13页。

第五，系统思考能够更好地促进学习、实践和创造的效率提升。系统思考是彼得·圣吉最为推崇的修炼。系统思考是指不局限于表面地、局部地、静止地看待问题，而应该透过现象看本质，跨越局部看全局，发展变化地看待问题，只有这样才能做到系统、深入、辩证地把握问题。

从马克思辩证唯物主义理论视角观之，系统思考本质上是辩证思维，即整体地、联系地、动态地观察和思考问题的思维方式。系统思考是思维水平达到高级阶段的产物，它能让人寻找小而效果集中的高杠杆，产生以小博大的作用，从而有效精准地解决问题。

（二）知识型组织建设的行动逻辑

1. 知识型组织建设的思路框架

知识型组织是为了适应知识经济的发展而形成的，以知识为核心资源，以知识管理为管理焦点，以知识的生产和应用谋求市场竞争力的组织。[①]

知识型组织建设应着重关注影响知识管理的要素，从影响知识管理的要素入手，提升知识管理的效能。[②] 从已有研究可知，影响知识管理的要素包括知识本身的因素、组织成员个体因素以及组织因素。知识因素强调知识本身的特点对知识管理的效能产生重要影响。知识包括显性知识和隐性知识。显性知识具有可编码、易于表达等特性，隐性知识相对难以编码和表达，因此，二者的知识管理方式有所不同。

个体因素是指影响组织知识管理效能的，蕴含在组织成员个体身上的智力和非智力因素，主要是组织成员的知识管理胜任力，包括组

[①] 霍国庆等：《企业知识管理战略》，中国人民大学出版社2007年版，第250页。
[②] 江文年、杨建梅：《企业知识管理方法论研究：利益协调软系统方法论的应用》，科学出版社2006年版，第32页。

织成员的知识管理能力，是否愿意并善于在学习和实践中不断改善自己的心智模式，是否具有系统思考的心理倾向，以及组织成员的个人愿景等。①

组织因素是指组织有目的有计划地提升组织知识管理效能的各种努力和能力，包括组织战略因素、组织结构因素、组织管理机制因素、组织文化因素以及技术因素等。

组织战略决定了组织在知识管理方面的行动方向，它应该引导和整合组织成员的个人愿景，既要促进组织的发展，又要满足组织成员个人的需要。②

组织结构因素主要指正式组织与非正式组织的设置及其相应的制度安排。组织管理机制主要是依据组织知识管理的特点和规律，对组织知识管理的活动流程、行为方式、考核指标等激励性和规范性的制度安排。

组织文化因素主要通过领导风格、环境创设、团建活动等方式，引导、激励和融合组织成员的思想和行为，促使组织成员形成共享的价值观和积极正向的人生态度。

技术因素是指组织为提升知识管理效能，加快知识的分享、交流与合作而提供的各种技术支持，包括知识管理系统的构建、知识管理平台的建设等。③

结合高校知识管理实际，首先，高校知识管理中的知识既包括显性知识又包括隐性知识，其中隐性知识是知识管理的重点和难点。高校教师知识管理的对象主要是"准知识"，即理论和经验。知识管理的

---

① 徐向艺、辛杰主编：《企业知识管理》，山东人民出版社 2008 年版，第 103 页。
② 廖开际主编、李志宏、刘勇副主编：《知识管理：原理与应用》，清华大学出版社 2007 年版，第 40 页。
③ 汪克强、古继宝：《企业知识管理》，中国科学技术大学出版社 2005 年版，第 32 页。

目的，一是将理论经验化，以便将知识灵活应用于学习、教学、科研、社会服务等履职活动中；二是经验确证化，即通过科学研究，将教师的经验转化为理论，创造出新知识。

高校教师的知识管理过程，无论是理论经验化，还是经验确证化，显性知识和隐性知识都参与其中。理论经验化的目的是提高理论知识的活性，使其在实践中由生到熟，由熟到精，由精到巧，不断提高提取和加工的速度，以达到自动化的境界。而经验确证化更是需要高校教师善于将自己的隐性经验通过各种方式，比如野中郁次郎提供的比喻、类比等方式表达出来，通过表达实现知识加工的深化，通过分享交流实现知识的碰撞与完善，通过反复的深化、碰撞和完善，达成知识的创新。因此，在高校知识管理中既需要考虑显性知识，又需要关注隐性知识，其中隐性知识是高校教师知识管理的重点和难点。

其次，组织因素即知识型组织建设是本书对于高校教师知识管理影响因素控制的重点。本书的最终目的是提升高校教师知识管理胜任力，也即高校教师知识管理胜任力（个体因素）是本书的因变量，因此，应通过建设知识型组织（组织因素）实现研究目的。具体而言，应将组织战略、组织结构、组织管理机制、组织文化以及技术因素，整合为知识型组织建设因素，作为外部条件性因素进行建设和完善，达到提升高校教师知识管理胜任力的目的。

2. 知识型组织建设应"对症下药"

所谓"对症下药"是指知识型组织建设不仅要依据知识型组织的特点、知识型组织建设的思路框架等理论研究成果，还要考虑知识型组织建设的现状和问题，有针对性地进行建设和完善。

野中郁次郎的知识型组织建设针对知识经济时代对企业"知识创造"的迫切需要与现实中企业知识创造能力不足的问题，提出了知识创造的条件，即应构建组织意图，给予员工充分的自主管理空间，创设波动与创造性混沌，通过冗余创造知识碰撞和融合的机会，并遵从必要多样性法则为知识创造提供灵感。①

彼得·圣吉针对知识经济时代对组织知识获取和更新能力的高要求与组织学习能力不足之间的冲突，提出学习型组织的五项修炼，即通过引导员工不断实现自我超越，改变心智模式，建立组织共同愿景，促进团队学习，形成系统思考的思维方式等，提升组织的学习能力。②

野中郁次郎和彼得·圣吉的经典研究，都建立在对研究对象现实状况和存在问题的充分研究和反思的基础上。基于"对症下药"的考虑，本书也将针对高校教师履职活动知识管理胜任力以及相应的组织建设中存在的问题进行客观的调查研究和理性的深入探究，发现现实高校教师胜任力发展和组织管理中存在的"病因"，然后再提出相应的改善之策。

第三节 高校教师胜任力本质：知识管理胜任力

根据胜任力的定义，高校教师胜任力应为高校教师胜任履职活动的各种心理特质。如果高校教师履职活动是知识管理活动，即可推出高校教师胜任力的本质即为高校教师履职的知识管理活动的胜任力。履职活动是指高校教师履行职责所必须完成的任务或实施的活动。教学、科研和社会服务是高校教师的基本职能，也是高校教师主要的履职活动。但是，教学、科研和社会服务职能的实现，都离不开知识在

---

① [日]野中郁次郎、[日]绀野登：《知识经营的魅力：知识管理与当今时代》，赵群译，中信出版社2012年版，第7—12页。
② [美]彼得·圣吉：《第五项修炼：学习型组织的艺术与实践》，张成林译，中信出版社2009年版，第5—12页。

其中发挥的重要作用，也即离不开学习对知识的补给和累积。因此，本书将把学习①纳入高校教师的履职活动范畴，并以知识管理理论为视角，对高校教师的学习、教学、科研和社会服务等履职活动进行深入剖析和研究。

一 学习：知识补给

UNESCO 的一项统计表明：进入 20 世纪 60 年代以来，人类知识储量以每年 10% 左右的速度激增，知识技能的更新周期将越来越短。② 高校教师作为知识工作者必须"学习，学习，再学习"，才能满足社会对高校教师的角色期待，实现自身的人生价值。

学习之于高校教师是自身"真知识"和智慧的补充与完善——在扩充知识储备，加强理论修养的过程中，高校教师不断实现知识数量的增长，活性的增强。本质上，学习是高校教师实现理论经验化、"真知识"智慧化的知识管理过程。

首先，高校教师学习的旨趣决定高校教师的学习离不开知识管理。高校教师学习的旨趣是增长能解决问题的"真知识"，以及不断增强利用"真知识"解决问题的能力。然而，无论是高校教师获取的理论性文献资料，还是同行交流中得到的他人感性经验，大多具有"准知识"的特点。如理论往往以抽象符号的形式表征和呈现，教师要想将之纳入自己的心智模式，必须完成理论与自身心智模式中理性经验或感性经验的联结；否则，即便理论被强行"塞入"（通过机械记忆的方式输

---

① 学习作为高校教师特殊的履职活动，其特殊之处在于，学习的考核是与教学、科研和社会服务的考核结果相融合的。也就是说，学习的效果对教学、科研和社会服务等履职活动的效果产生重要影响。

② 杨杰、凌文辁、方俐洛：《关于知识工作者与知识性工作的实证解析》，《科学学研究》2004 年第 2 期。

入）大脑，它也是孤立、零散的存在，极易遗忘，难以提取，无法达到在问题情境中参与问题解决的目的。

而在与同行的交流中，高校教师获取的他人感性经验，其作用在于丰富高校教师本人的感性经验。

一方面，与理性经验联结的感性经验越丰富、多样，在面对复杂的问题情境时，问题情境刺激与高校教师已有的感性经验相似或相同的可能性就越大，高校教师已有感性经验被激活的可能性就越大，进而与这些被激活的感性经验联结的理性经验被激活的可能性也就越大，知识的灵活性就越强。

另一方面，同行的感性经验中，也包含解决问题的行动策略，行动策略相当于解决问题的工具，工具越丰富、越适切，问题解决就越精准、越有效。① 而无论是高校教师学习的理论，还是同行经验，都需要通过高校教师有效的知识管理过程，实现学习内容（包括理论和同行经验）与自身心智模式的联结；倘若高校教师未进行有效的知识管理，未能完成外部理论和同行经验与自身心智模式的联结，也就无法实现高校教师"真知识"和智慧的增长，学习就是无效或低效的。

其次，高校教师的学习过程属于知识管理过程。依据布鲁姆的教学目标分类理论，学生的认知过程一般会经历知道、领会、应用、分析、综合和评价六个由低到高，由简单到复杂的认知阶段。② 高校教师的学习虽与处于发展中的学生不同，但也需经历类似的认知过程。

知道是通过搜索和鉴别，高校教师获取了所需的学习资源。由于高校教师的心智已经达到了一定的成熟程度，已经具备了一定的评价

---

① 李虹、曲铁华：《信息加工理论视域下教师实践性知识的生成机制探析》，《教育理论与实践》2018年第7期。
② [美] 洛林·W. 安德森编著：《布卢姆教育目标分类学：分类学视野下的学与教及其测评》，蒋小平、张琴美、罗晶晶译，外语教学与研究出版社2009年版，第69页。

和鉴别能力；因此，在获取知识的阶段，高校教师应该对学习资源进行鉴别，以决定哪些学习资源需要进一步领会。而学生的这一鉴别过程，实际上是由教师或课程专家完成的。高校教师对学习资源进行的知识管理操作属于间接经验的学习（获取）阶段。

领会包括领悟和反思，完成的是对理论和他人经验的模仿式构建和与自身心智模式互动后的自我建构，实现知识的内化。

应用是用已经融入自身心智模式的个性化经验与实践情境互动，以实现"准知识"（包括理论和他人感性经验）的实践验证；同时，通过实践巩固和丰富联结尚不牢固和经验仍显薄弱的"真知识"。

分析是对复杂理论或他人经验的解构。如果高校教师获取的学习资源十分复杂，难以领悟，则需要将其转化为一个个相对简单和容易理解的组成部分，以各个击破或逐层深入的策略实现对复杂理论的内化，这一过程是对"准知识"（包括理论和他人经验）的解构。

综合（整合）是知识系统化的管理过程，将零散的知识构建成一个有内在逻辑联系的整体，这是"真知识"在高校教师心智模式中进行联结的过程。

分析高校教师的学习过程可知，高校教师的认知过程类似并属于知识管理过程，是将"准知识"通过知识管理转化为"真知识"；或是使"真知识"的确证性和经验性得以增强，进而实现智慧化的过程。

二 教学：知识育人

教学是高校教师所拥有的知识与教育教学问题情境互动的过程。这些参与互动的知识主要包括高校教师的学科专业知识、教育教学知识和关于学生的知识。教育教学要解决的问题主要包括知识共享、知识启智和知识育德的问题。

知识共享的本质是教师通过运用自身所拥有的相关知识，使学生获得与教师相同或相近的心智模式的活动。心智模式即理性经验和感性经验结合而成的经验模块。知识共享的目标是使学生获得与教师个体经验相结合（带有灵活性）的知识。为了实现这一目标，教师需要将理论与自身个体经验有机结合，然后再呈现给学生。教师所拥有的能够与理论有机结合的个体经验的丰富性、真实性和多样性将影响到知识的灵活性。教师呈现出来的理论，应该是情节丰满的真实故事，包括理论产生的故事、他人理论应用的故事以及自己应用理论解决问题的故事。理论故事的编写来源于教师长期以来对他人理论故事的模仿性构建，模仿性构建后与自身心智模式互动的反思，以及自身运用这一知识进行实践后对这一知识的进一步加工处理，其中蕴含着教师丰富的、个性化的主观经验。

个性化主观经验的多样性，决定着这些经验在学生的问题解决的实践中，与问题情境相同或相似情况出现的概率；也就是说，教师呈现的理论故事中蕴含的感性经验越多样，越有可能与学生未来所面临的问题情境刺激相同或相似，这将影响到与这些感性经验相联结的理性经验在学生未来所面临的问题情境中被激活的可能性。[1] 而且，教师理论故事呈现的新颖性和生动性，也会影响学生对理论的接受程度。

对于学生来说，理论故事是经验化理论的内容，而理论故事的呈现方式是经验化理论的形式，内容和形式共同决定着学生个性化经验能否被充分激活。再好的内容，如果没有形式的配合，也会影响学生个性化经验被唤醒的程度。必须说明的是，即便是形式的设计和运用，在背后发挥作用的依旧是教师关于学生心智模式的知识，比如，学生

---

[1] 曲铁华、李虹：《基于教师实践性知识生成机制的教师教育课程实施改革策略》，《四川师范大学学报》（社会科学版）2018年第2期。

的心智模式将反映出哪种呈现方式会是学生喜闻乐见、易于接受的。

知识启智的本质是教师通过运用自身所拥有的相关知识，与学生的心智模式互动，使学生的心智模式得以发展和完善的活动。知识启智的目标是使学生完成对与教师个体经验相结合的理论的主观建构；学生通过反思，使个体经验与新经验互动，发展和完善原有的心智模式。

为了实现这一目标，教师须利用关于学生心智模式的知识，唤醒学生与自身个体经验相同或相似的个性化经验，引发学生个性化经验与教师个性化经验的互动，激发学生对新经验的反思，引起学生心智模式的发展和完善。学生反思的质量受到理性经验参与与否，以及反思过程中新旧经验之间是否联结的影响。如果学生进行理性反思，也即理性经验参与同教师个性化经验的互动，将有利于学生建立自身理性经验与新理性经验之间的联结，便于知识的系统化。在面对复杂问题情境时，系统化的知识更易于通过多种知识的联合作用，整合出解决问题的有效策略。

结构化联结是建立在理性经验的内在逻辑关系基础上的联结。学生的结构化反思，是在理性经验参与互动的过程中，直接建立了新旧理性经验之间的联结，连带着与理性经验联结在一起的感性经验，共同完成了对学生已有心智模式的补充和完善，形成了一个更趋于系统和丰满的心智模式。教师要想促成学生的理性反思和结构化反思，需要借助自身拥有的关于学生理性经验的知识，通过直接激活理性经验（如复习某个理论），或激活与学生理性经验相联结的感性经验，间接激活理性经验，促使学生的理性经验参与互动；同时，教师还应该有意识地循序渐进地帮助学生完成知识结构化的知识管理过程。知识启智的过程实质上是通过教师的知识管理和知识应用，教会学生进行知识管理的过程。

知识育德的本质是教师通过运用自身所拥有的伦理道德知识以及有关学生心智模式的知识，与学生的思想品德互动，使学生获得并信仰社会所倡导的道德认识的活动。在知识育德的过程中，教师参与互动的有关学生心智模式的知识，主要是学生思想品德发展水平的知识以及学生思想品德形成规律的知识。知识育德的目标是使学生获得社会所倡导的伦理道德知识；学生通过反思，产生对社会所倡导的伦理道德知识的高度认同。

要想实现这一目标，知识育德不仅应遵循知识管理规律，也须遵循学生思想品德形成和发展的规律。学生思想品德形成和发展的规律包括：学生思想品德的形成过程是知情意行辩证统一的过程，且具有多端性；学生思想品德的形成过程是学生思想心理内部矛盾运动的过程；学生的思想品德是在学生的教育性活动和交往中形成的；学生思想品德的形成需要经历一个长期反复、不断提高的过程。[1] 顺应学生思想品德形成规律的知识管理活动，应包含教师经验化伦理道德知识的共享，教师经验化伦理道德知识与学生思想品德的互动，教师经验化伦理道德知识与关于学生思想品德及其他相关心智模式的知识在教育性交往活动和激发学生适当道德情感的教育情境的设计和实施中的参与性互动。

教师经验化伦理道德知识的共享，旨在从道德认识角度，与学生共享有关思想品德的心智模式，其知识管理过程与教学的知识共享过程类似；教师经验化伦理道德知识与学生思想品德互动，从学生知识管理的角度观之，实质是学生的反思，旨在引发学生思想心理内部的

---

[1] 王道俊、郭文安：《教育学》，人民教育出版社2016年版，第268页。

矛盾运动。为了激发学生适当的道德情感，创造道德实践机会，教师须利用自身关于学生思想品德的知识以及学生其他心智模式中的相关知识，创设能够激发学生适当情感体验的教育情境或教育性活动，强化学生对某伦理道德理念的认同；或在实践活动中，通过体悟和行动中反思，增强学生对某伦理道德理念的认同。这一过程的本质是教师德育的知识在德育实践活动中的应用。

三 科研：知识创造

科研是高校教师创造新知识的过程。科研是高校重要的职能之一。[1] 从知识管理的角度，可以将科研理解为个性化经验结晶的过程。科研的目标是通过个性经验的检验、结晶和表达，得出中程概念或系统理论。本书将以知识管理为视角证明研究问题或研究假设产生与凝练，研究过程的设计与实施，研究成果的呈现与表出等高校教师的科研活动属于知识管理活动。

首先，研究问题或研究假设产生于高校教师的知识管理活动。研究问题或研究假设主要来源于两大方面：一是来源于实践的体悟和行动中的反思；二是来源于学习中的领悟和反思。高校教师的实践主要是教学、科研和社会服务方面的实践，在实践过程中，教师的身心与实践情境互动过程中，自然会体悟到个性化体验；通过对个性化经验的行动中反思，也即教师体悟产生的个性化经验与已有心智模式中个性化经验之间的互动（碰撞），产生的冲突或不平衡，可能将成为新知识的生长点，这便成为高校教师研究问题的一个重要来源。除了教学、科研和社会服务方面的实践以外，学习俨然不可忽视，它是高校

---

[1] ［美］Clark Kree：《大学的功用》，陈学飞、陈恢钦、周京等译，江西教育出版社1993年版，第1页。

教师专业成长活动的重要组成部分，高校教师大多数研究问题的产生都离不开对前人研究成果的学习。

高校教师的学习内容是既精专又广博的，高校教师的学习往往是围绕自己的专业方向和研究主题进行的漫射性的学习。学习内容不但涉及学科专业知识（理论）、教育教学知识（理论），还包括与研究主题相关的其他相关专业知识（理论）。在学习的过程中，教师首先要领悟——模仿式地构建他人的心智模式，构建新知识（理论），还要对新知识进行反思——用自己的心智模式与他人的心智模式进行互动。在高校教师自己的心智模式与模仿式构建的他人心智模式的互动（碰撞）中，极有可能产生冲突或不平衡，这也很可能成为新知识的生长点。研究问题无论是来源于实践中教师体悟的个性经验与已有的个性经验的互动，还是来源于学习中模仿式构建的他人心智模式与自身心智模式的互动，新知识的生长点产生的过程都蕴含在知识管理过程之中。

其次，研究问题或研究假设的理论化过程离不开知识管理。有了新知识的生长点还不够，教师还需要对处于经验状态的知识生长点（经验性的研究问题）进行凝练和结晶，将其转化为真正的研究问题（规范化的研究问题）。教师需要利用已有的心智模式框定在行动中反思和反思中发现的不平衡或冲突，将冲突或不平衡中涉及的经验，以选定的心智模式（特定理论或视角）为依据进行结晶或表征。或者说，用选定的心智模式中已有的概念，或在已有概念的基础上进行完善（合目的加工处理）后重新界定的概念，本质地表征在行动中反思或反思中发现存在的冲突或不平衡的经验。这是旨在去除无关成分对研究问题的遮蔽，凝结研究问题本质面貌的知识管理过程。经过凝结后，研究问题将以本质的、抽象的、概括的、精练的方式呈现出来，表征为概念和概念之间的关系。如果没有知识的实践和学习，没有体悟、领悟、行动中反思、反思、结晶等知识管理活动，苹果落地也不过就是生活中稀松平常的现象，而不会成为一个物理学的研究问题。

最后，研究过程的设计与实施以及研究成果的呈现同样需要知识管理。研究过程设计与实施包括研究方案的设计、研究设计的实施、研究数据的搜集和整理、研究结果的整合与结晶。研究成果的呈现主要指研究报告或学术论文的撰写。研究方案的设计是教师利用有关研究方法论和研究方法的知识进行研究过程设计的过程。这里研究方法论和研究方法的知识包括有关选择研究价值尺度（理性逻辑、客观规律还是人文精神）、确定研究范式（事实研究抑或规范研究）的研究方法论知识，以及有关具体研究行为方式（思辨或实证）的研究方法知识等。研究设计的实施过程是教师利用已有与研究问题相关的知识（包括与研究问题相关的内容性知识和相关研究方法论和研究方法的知识）与研究过程中的问题情境互动的实践过程。

研究数据的搜集和整理涉及教师利用已有与研究数据同领域的心智模式对研究数据的鉴别和分类处理。研究结果的整合和结晶，是教师利用已有与研究问题相关领域的心智模式对研究数据进行分析、归纳、结晶，继而挖掘数据中蕴含的本质和逻辑关系。研究报告或学术论文的撰写是对作为新知识的研究结论的表达与呈现的过程。

四 社会服务：知识应用

社会服务有广义和狭义之分。广义的社会服务是指高等学校根据国家设学目的和目标，充分利用自身的优势，为满足社会发展的需要而必须履行的社会职能。社会服务的内涵包括培养人才、科学研究以及直接的社会服务。狭义的社会服务即为直接的社会服务，是指高等学校利用自身优势，为社会提供的直接的社会服务。如科普教育等。① 功能多元化大学已经成为世界大学的发展趋势。② 美国大学在多元化的道路上，属于先行者。美国密歇根大学对社会服务的界定超越了教学、科研和社会服务的限制，而是将三者有机地融为一体，强调的是"直接"二字，即无论借助何种方式或手段，大学应将直接的社会服务作为自己重要的社会职责。密歇根大学对社会服务的界定，与狭义的社会服务类似，都强调"直接"二字，不同之处在于，它们的直接社会服务采用的途径和手段是开放的，它们将教学、科研视为大学相较于其他机构为社会服务的优势所在，因此，倡导大学应充分利用可利用的一切资源、优势，直接为社会服务。

结合以往关于高校社会服务职能的界定，以及美国密歇根大学对于高校社会服务的定义，同时考虑到高校教师是实现高校社会服务的主体，本书将社会服务定义为高校教师利用自身优势，超越教学与科研的界限，融合并利用教学与科研的学术资质，向校外受众直接提供服务的职能活动；涉及以教学为核心的教学型社会服务，以科研为核心的科研型社会服务，及以知识应用为核心的应用型社会服务。

教学型社会服务主要是指向社会在职或待业人员提供知识资源，以提高其工作或就业能力的社会服务，如职后培训。科研型社会服务指通过创造新的理念、工具、方式、流程、产品等新知识，解决或助力解决实践领域的现实困难或问题的服务活动，一般通过项目合作或成果推广等方式实现。应用型社会服务主要指高校教师通过利用自身

---

① 盛国军：《高校社会服务职能评价体系研究》，《黑龙江高教研究》2012年第2期。
② ［美］Clrk Kerr：《大学的功用》，陈学飞、陈恢钦、周京等译，江西教育出版社1993年版，第4页。

现有的专业知识，帮助校外受众（包括组织和个人）解决生产经营、工作学习、生活休闲等各方面困扰或问题的服务活动，如决策咨询、技术援助、科普活动等。

从知识管理角度分析，教学型社会服务是以知识传播或推广为基本任务的社会服务，其服务场景为教学场景；其服务旨趣是改善受教育者的心智模式；其服务过程的知识管理活动与教学的知识管理活动相似，只是参与问题情境互动的知识（经验）是行业领域的专业知识或经验，在表达方式上要根据教学对象的行业特征与心智模式选择适切的话语系统，最佳的表达效果是深入而浅出，引起教学对象的共鸣，形成共享的心智模式。

科研型社会服务是以知识创造为引领的社会服务。其服务场景是学术和应用场景；其服务目的是通过知识创造，解决生产和生活中的各种问题，提高生产和生活的效率和质量。其服务过程的知识管理活动与科研的知识管理活动大同小异，特殊之处在于，研究问题主要源自深入行业领域的调研或实践，参与问题情境互动的知识（经验）是行业领域的专业知识或经验，分享交流所采用的话语系统亦是行业实践中惯用的。

应用型社会服务实则是以解决问题为主的社会服务，一般以决策咨询、科普活动、技术援助等形式进行。其服务场景是工作生活中出现问题的情境；其服务预期的结果是问题能够得以缓解或解决；其服务过程是知识拥有者通过自身有效的知识管理活动，使自身知识与问题情境刺激互动，促使问题解决。

应用型社会服务与教学型社会服务和科研型社会服务有所不同：从知识管理的角度来看，教学、科研与社会服务都涉及问题解决的知识管理活动，但教学型社会服务侧重通过知识共享与交流，通过心智模式的共享与启迪，达到启智和育德的目的；科研型社会服务侧重知识创造的知识管理活动；而应用型社会服务则更侧重解决问题的知识管理活动。因此，有必要对应用型社会服务的履职活动的知识管理过程进行单独阐释。

应用型社会服务实则是高校教师的知识与实践场域问题情境（可以是现场的，也可以是陈述的）反复互动，直至解决问题的过程。这一过程也是作为知识拥有者和管理者的高校教师利用有效的知识管理行为，以使自身知识解决实际问题的过程。

首先，教师在面对问题情境时，需用已有知识（心智模式）框定问题情境。这一知识管理行为的本质是，在问题情境刺激的作用下，教师或有意识或无意识地使其相关（相似）的心智模式被激活或唤醒。这一激活或唤醒的过程是格式塔式的，因其相似的刺激或相似的关系而决定头脑中哪些知识被唤醒。对问题情境有意识地分析和整合，以及对头脑中知识有意识地搜索和组织，将提高这一过程的效能。

例如，在多种心智模式（知识模块）被激活的情况下，有意识地辨别各种心智模式与现实问题情境的相似度，以及不同心智模式之于问题解决的可行性；在零散知识被激活的情况下，根据情境刺激的整合方式对零散知识有意识地组织，这些知识管理活动都将有利于问题更快更好地解决。接下来，在比较和组织后，选择心智模式中相对有效的行动策略或加工改造后的行动策略与问题情境反复互动，不断因应问题情境的反馈和变化，对行动策略进行重新选取或加工改造。这在形式上是行动策略的组织，在生理上被心理学家解释为神经网络的叠加。

其次，这种加工改造不局限于行动策略；在现存心智模式（知识模块）对问题情境的框定无法有效解决问题的情况下，对问题情境起框定作用的心智模式也可以通过这种加工改造的方式形成新的心智模式，对问题进行重新框定，从而探索新的解决问题的行动策略。就是在心智模式和行动策略不断被唤醒或加工改造的过程中，也即心智模式和行动策略的选择和叠加的知识管理过程中，内部心智模式与问题情境逐渐趋于平衡，问题得到缓解或解决。

综上所述，高校教师的学习、教学、科研和社会服务的履职活动在本质上都是知识管理活动，那么，高校教师胜任这些履职活动的心理特质也就应该是学习、教学、科研和社会服务的知识管理胜任力。

第三章 高校教师胜任力模型的理论演绎

通过对知识管理视域下高校教师胜任力本质的分析可知,高校教师学习、教学、科研和社会服务等履职活动胜任力的本质,可以相应地被视为知识补给、知识育人、知识创造和知识应用等知识管理胜任力。以此为理论基础和前提,即可进一步推演高校教师在履职活动的知识管理过程中,主要采取了哪些知识管理行为;这些知识管理行为的深层认知加工机制是怎样的;这些认知加工行为的有效性,又是依靠哪些重要的胜任特征(包括智力因素和非智力因素)予以支撑的。沿着这样的逻辑思路,并在回答这些问题的过程中,始终靶向新时期高等学校发展战略的价值旨趣,以及新时期国家和人民对高校教师的角色期许,应该能够逐层深入地挖掘出知识管理视域下高校教师履职活动的胜任特征,进而整合并构建知识管理视域下高校教师胜任力的理论模型。

第一节 胜任力模型构建的一般思路

胜任力模型(Competencymodel)就是为了完成某项工作,达成某一绩效目标,要求任职者具备的一系列不同胜任力的组合。[①] 由胜任力模型的定义可以看出:首先,胜任力模型是一系列胜任力的组合。要想构建胜任力模型,关键是要找到符合条件的胜任力模型构成要素,也即符合条件的胜任力。其次,胜任力与特定工作相匹配。不同的工作意味着不同的职能定位或角色期待,不同职能定位或角色期待决定着不同的绩效标准和价值追求。

因此,胜任力的选取必须以职能定位或角色期待的绩效标准和价值追求为依据。也就是说,胜任力的选取是胜任力模型构建的关键,无论基于何种理论视角,不管采用怎样的方式,都应该尽可能系统完整地找到真正符合某一特定职能定位或角色期待绩效标准和价值追求的胜任力,并将其科学合理地加以组织(一般采用戴维·麦克利兰胜任力词典中提供的组织方式),来构建胜任力的模型。这是构建胜任力模型最根本的宗旨和原则。

构建胜任力模型的一般思路是延续戴维·麦克利兰最初提出胜任力概念时采用的探寻胜任力模型的流程和方式,主要包括准备阶段、研究与开发阶段、评估与确认阶段。这三个阶段可以具化为审视组织战略、进行职能定位、确定绩优标准、挑选研究样本、分析任务要项、行为事件访谈、收集并分析信息、建立初始模型、进行模型验证。

一 准备阶段:绩优标准的确定

绩优标准是衡量绩效价值的尺度,也即判定胜任与否的标准。绩优标准的确定与组织战略和职能定位密切相关。

组织战略是关于组织将如何经营、如何在竞争中获得成功以及如

[①] 彭剑锋主编:《战略人力资源管理:理论、实践与前沿》,中国人民大学出版社2013年版,第218页。

何吸引和满足顾客以实现组织目标的各种方案。① 组织战略的价值在于帮助组织取得卓越绩效，应对未来不断变化的局面，以及保障具有多元性和复杂性的组织有效整合，最终实现组织整体、长远、可持续发展的诉求和目标。组织战略的确定不仅要考虑组织现实的生存和发展环境，还应预测并应对组织未来的机遇和威胁。因为，组织战略具有显著的前瞻性特点，所以，在确定胜任力择取的价值尺度时，仅看到"现在"的胜任，而忽视"未来"的胜任，是不可取的。

换言之，在一个工作环境相对稳定的时代，对胜任力的探索从现有（现实）胜任者的身上进行挖掘和探究，是切实可行的；但如果组织生存和发展的环境变化越来越大，不确定性愈发增强，已成为组织生存的必备技能，那么，对于未来的预测以及为应对未来风险而做出的必要准备，将成为组织立于不败之地的明智选择。因此，在选取和确定胜任力的时候，通过战略演绎的方法预测和推演组织未来所需要的胜任力是十分必要的。

职能，顾名思义是某一职业或职务从业人员的特定功能。社会是一个系统的有机体。从宏观上看，每一个行业领域作为社会这个有机体的组成部分，都实现着保障社会这个有机体生存和发展的必要功能。对整个社会来说，每一个行业组织既发挥着与其他行业组织不同的特殊功能，它们之间又必须相互补充和协调，共同维系和促进组织的生存和发展。这就好像人体的各个器官一样，每一种器官都发挥着保障人体生存和发展的特定功能。任何一个器官丧失功能，都可能给人体造成致命的打击；这些器官相互补充、协同运作，才能保障人体的良性发展。因此，每个从业人员都在各自的行业领

---

① [美] 斯蒂芬·P. 罗宾斯、[美] 玛丽·库尔特：《管理学》，孙健敏、黄卫伟、王凤彬等译，中国人民大学出版社2004年版，第219页。

域和组织机构中扮演着特定的角色,明晰自己的职能和角色定位,将有利于从业人员更好地满足社会对自身的角色期待,更高效地扮演好自己的角色。

在胜任力的确定中,组织战略是为了明确组织的发展方向并预测组织未来可能的机遇和挑战,进而预测未来组织的胜任力;而某一职能则将组织胜任力分解为各个部门、岗位、角色的功能。明确各个角色的分工,是为了保障资源投入更加精准,价值实现尽可能最大化;进而通过协同整合,实现组织效益最大化。因此,胜任力的择取必须建立在对组织战略和职能定位进行科学详尽分析的基础之上。本书将对新时期高校发展战略的价值旨趣以及高校教师角色期待进行深入细致的分析和阐释,并以此作为高校教师胜任力模型构建的方向指引和价值尺度。

二 研究与开发阶段:胜任力模型的初建

胜任力模型的初步构建主要是胜任力模型构成要素(胜任特征)的择取和整合。胜任特征的择取是依据特定工作的绩优标准,采用一定的方法,获取并选择符合且对应绩优标准的一系列典型的、重要的、有效的胜任力。胜任特征的整合是依据一定的标准对择取的一系列胜任特征进行归类和组织。

常用的胜任特征择取方法包括战略演绎法、行为标杆法、行为事件访谈法、关键事件访谈法等。

战略演绎法是根据组织战略分析组织核心能力,进而确定员工胜任力的方法。该方法构建的胜任力模型不仅包含当下组织运行所需的胜任力,而且能够预测组织未来发展所需的胜任力。缺陷是,作为一种规范性的研究结论,有可能与现实状况存在一定的偏差,受到研究者主观因素的影响较大。

行业标杆法是根据行业关键成功要素（KSF）构建胜任力模型的方法。这是一种行业通用的胜任力模型构建方法，所构建的胜任力模型在某一行业领域内普适性较高，但缺乏自身的特性和适应性。

行为事件访谈法，又称为关键事件访谈法（BEI），是通过对绩优员工以及一般员工的访谈，获取与高绩效相关的胜任力的信息的方法。[①] 这种胜任力模型的构建方法基于事实性研究的方法论，胜任力模型来源于实践，实事求是，相对于战略演绎法构建的胜任力模型更加客观。

关键事件访谈法也存在其缺陷。因为通过关键事件访谈择取的胜任力模型构成要素来源于"当时"的实践，在时间维度上，定格在"研究时"，是"研究时"的胜任力；对于未来的胜任力缺乏充分顾及。而且，因为需要对访谈资料进行分析和整理，所以只能尽可能排除研究者主观因素的干扰，但不可能完全排除。

在胜任力模型构建中，研究者通常将这些方法综合使用，只是根据研究目的不同，会有所侧重。比如，一般胜任力模型的构建，大多侧重现实胜任力的采集，通常主要采用行为事件访谈法构建胜任力模型；但同时也会进行战略分析，并参照行业通用胜任力模型的构成要素与整合维度。本书旨在对高校教师应对未来高等教育期许的胜任力的现状和问题进行考察，故而将选择以战略演绎法为主要的胜任力模型构建方法，辅之以文献研究法和行业标杆法——通过文献研究法对以往采用行为事件访谈法构建的高校教师胜任力模型的研究成果进行归纳和整合；通过行业标杆法对知识工作者的通用胜任力模型进行分

---

① 彭剑锋主编：《战略人力资源管理：理论、实践与前沿》，中国人民大学出版社2013年版，第228—235页。

析和反思——作为重要的参考信息，对本书战略演绎出的胜任力构成要素加以维度划分和组织整合，力求保障本书构建的胜任力模型的系统性和科学性。

三 评估与确认阶段：胜任力模型的验证

因为胜任力模型构建的过程可能受到多种因素的干扰，有可能对胜任力模型的可靠性和有效性产生不利影响，因此需要采用规范、科学的方法对初建的胜任力模型进行验证。胜任力模型的验证是一个长期而复杂的过程，正所谓实践是检验真理的唯一标准。胜任力模型只有经得住实践的检验，才是可靠和有效的。所以真正的胜任力模型应该在实践中不断地检验和修正。一般在研究中对胜任力模型的验证是对初建的胜任力模型的信效度进行检验，主要采用定性和定量两种方式。定性方式主要运用的是德尔菲法，定量方式主要运用的是统计分析法。

德尔菲法又称专家调查法，采用通信方式分别将所需解决的问题单独发送给各位专家，征询专家意见，然后回收汇总全部专家的意见，并整理出综合意见。随后将该综合意见和预测问题再分别反馈给专家，再次征询意见，各专家依据综合意见修改自己原有的意见，然后再汇总。这样多次反复，逐步取得比较一致的预测结果。这种方法的实施步骤是，首先，选取相关领域的专家，专家人数一般不超过20人。其次，将初建的胜任力模型发送给各位专家，咨询专家对该模型的修改意见。对专家意见进行汇总和整合，完成对初建模型的修订。最后，反复进行专家咨询、意见整合、模型修订的操作，直到专家对修订后胜任力模型趋于认同。运用德尔菲法对胜任力模型进行验证，优势在于能够充分发挥专家的作用，集思广益，准确性高；主要缺陷是过程相对复杂，花费时间较长，成本较高。①

统计分析法是采用大样本抽样调查的方法，获取胜任力对应的实践领域工作人员的第一手调查数据，通过对数据的统计分析，验证胜任力模型。这种方法的实施步骤：首先，要根据初建的胜任力模型编制胜任力调查问卷；其次，根据胜任力对应的工作岗位，选取具有代表性的调查人群（即样本选取）；再次，对抽取的样本进行问卷调查，获取一线工作人员胜任力的数据；最后，对数据进行分析处理，主要是对问卷进行项目区分度、信度、效度、探索性因子分析或验证性因子分析等，以此来检验胜任力模型构成要素的选取是否科学，胜任力模型的维度划分是否准确等。②

运用统计分析方法对初建的胜任力模型进行验证，优点在于操作比较简单，只需通过胜任力模型编制问卷、发放问卷、获取数据并利用统计软件对数据进行分析处理即可。相对于德尔菲法操作比较简单，耗时也比较短，成本消耗也较低。另外，在验证胜任力模型的同时，还可以获取工作人员胜任力的现状信息，可以说一举两得。该方法的缺点是，问卷调查所获取的是关于当下特定领域工作人员的静态胜任力信息，对未来的胜任力不敏感。

本书的侧重点是了解知识管理视域下高校教师胜任力的现状和问题，从而找到提高高校教师胜任力的有效策略；同时考虑到采用统计分析方法，不但可以对初建胜任力模型的规范性进行验证，而且了解获取一线高校教师胜任力的现状。因此，本书选择以统计分析方法为主，兼用专家评定方法；但在问卷编制后，通过征询专家的意见和建

---

① 方振邦、徐东华编著：《战略性人力资源管理》，中国人民大学出版社2010年版，第181页。

② ［美］艾尔·巴比：《社会研究方法》，邱泽奇译，华夏出版社2009年版，第447页。

议，对问卷进行修订，借此来尽可能保障初始模型的科学性与合理性。在修订问卷后，再采用统计分析方法对初始模型进行实证检验。

第二节 高校教师胜任力模型构建的价值取向

一 新时期高校发展战略的价值旨趣

随着人类进入知识经济发展的新时期，全球高等教育的格局和运作方式都发生了巨大的变化。新时期意味着新的局面、新的机遇和新的挑战。我国高等教育为了呼应新的时代发展需求，做出了科学合理的战略部署和总体规划。从以"双一流"建设战略为核心的政策文件以及高等教育领域的相关举措中可以看出，我国高校若想更好地实现新时期高等教育的功能定位，必须在人才培养、科学研究和社会服务等方面长期坚持育人为本、追求创新、精准实践和注重合作的价值旨趣，以期促进高等教育的内涵式发展，满足新时期的发展需求。

（一）育人为本

"立德树人"是高等教育始终要坚持的价值准则。高校必须以育人为本，而育人必须以德育为先。基于德育在各育中的重要地位，即没有德育作为基础，智育就是犯罪的帮凶；没有德育作为基础，体育就是暴力的前卫；没有德育作为基础，美育就是腐化的催化剂；没有德育作为基础，群育就是社会动乱的根源。德育为先是素质教育的基本前提和根本保障。新时期，高校除了仍应坚守立德树人的基本理念之外，还要依据新时期的发展特点，在立德树人的内容上，对所立之德不断完善；在实施上，将欲立之德有所侧重。具体而言就是要在深入研究新时期学生的新特点、新变化和新需求的基础上，除了要大力加强理想信念教育和国情教育，抓好马克思主义理论教育，践行社会主义核心价值观以外，还要坚持不懈地推进习近平新时代中国特色社会主义思想进教材、进课堂、进学生头脑，使党的创新理论全面融入高校思想政治工作。

教师在实现立德树人的价值旨趣中发挥着重要的引导和榜样作用。对整体而言，建设高水平的师资队伍，首要的是加强师德师风建设，将师德师风作为评价教师队伍素质的第一标准，打造有理想信念、道德情操、扎实学识、仁爱之心的教师队伍，建成师德师风高地。[①] 对个体而言，要不断地加强教师的师德修养，提高教师的职业认同，保障教师的身心健康。

（二）追求创新

创新是当今人类社会发展的时代主题，具有全球性、战略性和关乎全局的特点。随着社会的发展，时代的变迁，创新的重要性日益凸显。国家的兴衰、组织的成败、个人的命运，都与创新能力紧密相关。华为"芯片危机"，大量的大企业被中小企业取而代之，人工智能对就业岗位的威胁，新时期经济发展的新动态，等等，无不警示世人，创新能力将成为未来人类生存和发展的核心竞争力。基础学科和关键领域的拔尖创新人才培养，已然成为我国当前教育体系改革的重要任务和关键课题。

2015 年印发的《统筹推进世界一流大学和一流学科建设总体方案》、2017 年印发的《统筹推进世界一流大学和一流学科建设实施办

[①] 《三部门印发〈关于高等学校加快"双一流"建设的指导意见〉的通知》，中华人民共和国中央人民政府网站，2018 年 8 月 27 日，http://www.gov.cn/xinwen/2018-08/27/content_5316809.htm，2021 年 1 月 20 日。

法（暂行）》、2018年印发的《关于高等学校加快"双一流"建设的指导意见》，这三个高等教育领域具有战略意义的政策文件分别发布于"双一流"建设的总体设计、具体实施和不断深化阶段，都将"培养拔尖创新人才"作为"双一流"建设的基本任务。党的十九届五中全会第一次提出，要坚持创新在我国现代化建设全局中的核心地位。重视创新人才培养，是高质量教育的重要标志。[1] 无论是时代特征分析，还是政策文本呈现，着力创新都已成为当今高等教育乃至整个教育体系发展日益明晰的价值旨趣。

教师是高校创新的主体力量。高校教师的创新胜任力，特别是国家基础学科和关键领域的原始创新胜任力，将不断成为高校乃至整个国家发展的关键推动力，必将越发受到重视和倡导，成为国家和社会对高校教师胜任力的重要期许。

（三）倡行精准

倡行精准，即倡导进行精准实践。精准实践是精准指向问题，通过科学合理及精细准确的实践操作，使问题得以尽可能最高效解决的实践。这是一种更节能、更环保、更优质的实践价值取向；是一种更集约、更绿色、更可持续的发展理念；也是一种更适应新时期特征和发展需求的进步思想。我国通过对过去几十年粗犷式、外延式发展实践的沉淀和反思，深刻认识到要想健康、长久、可持续地发展，就必须走集约式、内涵式的发展道路。精准实践的价值旨趣无论在学术界还是在实践领域都已获得了普遍的认同。"精准扶贫""精准创新"[2]

---

[1] 郑富芝：《建设高质量基础教育体系要在六个"强化"上下功夫》，《中国教育学刊》2021年第1期。

[2] ［英］杰姬·芬恩、［英］马克·拉斯金诺：《精准创新：如何在合适的时间选择合适的创新》，朱晓明、曹雪会、任轶凡等译，中国财富出版社2015年版，第32页。

"精准努力"①"精准教学""精准科研""精准防疫"等精准实践的概念和思想已经渗入政治、经济、文化、农业、医疗、金融、旅游、教育等越来越多的行业领域。

在高等教育领域，精准实践是作为一种价值追求而存在的。例如，精准施教就是尽可能做到最大限度地因材施教。如果过去能够做到针对不同班级、不同层次、不同性格学生的特点，有针对性地施教；那么精准施教就是要在此基础上，进一步做到针对性更强，精准到指向不同个体，甚至是同一个体在不同情境下的因材施教。因此，精准实践是一种精益求精、趋向优质、追求卓越的价值旨趣，是社会发展到一定文明程度后，自然而然产生的价值追求，简言之，就是投入最小化、价值最大化。

高校教师的精准实践体现在对教学、科研和社会服务职能的实践过程中。随着新时期社会和人民对教育的期许和诉求越来越高，要回应中华民族伟大复兴对人才培养的需要，办好人民满意的教育，高校教师在教学、科研和社会服务方面的胜任力也必须向更加精准的方向努力。

（四）注重合作

合作共赢是当今时代占主导地位的战略思想。合作共赢意味着合作双方或多方在完成任务或谋求发展中，互惠互利、相得益彰，以谋求双方或多方的共同利益为根本原则。合作才能发展，合作才能共赢，合作才能提高。

宏观上，我们正处在一个人类命运紧密联系在一起的新时期。人

---

① ［日］野口真人：《精准努力：如何用金融思维在职场快速超车》，谷文诗译，文化发展出版社 2017 年版，第 11 页。

类只有一个地球，各国共处一个世界，粮食安全、资源短缺、气候恶化、网络暴力、人口爆炸、环境污染、疾病流行等全球性问题，已经不是哪一个国家、哪一届政府能够单枪匹马独立解决的问题了。人类所面临的越来越多的问题，需要各国通力合作，友好协商，共同努力，方能解决。

微观层面，组织与组织、人与人之间，合作的需要也愈发迫切，合作的实践也愈发普遍。合作是人类得以应对复杂问题、战胜艰难险阻的明智选择。特别是在当今时代，市场竞争越发激烈残酷，人们面临的问题越发复杂多变，随时都要应对各种危机和挑战。人与人、组织与组织，只有携起手来，各有专攻，优势互补，才能攻坚克难，谋求共同发展。高校的战略发展必然是谋求与各方利益相关者密切合作式的发展，比如目前已经开展的"U－G－S"合作模式、产学研协同创新模式等，都是组织层面高校与其他社会组织合作育人或创新的有益尝试；高校内部机构之间、教师之间同样要倡导分享、交流、合作，诸如创新团队建设、跨学科团队合作、基层学术组织发展等也是当下高校在努力尝试的合作模式。

无论是组织层面还是个体层面的合作，教师在其中都扮演着主要角色。教师能否扮演好合作者角色，能否在合作中胜任所扮演的合作者角色，将成为合作成败的关键。因此，从高校长远发展来看，教师的合作胜任力也是未来高校发展所不可或缺的重要影响因素。

二 新时期高校教师的角色期待

应对新时期社会发展的新挑战和新机遇，呼应高校发展战略的价值旨趣，高校教师也须与时俱进，逐步转变自身角色，以满足新时期对高校教师新的角色期许。

(一) 由追随创新者，转变为原始创新者

对于原始性创新的概念，目前学术界还没有一个统一的认识。有人通过对以往代表性定义的分析和综述，认为以往研究在对原始性创新的界定中存在"拒绝把失败了的尝试纳入其中"的问题。[①] 这种从创新成果出发，回溯性探寻原始性创新活动本质属性的方法，遮蔽了原始性创新活动的本质，缩小了原始性创新活动的范畴。而且，已有研究倾向于将原始性创新局限在基础研究和高技术研究领域。如果认为只有基础研究和高技术研究领域的研究者需要进行"周期长、难度大、风险高"的原始性创新活动，而其他研究领域无须如此，势必不利于公平正义健康的学术生态的形成。因此，本书非常赞同从知识生产过程的角度，理解和探寻原始性创新定义的方式。

基于此，本书赞同该研究者提出的"已有积累较少是原始性创新本质属性"[①]的观点。"已有积累较少"不是说没有前期相关研究成果的积淀，现代的学术研究都是建立在前人研究成果的基础上的，100%的创新是不存在的。这里的"已有积累较少"是说已有研究的可借鉴性并不充分，不足以保障研究的成功，或者并不能在研究之前就较大概率地预见到研究的结果。具体而言，研究框架、研究思路、研究方法、研究工具等的选取、设计、运用倾向于需要更长时间的钻研、更多试误性的试验——即便如此也不能保证研究获得较大概率的成功。这就是导致原始性创新呈现出周期长、风险高的特征的原因。相较于原始性创新，追随性研究是在已有研究框架下，沿着已确定的研究路径做出可预见的、前进一小步的探索，如追踪热点问题，用同

---

① 王聪：《知识生产过程中的原始性创新及其在我国评价制度中的风险》，《自然辩证法研究》2015年第7期。

一种方法研究不同的对象，或对一种成熟的方法稍加改造制备出另一种新的物质结构，等等。正是因为这样，很多研究者选择对原始性创新"绕道而行"。

但这无疑与当今国家发展的迫切需求、社会对高校职能的殷切期许、高校自身未来的发展战略不相符合。高校要求教师不止步于、满足于做一个追随性创新者，而是期望教师致力于更高水平的原始性创新活动，能为国家和社会做出更大的贡献。即便是理论涵养尚浅、学术经验不足的青年教师，也应该将原始性创新作为自己的学术志向，不断积淀自己的知识资本，为原始性创新活动做准备。无论是学术领域的专家，还是研究刚刚起步的青年教师，要想实现原始性创新（高质量高水平的知识创造），都需要在知识获取、组织和利用中，进行科学有效的管理；只有通过高效的管理，知识的自我创生价值才能得以实现。

（二）由普通教育者，转变为智慧教育者

随着人工智能的发展，教育将步入智慧教育时代。在这种新的教育形态下，高校教师的角色也应因应智慧教育的要求，由普通教育者转变为智慧教育者。当下，智慧教育是一个热词，但对何谓智慧教育并未达成共识。哈斯高娃等认为，智慧教育是教育与信息技术相融合的教育；技术教育是通过网络化、数字化途径，拓宽学习空间的教育；智慧教育的目标是使教育中的利益相关者都受益的教育。[①]

智慧教育是指依托计算机和教育网等技术手段，全面建设现代化教育体系，推动教育改革和发展的历程。[②]本书赞同李润洲对智慧教育

---

① 哈斯高娃、张菊芳、凌佩等编著：《智慧教育》，清华大学出版社2017年版，第18页。
② 何锡涛、沈坚、吴伟等编著：《智慧教育》，清华大学出版社2012年版，第11页。

的三维阐释，认为智慧教育从目的来看，是培育人的智慧（即才智与德行的统一体）的教育；从过程来看，是转识成智（通过传授知识启智育德）的教育；从方式来看，是人的智慧与人工智能融合共生的教育。① 这一界定，系统阐述了智慧教育的内涵；明确了智慧教育是培育德才兼备的智慧者的教育；智慧教育是启智育德的教育；智慧教育是不拒斥新技术，而提倡恰切充分利用新技术促进教育质量提升的教育。

其实，智慧教育时代不是将要到来，而是已经到来。美国科幻作家威廉·吉布森有一句名言——未来早已到来，只是尚未平均分布。"微课""慕课""翻转课堂""分半课堂""直播课"等各种利用网络技术和人工智能技术的教育形式已在新冠疫情期间大展身手；"翻转课堂""智慧教育""未来学校"的相关研究成果也已不断累积；5G技术的发展更是为师生线上"无延迟互动"提供了强有力的技术支持。这一切似乎都昭示着智慧教育已不是"未来之事"，而恰是"今日之事"。

由普通教育者向智慧教育者转变，既是高校教师在智慧教育时代的顺势而为，更是高校教师因应新时期不确定性和复杂性教育问题情境的明智选择。高校教师不但要应对呈指数级增长的知识、日新月异的教育技术、个性张扬的学生等日益复杂的教育情境；还要随时准备应对各种突发性的教育危机。比如，在新冠疫情期间，由于防疫的需要，教师需要通过"线上""网络授课"的方式完成教学工作。这对于很多对网络授课工具陌生的高校教师来说，就颇为棘手，致使教学效果大打折扣，这实际上给我们高校教师敲响了警钟。

智慧教育时代已经到来，高校教师只有提前做好准备，努力提升

---

① 李润洲：《智慧教育的三维阐释》，《中国教育学刊》2020年第10期。

自身启智育德的胜任力，才能顺利完成由普通教育者向智慧教育者的角色转变，满足社会对高校教师的角色期许。高校教师智慧教育者角色的实现，离不开知识的参与。启智育德的过程实质上是知识在教育领域应用，与教育问题情境互动的过程；是在传授知识的过程中启智育德的过程，亦即知识教育价值实现的过程。

（三）由学校服务者，转变为社会服务者

大学的社会服务职能的确立源自美国19世纪中叶，美国威斯康星大学校长查尔斯·范海斯在任职期间，提出了著名的"维斯康星"思想，即应将"公共服务"作为地方大学的第三职能。① 这里的"公共服务"就是狭义的社会服务，即高校利用自身优势，以各种形式为社会发展所做的直接而具体的服务活动。时至今日，社会服务职能已成为公认的高校三大社会职能之一。然而，在我国高校教师参与社会服务的比例依旧很低，整体服务质量仍然无法令人满意，高校教师普遍对社会服务职能缺乏应有的重视。② 这显然无法适应时代发展的需要，同时也不利于高校教师价值的充分实现。

从时代发展需要的角度来讲，随着人类社会进入知识经济时代，社会各领域（包括各行业领域，也包括大众生活领域）对知识的依赖性越来越强。国家大政方针的制定离不开专家智库支持，企业的生存和发展离不开技术研发和管理改革，即便是大众生活中的大小事宜，甚至家常菜制作、衣服污渍的清洗，也成为知识和智慧的用武之地。

当前，整个社会（包括大众）已基本形成了广阔的知识需求市场，随着新媒体和网络技术的革新，知识交易和知识交流共享的形式愈发

---

① 徐元俊：《协同创新：提高地方高校社会服务能力》，《科学管理研究》2013年第3期。
② 臧玲玲、刘原兵、吴伟：《高校教师参与社会服务的决策机制——一个基于扎根理论的解释框架》，《高等教育研究》2020年第9期。

灵活多样，简单便捷。这都给作为专业知识拥有者的高校教师参与社会服务提供了更为便利的条件和更为广阔的天地。另外，从高校教师自身价值实现的角度来讲，高校教师所应谋求的价值实现应该是个性化的，而不应该是全能式的。高校教师个体本身就是个性化的，有人擅长科研，有人偏好教学，也有人善于应用知识。人的时间和精力是有限的，试图谋求"样样通"，势必造成"样样松"，只有有所侧重地投入，才能实现最佳的效果。管理的旨趣就是人尽其才，物尽其用。高校管理者应根据教师个人的优势和偏好，为其提供有利于其价值充分实现的条件和舞台。

社会服务无疑是一个对社会和个人来说都双赢的途径。从当前的形势来看，高校教师社会服务的平台、渠道、手段等各种条件正在逐步成熟，今日头条、百家号、抖音、腾讯会议、喜马拉雅等各种平台建设已经处于逐步完善阶段，微课制作和小视频软件工具的操作已经越来越简易。北京人大附中的李永乐，自2018年入驻西瓜视频，开始发表针对大众的科普视频，如今已声名大噪。这一切都在为高校教师成为更充分的社会服务者准备着条件，提供着榜样。高校教师成为"真正"的社会服务者的日子将不会太远。

（四）由单兵作战者，转变为擅长合作者

合作是促使人类强大起来的重要举措。随着社会的发展，人类需要解决的问题越发复杂困难，对合作的需求也愈发迫切。唯有合作才能更好地提高生产率，获得信息、合法性和资源，甚至可以做出更多、更大的成熟。① 作为高校教师，更应该学会合作，擅长合作，养成合作

---

① ［美］约翰·D.多纳休、［美］理查德·J.泽克豪泽：《合作：激变时代的合作治理》，徐维译，中国政法大学出版社2015年版，第71页。

的习惯。因为，只有高校教师自己学会了合作，才能更好地指导学生学会合作。① 高校教师合作是教师出于自愿，就共同感兴趣的学术问题共同研讨，资源共享，相互协调，优势互补，整合资源和智慧，寻求问题解决，提高学术水平的行为方式。当今时代，高校教师的科研、教学和社会服务都已经越来越离不开合作。

在科研方面，无论是需要依赖大量仪器、设备和经费的自然科学，还是有限依赖外部资源的社会科学，抑或是传统上被认为以个体精神劳动为主的思维科学，学者们都可以通过合作获得研究所需的信息、技术、资源乃至学术人际关系②；合作还有利于整合教师专业特长，形成合力，提升教学技能；增进教师之间的思想情感交流，形成深厚的情意③；推动教师科研能力发展，提高社会服务能力。近年来，政府、社会和高校通过打造各类跨学科、跨部门、跨区域的交叉平台，引导高校教师开展科研合作；高校也努力为教师创造教学经验共享和交流的条件和机会，旨在更好地促成高校教师的教学合作④；社会服务更是离不开教师、机关职业领域工作人员、政府工作人员之间的密切合作。合作将越来越成为高校教师的工作方式和发展方式。

"双一流"高校教师在科研合作中，已经呈现出以"小规模"团队为主，由单兵作战模式转向合作模式的趋势，并正在打破学科界限

---

① ［美］雅各布等：《合作学习的教师指南》，杨宁、卢杨译，中国轻工业出版社2005年版，第2页。
② 姚源、郭卉：《高校教师科研合作及其回报的变迁——基于CAP和APIKS调查数据的分析》，《复旦教育论坛》2020年第6期。
③ 曾琴：《基于合作教学视角下的大学教师专业发展研究》，《河北师范大学学报》（教育科学版）2017年第2期。
④ 蓝晔、刘莉：《"双一流"建设高校教师科研合作现状和意愿——基于2019年上海市10所高校的问卷调查》，《中国高校科技》2020年第5期。

开展合作。且"双一流"高校教师开展科研合作的意愿整体较强。[1]这都说明,高校教师的合作者角色扮演已经开始,并将逐步普遍化、常态化、卓越化。

从目前来看,高校教师合作中,仍然存在问题,很多高校教师在合作胜任力方面仍存在缺陷,仍有必要将合作观念植入高校教师的思想深处,使高校教师充分认识到合作的本质和原则,并做好成为一名擅长合作者的准备。高校教师合作的根本原因是个体具有有限性和不完全理性,因此,合作的本意和目的是资源共享,优势互补,彼此共生共赢。为了实现合作的根本诉求,高校教师在知识储备、知识共享、知识交流中,应做好心智准备,并有效管理合作过程中的心智活动;准备好与他人合作的资本(特别是知识资本),具备共享和交流的知识和能力,明晰合作所必须遵从的互利共赢的基本原则。唯有如此,才能真正发挥合作的作用,实现合作的价值。

通过对高校未来发展战略价值旨趣和新时期高校教师角色期待转变的分析和阐释可知,"今日"和"未来"的高校教师胜任力在现有深厚积淀的基础上,仍将面临新的挑战和更高的期许。在科研方面,高校教师被期望更加胜任原始性创新;在教学方面,高校教师被期待在育人方面能更加精准地因材施教,培育实践和创新能力;在社会服务方面,社会提倡高校教师走出象牙塔,服务知识经济[1],甚至走进普通民众的工作和生活领域,不断扩大直接服务社会的范畴;通过更加有效的共享、交流、合作将高水平创新和精准实践落实到科研、教学和社会服务中去。这些价值旨趣,应成为高校教师胜任力模型构建战略演绎的重要价值引领,在推演高校教师胜任力绩优行为过程中,成

---

[1] 马永斌、刘帆、王孙禺:《大学、政府和企业合作视野下高校教师的角色转变——基于美英日中四国的比较》,《高等工程教育研究》2010年第3期。

为分析和择取的重要依据。

第三节　知识管理视域下高校教师胜任力模型初建

在明确价值尺度之后，下一步要完成的将是知识管理视域下高校教师胜任力模型的构建和检验。本书在知识管理视域下高校教师胜任力模型构建和检验部分，将以高校发展战略、高校教师角色期待为价值标准和取向，对高校教师学习、教学、科研和社会服务等主要履职活动的知识管理过程进行条分缕析，并在此基础上推演其背后的胜任特征。

一　知识管理视域下高校教师履职活动的行为分析

本书在第一章以知识管理理论为视角对高校教师的学习、教学、科研和社会服务等主要履职活动进行了分析和阐释，在此基础上，本章将结合知识的生成过程，即"准知识"知识化和"真知识"智慧化所需要的知识管理过程，推演高校教师履职活动的主要知识管理行为，大概情况见表3-1。

表3-1　高校教师履职的知识管理活动及其知识管理行为

履职活动	本质	知识管理行为
学习	理论经验化	获取、领悟、反思、实践、整合
教学	"真知识"智慧化	实践、体悟、行动中反思
科研	经验确证化	实践、体悟、行动中反思、验证、整合、表出
社会服务	"真知识"智慧化	实践、体悟、行动中反思
合作	知识的分享与碰撞	分享、交流、协作

学习活动的本质是理论经验化的知识管理过程。在当前知识发展速度日新月异的变化下，终身学习对于高校教师来说已经成为日常工作，是高校教师工作职责能够顺利履行的前提基础。学习无论对于教学、科研，还是社会服务的履职活动，都是不可或缺的。学习活动完整的知识管理过程包括获取、领悟、反思、实践、整合等知识管理行为。

教学活动的本质是知识育人，即高校教师将专业知识应用于教育教学，启智育德。教学过程既包含知识应用的理论经验化过程；也包含高校教师运用"真知识"解决教育教学问题，并不断丰富和完善"真知识"，即"真知识"智慧化的过程；还可能包括高校教师将教育教学中获得的经验转化为新概念或新理论的经验确证化过程。教学所涉及的知识管理过程比较复杂，但因为理论经验化更侧重的是学习，经验确证化过程更侧重的是研究（包括科研和教研），因此，教学活动的主要知识管理过程是"真知识"智慧化的过程，包括知识实践、体悟、行动中反思等知识管理行为。

科研活动的本质是知识创造，是高校教师通过将专业知识应用于教学的实践、将专业知识应用于研究的实践以及将专业知识应用于社会服务的实践等活动，获取个性化经验，而后将个性化经验结晶，形成新概念或新理论的活动。科研活动的知识管理主要是经验确证化的过程，主要包括实践、体悟、行动中反思、验证和整合等知识管理行为。

社会服务的知识管理活动也比较复杂，包括以职业培训为主要形式的教学型社会服务，以知识创新为主要形式的科研型社会服务，和以解决问题为主要形式的应用型社会服务。由于教学型和科研型社会服务的知识管理活动与教学和科研的知识管理活动类似，因此，社会服务的知识管理主要分析应用型社会服务。应用型社会服务的本质也是知识的应用，类似于教学的知识管理活动。高校教师应用型社会服务是高校教师运用行业领域的专业知识与行业领域的问题情境互动的过程，主要行为是实践、体悟、行动中反思等。

合作是高校教师履职活动的高效行为方式，合作对学习、教学、科研和社会服务都具有极大的促进作用，因此，合作已成为高校教师开展履职活动不可或缺的方式。以知识管理的角度观察高校教师合作，其本质是知识的分享与交流，主要行为包括分享、交流与协作。

综上所述，从知识管理视角观察高校教师履职活动，主要包括获取、领悟、体悟、反思、行动中反思、实践、验证、整合、表达、分享、交流和协作等主要知识管理行为。

二 知识管理视域下高校教师胜任特征演绎

获取的行为又可细分为搜索和鉴别。搜索是通过各种途径和手段，获取间接经验的知识管理行为。搜索行为的质量受到高校教师对搜索途径和手段认知的丰富性及其使用的熟练度的影响，特别是在当前网络技术快速发展的知识经济时代，信息搜索途径和手段的熟练使用，将大大提高教师的搜索效率和质量，进而影响教师后续的学习、教学、科研、社会服务等履职活动的成效，因此信息搜索知识与技能是高校教师重要的胜任特征。

鉴别是高校教师通过对搜索途径和手段的评价，以及经过初步认知后对搜索内容进行的价值判断，筛选出有价值信息的知识管理行为。在信息爆炸的时代，这种鉴别能力对于提高教师获取信息的效率是不可或缺的。鉴别行为背后起支撑作用的心理特质是教师的信息搜索知识和专业知识水平，比如专业知识水平高的教师通过对文献题目、摘要、框架等关键信息的浏览、快阅，就能推断出该文献有没有进一步阅读和深加工的必要。

另外，除了智力因素以外，获取行为背后的内在驱动因素应该包括进取心、职业责任感、职业价值观、角色价值观等非智力因素。在学习活动中，没有进取心，教师就不会主动学习，进而去获取学习资料；在教学和科研中，如果没有职业责任感，教师就不会努力去获取更多的教学、科研和社会服务资料，在复杂而困难的履职活动中做到兢兢业业、精益求精；没有对教学、科研和社会服务活动的责任和价值的高度认同，教师也不会尽力去获取学习资料，不断提升自己的胜任力。总之，通过以上理论分析与演绎可知，获取行为背后的心理特质应包括获取信息的知识与技能、专业能力等智力因素，以及进取心、职业认同等非智力因素。

领悟主要是在学习和交流过程中，对他人经验的领会。知识管理视域下领悟的本质是模仿性构建他人的知识经验。如在学习中，模仿性构建理论提出者对该理论的认知结构以及感性经验；在与学生、同事或同行等沟通过程中，模仿性构建学生、同事或同行的所思所想、所感所悟。领悟的行为操作需要教师模仿性构建他人的语言符号、抽象概念等抽象信息与感性经验之间的联结，通过对感性经验的共感、共情，感知他人通过语言符号、抽象概念传达的含义，并在此基础上领悟他人与该感性经验联结的理性经验。教师也可以因与理论提出者和交流沟通者拥有共同的知识，而与他们产生共鸣。

总之，在模仿性构建他人认知结构的过程中，教师已有知识和经验是与他人产生共感、共情的知识和经验基础。教师对教学领域、科研领域和社会服务领域的知识经验越丰富，与学生、同事、同行或社会服务对象产生共感、共情、共鸣的可能性就越大，领悟的效果也就越好。又因为本书对知识本质属性的理解，即知识是在确证性和经验性基础上是具有有用性的，因此，领悟行为背后起支撑作用的智力因素应包含学科专业能力（知识）、学科教学知识、学科德育知识、科研知识以及社会服务知识。

另外，领悟行为要想取得良好的效果，还需要教师能够"设身处地地理解""感情移入""神入""共感""共情"到他人的内心世界，故而，同理心起到的就是使教师与他人产生共感、共情和共鸣的重要感情桥梁作用。同理心是一种力量，可以改变我们的生活，甚至为社会带来根本的变迁。[1] 只有心理换位、将心比心，设身处地地感受他人的情绪、情感，才能真正理解和体验他人的所思所想。

人类的情绪情感虽然具有个性化色彩，即面对同样的刺激，不同人可能会产生不同的情绪体验，但不可否认，人类的情绪情感也是具有相似性的。比如，一般情况下，个体受到积极刺激时，大多会产生积极的情绪体验；而遭遇消极刺激时，一般会产生消极的情绪体验。如果教师在领会新知识以及与学生、同事、同行等他人交流的过程中，能够有意识地利用自己的同理心，"设身处地地理解""感情移入""深入"他人的内心世界[2]，必将有利于提升领悟的效果。因此，同理心是领悟背后起重要支撑作用的非智力因素。

反思是教师用自己已有的认知结构与构建的他人经验互动，主要发生在学习和学术交流活动中。[3] 行动中反思是教师用自己已有的认知

---

[1] ［英］罗曼·柯兹纳里奇：《同理心：高同理心人士的六个习惯》，黄煜文、林方敏译，中信出版社 2018 年版，第 1 页。

[2] ［美］辛迪·戴尔：《同理心：做个让人舒服的共情高手》，镜如译，台海出版社 2018 年版，第 129 页。

[3] ［美］约翰·杜威：《我们怎样思维·经验与教育》，姜文闵译，人民教育出版社 2004 年版，第 16—18 页。

结构与外部问题情境互动，主要发生在教学、科研和社会服务的实践活动中。[①] 反思与行动中反思能否产生预期的效果，主要取决于教师已有认知结构的完善程度，也即知识的数量和质量，以及知识的活性。教师已有认知结构中知识的数量和质量决定着有数量多少和质量怎样的知识模块能够参与互动，而知识的活性则决定着有多少数量和怎样质量的知识能够在需要的时候被激活。

这里有两点需要说明。

第一，认知结构中知识的"质量如何"影响反思的效果。如果已有认知结构中参与互动的不是知识，而只是感性经验，那么，产生的反思行为就只是经验反思而非理性反思；如果已有认知结构中参与互动的是知识，即理论和经验相联结的知识模块，那么产生的反思行为就是理性反思；如果参与互动的不是单一知识，而是结构化的知识，即多个理论和经验联结的知识模块，那么产生的反思就是结构性反思；如果参与互动的是多个异质的结构化知识，那么产生的反思就是多元反思，表现为从多个不同的理论视角看待研究问题；如果参与互动的是系统的知识，即完整的知识体系，那么产生的反思就是系统性反思。

显然，在复杂的知识学习和实践情境中，通常理性的、结构性的、多元性的、系统性的反思效果应该优于经验性的反思；而在实际的学习和实践情境中，因为需要反思的他人认知结构的情况和实践问题情境不同，被激活的可能是不同质量的已有认知结构，但"巧妇难为无米之炊"，教师必须具有较为完善的认知结构，才有可能在不同的情况下使不同的知识被激活。因此，完善的学科专业知识、学科教学知识、学科德育知识，以及社会服务知识是反思和行动中反思的知识基础。

[①] [美] 唐纳秆·A. 舍恩：《反映的实践者：专业工作者如何在行动中思考》，夏林清译，教育科学出版社2007年版，第6页。

第二，能够参与反思的知识，必须是在学习或实践情境中能够被激活的知识。有些知识，教师虽然学习过，储存在头脑之中，但由于其经验性不足，或长期处于被抑制状态，或因不常提取和使用而被遗落在潜意识之中，在教师学习和实践中无法被激活，那这些知识也就不能参与反思了。要想提高知识被激活的可能性，就得反其道而行之，增加学科专业知识、学科教学知识、学科德育知识以及社会服务知识的经验性，经常有意识地运用这些知识解决问题。

通过以上分析可以看出，反思和行动中反思，一方面，以学科专业知识、学科教学知识、学科德育知识和社会服务知识作为知识基础；另一方面，还需要有意识地培养和改善思维方式，促使思维朝着理性化（催生理性反思）、联结化（催生结构性反思）和系统化（催生系统性反思）、多元化（催生多元反思）等方向发展，使高质量反思行为逐渐自动化。除了学科专业知识、学科教学知识、学科德育知识以及社会服务知识等知识工具，思维理性化、思维联结化、思维系统化、思维多元化等知识加工方式以外，专注力影响教师在反思时大脑的兴奋状态，从而影响反思的质量；在行动中反思的敏感性影响教师对问题情境刺激及其变化的知觉，也会影响教师反思的效果。

实践与体悟是紧密联系的，体悟之于实践如影随形。实践是教师认知结构与实实在在、真真切切的问题情境进行互动的过程。如果说领悟是教师认知结构与他人经验的互动，即教师知识与他人知识的互动；那么体悟则是教师认知结构与实践问题情境的互动。即教师知识与外部刺激的互动。如果说领悟更倾向于利用已有认知结构获取信息，那么体悟则更倾向于依靠身体获取信息。在实践或行动过程中，经过体悟以及教师认知结构对体悟到的信息的反思，教师需要对被唤醒或被激活的不同知识模块（多元反思）或同一知识模块中不同行动策略的优缺点进行比较；然后依据一定的价值标准，做出自己认为最合理、最适切的选择；最后，将做出的选择付诸行动。体悟的关键是教师自身的敏感性，如果教师能够通过各种感官的协同作用，敏感地捕捉到问题情境中的关键刺激，特别是行动过程中不断来自问题情境的反馈刺激，这将有利于反思的多元性和精准度的提高，表现为针对问题的精准施策。

实践中除了教师的学科专业知识、学科教学知识、学科德育知识、科研知识、社会服务知识等各种知识的参与之外，非智力因素的作用也是不容忽视的。"想要做"的动机，"敢于做"的勇气，"坚持做"的毅力，都在高校教师的学习、教学、科研和社会服务中发挥着重要的作用。"想要做"主要表现为对职业责任和价值的认同和个人的进取心；"敢于做"和"坚持做"表现为敢于冒险，不怕失败，坚持到底，此乃个体坚韧性使然。

总之，在体悟与实践中，教师的胜任特征包括认知方面的学科专业知识、学科教学知识、学科德育知识、社会服务知识等教师履职活动中所需要的各种知识工具，思维理性化、思维联结化、思维系统化、思维多元化等各种知识工具的加工方式，以及情意方面的职业认同、敏感性、进取心、坚韧性等特征。

需要验证的新思想、新观点、新理论、新方法等来源于反思和行动中反思中教师已有认知结构与他人知识经验或实践问题情境刺激的不平衡，这种不平衡往往是新知识的生长点。基于反思和行动中反思的不平衡，教师大胆地提出研究问题，并将其转化为研究假设之后，则需要通过规范的方式对研究假设进行确证或检验，这一过程就是验证。

验证的行为本质上是科研实践。之所以将验证行为单独列出，一方面是因为验证是知识创造,即经验确证化的重要一环,如不单独列出,容易使人产生逻辑链条断裂之感;另一方面也是为了凸显验证在知识创造的履职活动中的重要性。因此,验证的胜任特质与科研实践的胜任特质是一致的,智力因素包括学科专业知识和科研知识。学科专业知识与科研知识相联结的知识模块主要参与研究过程中各种解决研究问题的互动。非智力因素主要包括敢于迎接新挑战、攀登新高峰的进取心,能够在研究过程中甘于寂寞,克服困难的坚韧性,善于发现新观点、新途径、新想法的创造力等。

整合是在学习和科研的履职活动中,对学习到的新知识以及创造出的新知识进行加工处理,将其纳入原有认知结构的知识管理行为。整合的内在机制是建立新知识与原有知识之间的逻辑联系,其背后起支撑作用的主要是思维联结化和思维系统化等知识加工方式方面的胜任特征。

分享、交流、协作是与多种知识管理行为紧密交织在一起的,分享的本质是表达,交流离不开倾听过程中的体悟和领悟,随后是对获取的他人知识经验和外部情境刺激的反思,以及在分享和交流后的协作实践。需要特别指出的是,除了在其他知识管理行为中发挥作用的胜任特征以外,分享、交流、协作的意愿,即合作意愿,以及隐性知识的分享是这一部分需要重点分析和阐释的内容。乐于合作表现为教师乐于分享、交流与协作的主观意愿,属于非智力因素的范畴。

隐性知识的分享是将隐性知识以类比、比喻等特殊的表达方式,促使倾听者产生共感、共情、共鸣的知识管理行为。野中郁次郎提出,类比是通过对已知事物的表述[①],使得倾听者激活有助于领悟未知事物

---

① [日]野中郁次郎、[日]竹内弘高:《创造知识的企业:日美企业持续创新的动力》,李萌、高飞译,知识产权出版社 2006 年版,第 76—77 页。

的经验，与分享者产生共感、共情、共鸣，进而实现对未知事物的领悟。比喻是一种通过象征性地想象另一个事物来认识或直觉地理解某个事物的方式。比喻是通过让倾听者将某个事物看成另外一个事物的方式来创造体验的全新解释。类比与比喻是野中郁次郎提供的一种促进隐性知识表达和分享的新方式，实践证明，类比和比喻在隐性知识的表达中效果显著。类比和比喻的运用离不开分享者丰富的用于比喻和类比的感性经验以及生动形象的语言表达。

总之，分享、交流、协作中独特的胜任特征包括乐于分享、交流、合作的意愿，即合作意愿；以及善于采用恰当的方式有效进行显性知识与隐性知识的表达，即善于表达。

三 高校教师胜任特征整合

基于知识管理理论视域下高校教师胜任特征的演绎，本书得出了知识管理视域下高校教师胜任特征的初稿。在此基础上，本书参考史班瑟关于胜任特征的分类，以及何齐宗、郝永林、徐建平、祁艳朝、汤舒俊、李小娟、刘兴凤、林立杰等研究者关于中小学教师胜任力、高校教师胜任力、知识工作者胜任力的维度确定，将前期理论演绎获得的高校教师胜任特征进行了初步的维度划分，得出知识管理视域下高校教师胜任力初始模型，见表3-2。

首先，本书将高校教师在履职活动的知识管理过程中所需要使用的各种知识工具，主要包括学科专业知识、信息获取知识、学科教学知识、学科德育知识、科研知识、社会服务知识等归为一个类别，命名为知识素养。

其次，为了表达这些知识工具在履职活动过程中须真正发挥工具价值，本书对这些知识工具的表达方式进行转换，将这些知识工具以学术领域所习惯的信息获取能力、学科教学能力、学科德育能力、科研能力等表达方式进行呈现，以体现其不仅拥有而且有用的特性。至于学科专业知识和社会服务知识，因为学科专业知识是在各种履职活动中都需要的工具，且需要与具体活动领域的知识相结合才能发挥效用，所以，将其单独列出；而社会服务知识则是需要与学科专业知识相结合的知识工具，而其解决的问题比较复杂，有时是知识传播能力（学科教学能力），比如科普活动；有时是知识创造（科研能力），比如新产品或新工具的研发，等等。

但无论是哪种社会服务，都需要社会服务经验与高校教师的学科专业知识、教学知识、科研知识相结合使用，才能产生良好的社会服务效果，因此，在这里将社会服务知识单独列出，未与其他知识结合呈现。另外，本书将思维方式及其水平划分为一个维度，以表达知识管理过程中知识工具的加工方式及其加工水平。最后，将其他胜任特征分别归入职业认同、个性特征与协同合作三个维度。

表3-2　　　　　　知识管理视域下高校教师胜任特征

维度	胜任特征
知识素养	学科专业知识、信息获取能力、学科教学能力、学科德育能力、科研能力、社会服务知识
思维水平	思维理性化、思维联结化、思维系统化、思维多元化
职业认同	职业价值观、角色价值观、职业责任感、责任认同
个性特征	敏感性、专注力、坚韧性、进取心、创造力
协同合作	合作意愿、同理心、善于表达

第四章　高校教师胜任力模型的实证检验

　　未经验证的理论是不足取信的。理论只有经得住实践的检验，才能保障可靠和有效。所以，真正的胜任力理论模型，应该是在实践中不断检验和修正的。但从学术研究的角度来说，在胜任力模型的检验中，往往采用质性和量化相结合的研究方法加以初步检验。本书选取了专家访谈法和问卷调查法两种研究方法，对知识管理视域下高校教师胜任力的初始模型进行实证验证，以证明本书理论推演的"知识管理视域下高校教师胜任力模型"具有科学性和有效性。

第一节　研究目的与研究方法

一　研究目的

　　第一，对知识管理视域下高校教师胜任力初始模型的有效性进行实证检验。

　　第二，以知识管理视域下高校教师胜任力初始模型为理论基础，编制《高校教师胜任力调查问卷》。

　　第三，对《高校教师胜任力调查问卷》的信效度进行检验，以便为后续高校教师胜任力实然状况的调查研究提供有效的测量工具。

二 研究方法

(一) 研究流程

本部分的研究流程分为五步：第一步，根据知识管理视域下高校教师胜任力的初始模型，编制《高校教师胜任力调查问卷》的初稿；第二步，邀请13位高校教师（包括心理学和教育学的教授、副教授，皆具有博士学位），对问卷的内容提出修改意见，并整合修改意见，对问卷初稿进行修订形成二稿；第三步，邀请16位高校专家（包括高校教务处和科研处的处长、长白山学者、省级名师、教授），对问卷二稿的内容效度进行检验，再次对问卷进行修订，形成问卷三稿；第四步，选取研究被试者，对问卷进行测试，根据对试测结果的统计分析，删除不合格题项，形成问卷终稿；第五步，选取研究被试者，进行正式施测。

(二) 研究工具

本书采用的是基于知识管理视域下高校教师胜任力初始模型构建的《高校教师胜任力调查问卷》。为了保证研究工具的信效度，除了在理论分析部分力求科学严谨以外，还通过对问卷内容进行专家评议、初始问卷预试等方式，发现调查问卷存在的问题，进而对问卷进行了反复修订。

问卷的专家评议包括对问卷内容的评议和对问卷内容效度的检验两个步骤。在专家对问卷内容的评议阶段，主要确保问卷内容的有效性，即保证问卷内容与研究问题高度贴合，力求问卷内容具有系统性、完整性和科学性。经过第一轮的专家咨询，本书将知识管理视域下高校教师胜任力的特征分为五个维度，分别为知识素养、思维水平、职业认同、个性特征和协同合作。

知识素养是高校教师在履职活动的知识管理过程中所需具备的工具和材料,根据高校教师履职活动的特点,将其分为学科专业知识、信息获取能力、学科教学能力、学科德育能力、科研能力、社会服务知识六个二级指标。知识获取能力,反映的是高校教师有关信息获取方面知识的数量和质量;学科专业知识是指高校教师学科专业方面知识的数量和质量;学科教学能力反映的是高校教师学科专业知识与教学知识相联结的知识模块的数量和质量;学科德育能力反映的是高校教师学科专业知识与德育知识相联结的知识模块的数量和质量;科研能力反映的是高校教师学科专业知识与科研方法知识相联结的知识模块的数量和质量;社会服务知识是指高校教师有关社会服务的知识和经验的数量和质量。

思维水平是高校教师在履职活动的知识管理过程中对知识工具和材料的加工方式。根据知识管理理论视域下对高校教师履职活动的分析,高校教师履职活动的知识管理过程对知识工具和材料的加工方式主要包括理性化反思、结构化反思、系统化反思和多元化反思,体现在心理特质上就是理性化思维、联结化思维、系统化思维和多元化思维。理性化思维即采用理性知识模块与外界信息(或模仿性构建的他人知识)进行互动的心理倾向性;联结化思维即采用结构化理性知识模块与外界信息进行互动的心理倾向性;系统化思维即采用系统完整的理性知识模块与外界信息进行互动的心理倾向性;多元化思维即采用不同的结构化或系统化理性知识模块与外界信息进行互动的心理倾向性。

职业认同是个体在特定的社会环境和背景下,对自身从事职业的职能和价值的认可程度。高校教师职业认同就是高校教师对于其社会职能和价值的认同程度,其为高校教师履职活动的主要动力源泉。本书在综合布劳(1988)、艾伦和史密斯(1993)、汤国杰(2011)和魏淑华(2008)等人开发的职业认同量表的基础上,结合本书的特定研究对象,从魏淑华(2008)[①]开发的职业认同量表中抽取了职业价值认同、角色认同两个维度中因子载荷量比较高的部分题项,并进行了修订,同时自行设计了责任认同和职业责任感维度的题项。职业认同维度包含了职业价值认同、责任认同、角色价值认同和职业责任感4个二级指标。职业价值认同主要指高校教师个体对高校教师职业的意义和价值的主观认同以及在职业活动中付诸实践的程度;责任认同是指高校教师对高校教师职业社会职能的认同;角色价值认同是指高校教师个体对高校教师角色对自我的重要性的认同程度;职业责任感是高校教师个体履行职责过程中认真负责的程度,表现为个人为履行职责,对时间、精力等资源的投入程度。

个性特征是根据对知识管理视域下高校教师履职活动知识管理过程的分析而推演出的,主要包括敏感性、坚韧性、进取心和创造力。在专家评议过程中,大多数专家认为敏感性,即高校教师对外部细微刺激的捕捉能力,虽然对高校教师履职活动发挥着一定的作用,但并不能成为区分绩优教师和绩效一般教师的主要特征,因此,本书去掉了敏感性这一胜任特征。坚韧性和进取心是基于高校教师教学、科研和社会服务等履职活动的复杂性和艰巨性而提出的,这些个性特质能够保证高校教师在面对履职活动中的重重困难时,迎难而上,直至问题得以有效解决。而创造力是基于高校教师在履职活动中必须创造性地解决问题,因此,需要丰富的想象力和创造力。

[①] 魏淑华:《教师职业认同研究》,博士学位论文,西南大学,2008年。

协同合作是基于当今的时代特点，即面对知识经济时代的种种挑战和困境，单打独斗俨然已无法有效解决的各种问题而提出的高校教师胜任力。协同合作是当今时代解决各种困难和问题的必然选择。基于对知识管理视域下高校教师履职活动知识管理过程的分析，本书得出协同精神，即高校教师个体在履职活动中表现出的与同事协同合作的意愿；同理心，即高校教师领悟他人心智模式或意愿和想法的能力；善于表达，即以他人或同事易于接受的方式呈现自身心智模式、意愿和想法的能力。

第二轮专家咨询主要是对各维度题项与维度内涵的相关性进行考察。本书针对每个胜任特征选取了三个测量题项，大多题项均来源于前人经过验证的成熟量表，或基于前人经过验证的成熟量表进行了符合本书需要的改编；学科专业知识、学科德育能力、社会服务能力等特征的题项由于缺乏前人研究成果，因此，本书根据其内涵自行编写了测量题项。通过第二轮专家咨询删除了意思重复和不适宜的题项。如知识素养维度"我自信能胜任科研工作"和"对于做科研，我信心十足"两个题项，反映的均是科学研究能力，因此，将后者删除，保留了前者。又如，在思维水平维度中"我不可能知道哪一个是较好的解决办法"这种反向计分的问题，专家认为反向计分的题项与人们的思维习惯不符合，应尽量采用正向计分的题项，因此对这样的不适宜题项也进行了删除。

最后，通过初试问卷的预试，经过探索性因子分析和模型拟合过程，又删除和修订了部分题项，最终形成了《高校教师胜任力调查问卷》。《高校教师胜任力调查问卷》采用李克特量表计分的方法，选用5点尺度计分，"1"表示非常不符合，"2"表示比较不符合，"3"表示不确定，"4"表示比较符合，"5"表示非常符合。分数越高，表示胜任力水平越高。

（三）研究对象

在预试阶段，本书采用方便随机抽样的方式，通过全国性的高校教师微信群，如清华大学出版社创建的全国性的高校教师微信群等发布电子问卷，共发放问卷230份，有效问卷204份，有效回收率88.7%。

在正式施测阶段，本书采用分层随机抽样的方式，对东北三省各层次高校，包括"985"院校、"211"院校、省属重点本科院校、省属普通本科院校、二级学院和民办本科院校以及专科高职学校的专任教师进行问卷调查。本书主要通过在各高校的微信群发放电子问卷的方式，共发放问卷890份，删除填答时间不在120—900秒，以及存在缺失值的无效问卷后，共回收有效问卷786份，有效问卷回收率为88.3%。研究被试者的人口社会学资料见表4–1。

表4–1　　　　　　　人口社会学资料（n=786）

项目		人数（人）	百分数（%）
性别	男	244	31.0
	女	542	69.0
年龄	25—40岁	348	44.3
	41—50岁	312	39.7
	51岁及以上	126	16.0
教龄	3年以内	85	10.8
	4—6年	101	12.8
	7—25年	469	59.7
	26年及以上	131	16.7

续表

项目		人数(人)	百分数(%)
学历	本科	68	8.7
	硕士研究生	446	56.7
	博士研究生及以上	272	34.6
职称	助教	64	8.1
	讲师	313	39.8
	副教授	296	37.7
	教授及以上	113	14.4

(四)数据处理

本书采用 SPSS 24.0 和 Amos 24.0 等软件对问卷调查搜集到的数据进行统计分析，SPSS 24.0 主要进行描述性统计、项目分析、探索性因子分析、信度分析等；Amos 24.0 进行验证性因子分析和模型拟合度检验。

第二节 研究结果与分析

一 内容效度分析

专家内容效度分析方面，本书邀请了16位高校教师对问卷的内容效度进行评估。专家成员包括15位博士，1位硕士。其中有13位硕士研究生导师，1位长白山学者，1位科研处处长，1位教务处处长，6位教授，9位副教授，1位讲师。评估的选项包括"不相关""弱相关""较强相关""非常相关"。《高校教师胜任力调查问卷》每题 I-CVI 值低于 0.7 的题项,如"生活的经验告诉我,处事不必太有逻辑(0.44)""在干好干坏一个样的情况下,我都认真负责地工作(0.63)"等,表示认为这些题项能很好地测量问卷主题的专家比例低于 70%,对于这些题项本书予以了删除处理。表 4-2 呈现的是经过专家评议,初步保留下来的题项及其 I-CVI 值。

表 4-2 《高校教师胜任力调查问卷》题项及其 I-CVI 值

维度	题号	题项	I-CVI
知识素养	1	我具有很强的本学科专业技能	1
	2	我具有丰富的本学科专业知识	1
	3	当需要某一资料时,我都知道去哪里查找	0.88
	4	我能很快地判断信息本身及其来源的真伪	0.88
	5	我在浏览、阅读资料时,能迅速把握文章的主旨	0.94
	6	抽象概念我可以深入浅出地表达,学生吸收度高	1
	7	我能把扩展知识准备充分,便于学生理解知识起源和目的	1
	8	我能发掘教学内容趣味性、实用性,启发学生学习积极性、主动性	1
	9	我能将传授学科知识与德育很好地结合	0.88
	10	我在教学中常常对学生进行如何做人的教育	0.94
	11	我自信能胜任科研工作	1
	12	我关注与自身学科相关的社会服务信息	0.88
	13	我具有丰富的与自身学科相关的社会服务经历	0.88

续表

维度	题号	题项	I-CVI
思维水平	14	对于一件事情,我不仅要了解是什么,还要探究为什么	1
	15	我能从他人行为中洞察其潜在的意图	0.81
	16	我处理难题时,会首先弄清楚症结所在	0.88
	17	我认为,要反对别人的意见,就要提出理由	0.88
	18	我可以算是一个有逻辑的人	0.94
	19	我善于有条理地去处理问题	1
	20	我总会先分析问题的重点所在,然后再解答它	0.94
	21	我善于策划一个系统的计划去解决复杂的问题	0.94
	22	我通常会全面了解事物之后再做出判断	0.94
	23	研究其他人的新想法是很有意义的	0.94
	24	当面对困难时,我会考虑事情所有的可能性	0.88
	25	我对不同的世界观持开放的态度	0.94
职业认同	26	我认为高校教师的工作对促进学生的成长与发展很重要	1
	27	我认为高校教师的工作对人类社会发展有重要作用	1
	28	我认为高校教师职业是社会分工中最重要的职业之一	1
	29	我为自己是一名高校教师而自豪	0.94
	30	从事高校教师职业能够实现我的人生价值	0.88
	31	在做自我介绍的时候,我乐意提出我是一名高校教师	0.94
	32	我能认真对待职责范围内的工作	1
	33	只要没有超出工作完成期限,我会力求把工作做得更好	0.88
	34	即使他人不安排,我也会发现仍需完善的工作并执行	0.81
	35	我认为教学很重要	1
	36	我认为科研与教学同等重要	0.94
	37	我认为社会服务与教学同等重要	0.81

续表

维度	题号	题项	I-CVI
个性特征	38	当工作出现变动时,我不会因为可能失败而担心	0.94
	39	我能为了自己的职业目标而坚持不懈地努力	1
	40	我希望自己有独立承担工作责任的机会	0.94
	41	我努力寻找学习机会,获取新的专业知识与技能	1
	42	我总是为自己设定较高的工作目标,勇于迎接挑战	0.94
	43	我经常主动学习,不断更新自己的知识	1
	44	我有很多创新性的想法	0.94
	45	我经常采用新的技术、方法等提高工作质量	1
	46	我能提出有创造性的解决问题的方案	0.88
协同合作	47	我经常与同事分享观点和灵感	0.94
	48	我经常与同事分享彼此的工作经验和诀窍	0.94
	49	当同事提出请求,我会提供所了解的知识出处或知情人	1
	50	我善于通过观察同事的言语行为,体察他们的心情和感受	0.94
	51	我常常会站在同事的角度换位思考	0.81
	52	我善于用简单的术语解释复杂的问题,帮助同事理解	0.88
	53	我在与同事交流时,通常用简单易懂的方式表达	0.94
	54	我与同事沟通时善于使用一些策略,如启发式提问、举例子等	0.88

本书根据知识管理视域下高校教师胜任力初始模型开发的《高校教师胜任力调查问卷》,整体上的 S-CVI/UA 值比较理想,所有题项

的 I-CVI 值都超过了 0.7，其中 18 个题项的 I-CVI 值为 1，即这些题项被全部专家评定为"较强相关"与"非常相关"，其他题项的 I-CVI 值也在 0.81—0.94，也即只有 1—3 名专家对题项与维度的相关性评定为"弱相关"或"不相关"。说明专家认为该调查问卷具有较好的内容效度。

二 项目分析

项目分析是通过对测量数据的统计分析，将不具有区分度的题项删除。项目分析一般采用极端组比较法，具体做法：先求出每个维度的总分，然后对总分进行排序，根据排序结果，将维度总分排在前 27% 的被试者定义为高分组，同时将维度总分排在后 27% 的被者试定义为低分组，最后对两组各题项的得分进行独立样本 t 检验，如果题项的高低分组得分存在显著差异，说明该题项具有区分度，应予以保留；反之，如果题项的高低分组得分不存在显著差异，说明该题项不具有区分度，应予以删除。[1]

本书编制的《高校教师胜任力调查问卷》的项目分析结果见表 4-3。表中，1 组为低分组，2 组为高分组，各个题项高分组的平均值大多大于 4.5，低分组的平均值都在 3.5 以下；各个题项高分组的标准差大多低于低分组的标准差，说明高分组的每一个题项的被试者得分差异不大，而低分组的每一个题项的被试者得分差异比较大。各个题项高分组与低分组的平均值差异皆具有统计学意义，p 值均小于 0.001，即表示差异非常显著，说明所有题项都应该予以保留。

---

[1] 郑日昌主编：《心理统计与测量》，人民教育出版社 2008 年版，第 195 页。

表 4-3　　《高校教师胜任力调查问卷》项目分析

题项	平均值等同性 t 检验			H&L	个案数	平均值	标准差
	t	自由度	p				
X1	-13.833	427	0.000	1.00	214	3.67	0.843
		382.386	0.000	2.00	215	4.64	0.594
X2	-14.868	427	0.000	1.00	214	3.61	0.841
		379.191	0.000	2.00	215	4.65	0.583
X3	-13.579	427	0.000	1.00	214	3.73	0.812
		395.360	0.000	2.00	215	4.67	0.610
X4	-16.621	427	0.000	1.00	214	3.42	0.745
		418.164	0.000	2.00	215	4.54	0.646
X5	-16.703	427	0.000	1.00	214	3.70	0.723
		378.436	0.000	2.00	215	4.70	0.499
X6	-17.328	427	0.000	1.00	214	3.65	0.758
		357.277	0.000	2.00	215	4.71	0.474
X7	-18.390	427	0.000	1.00	214	3.67	0.749
		344.080	0.000	2.00	215	4.76	0.440
X8	-18.913	427	0.000	1.00	214	3.66	0.706
		361.557	0.000	2.00	215	4.74	0.450
X9	-18.640	427	0.000	1.00	214	3.67	0.779
		321.350	0.000	2.00	215	4.79	0.408
X10	-17.856	427	0.000	1.00	214	3.16	0.791
		419.420	0.000	2.00	215	4.45	0.694

续表

题项	平均值等同性 t 检验			H&L	个案数	平均值	标准差
	t	自由度	p				
X11	−17.316	427	0.000	1.00	214	3.05	0.752
		427.000	0.000	2.00	215	4.31	0.755
X12	−15.122	427	0.000	1.00	214	3.12	0.906
		416.694	0.000	2.00	215	4.35	0.777
X13	−17.485	427	0.000	1.00	214	2.72	0.895
		426.291	0.000	2.00	215	4.21	0.864
X14	−19.456	427	0.000	1.00	214	3.42	0.805
		363.823	0.000	2.00	215	4.69	0.519
X15	−18.284	427	0.000	1.00	214	3.17	0.759
		419.361	0.000	2.00	215	4.43	0.665
X16	−19.102	427	0.000	1.00	214	3.52	0.736
		366.732	0.000	2.00	215	4.67	0.481
X17	−14.450	427	0.000	1.00	214	3.77	0.829
		364.278	0.000	2.00	215	4.74	0.536
X18	−19.507	427	0.000	1.00	214	3.58	0.699
		378.814	0.000	2.00	215	4.71	0.484
X19	−18.883	427	0.000	1.00	214	3.59	0.737
		358.659	0.000	2.00	215	4.71	0.464
X20	−19.751	427	0.000	1.00	214	3.61	0.695
		374.100	0.000	2.00	215	4.74	0.471

续表

题项	平均值等同性 t 检验			H&L	个案数	平均值	标准差
	t	自由度	p				
X21	−20.858	427	0.000	1.00	214	3.28	0.728
		387.693	0.000	2.00	215	4.55	0.526
X22	−20.129	427	0.000	1.00	214	3.54	0.703
		368.047	0.000	2.00	215	4.69	0.462
X23	−17.473	427	0.000	1.00	214	3.41	0.768
		400.025	0.000	2.00	215	4.56	0.592
X24	−18.210	427	0.000	1.00	214	3.52	0.767
		373.791	0.000	2.00	215	4.67	0.519
X25	−12.837	427	0.000	1.00	214	3.69	0.744
		425.000	0.000	2.00	215	4.58	0.698
X26	−17.146	427	0.000	1.00	214	4.04	0.768
		238.769	0.000	2.00	215	4.96	0.190
X27	−17.137	427	0.000	1.00	214	3.92	0.812
		271.804	0.000	2.00	215	4.93	0.305
X28	−17.559	427	0.000	1.00	214	3.84	0.830
		275.370	0.000	2.00	215	4.91	0.322
X29	−17.377	427	0.000	1.00	214	3.86	0.875
		244.444	0.000	2.00	215	4.94	0.239
X30	−18.702	427	0.000	1.00	214	3.80	0.822
		269.688	0.000	2.00	215	4.92	0.303

续表

题项	平均值等同性 t 检验			H&L	个案数	平均值	标准差
	t	自由度	p				
X31	−18.232	427	0.000	1.00	214	3.77	0.884
		260.153	0.000	2.00	215	4.93	0.296
X32	−16.514	427	0.000	1.00	214	4.08	0.768
		235.685	0.000	2.00	215	4.97	0.178
X33	−19.985	427	0.000	1.00	214	3.94	0.710
		250.214	0.000	2.00	215	4.95	0.211
X34	−21.438	427	0.000	1.00	214	3.74	0.728
	292.824	0.000	2.00	215	4.91	0.322	
X35	−15.647	427	0.000	1.00	214	4.14	0.766
		232.642	0.000	2.00	215	4.97	0.165
X36	−11.450	427	0.000	1.00	214	3.44	0.990
		420.728	0.000	2.00	215	4.47	0.880
X37	−15.094	427	0.000	1.00	214	3.55	0.836
		399.113	0.000	2.00	215	4.63	0.641
X38	−16.039	427	0.000	1.00	214	3.22	0.869
		416.094	0.000	2.00	215	4.47	0.741
X39	−20.160	427	0.000	1.00	214	3.79	0.712
		307.828	0.000	2.00	215	4.87	0.346
X40	−17.809	427	0.000	1.00	214	3.64	0.809
		362.832	0.000	2.00	215	4.80	0.520

续表

题项	平均值等同性 t 检验 t	自由度	p	H&L	个案数	平均值	标准差
X41	−20.193	427	0.000	1.00	214	3.79	0.741
		282.361	0.000	2.00	215	4.90	0.304
X42	−21.830	427	0.000	1.00	214	3.39	0.721
		394.616	0.000	2.00	215	4.73	0.540
X43	−21.879	427	0.000	1.00	214	3.67	0.716
		307.729	0.000	2.00	215	4.86	0.347
X44	−20.699	427	0.000	1.00	214	3.27	0.793
		390.962	0.000	2.00	215	4.66	0.582
X45	−22.663	427	0.000	1.00	214	3.21	0.732
		399.200	0.000	2.00	215	4.64	0.561
X46	−23.669	427	0.000	1.00	214	3.22	0.708
		395.893	0.000	2.00	215	4.65	0.533
X47	−19.870	427	0.000	1.00	214	3.37	0.769
		385.186	0.000	2.00	215	4.66	0.549
X48	−19.973	427	0.000	1.00	214	3.39	0.772
		382.477	0.000	2.00	215	4.67	0.543
X49	−20.247	427	0.000	1.00	214	3.71	0.700
		337.362	0.000	2.00	215	4.82	0.398
X50	−19.135	427	0.000	1.00	214	3.50	0.768
		374.768	0.000	2.00	215	4.71	0.521

续表

题项	平均值等同性 t 检验			H&L	个案数	平均值	标准差
	t	自由度	p				
X51	-21.203	427	0.000	1.00	214	3.64	0.696
		353.758	0.000	2.00	215	4.82	0.428
X52	-24.066	427	0.000	1.00	214	3.46	0.748
		316.956	0.000	2.00	215	4.84	0.382
X53	-22.345	427	0.000	1.00	214	3.68	0.659
		343.733	0.000	2.00	215	4.85	0.386
X54	-20.326	427	0.000	1.00	214	3.42	0.744
		397.057	0.000	2.00	215	4.71	0.564

三 探索性因子分析

本书对《高校教师胜任力调查问卷》的探索性因子分析结果见表4-4、表4-5和表4-6。

表4-4为问卷的KMO检验和Bartlett球形检验，KMO的值为0.968，Bartlett球形检验（$p<0.001$），说明问卷题项之间存在非常显著的相关性，比较适合进行因素分析。

表4-4　　　　　　　KMO 和 Bartlett 球形检验

KMO 取样适切性量数		0.968
巴特利 Bartlett 球形检验	近似卡方	26320.316
	自由度	741
	显著性	0.000

本书探索性因子分析采用的是主成分分析法，旋转方法采用的是最大方差法，提取的标准为特征值大于1，因素提取数量不限。本书根据因素分析结果，删除了 Factorloadings < 0.6，Crossloadings > 0.4，不在设定维度的题项，最终保留五个维度，共计41个题项，以下为探索性因子分析的结果。表4-5表明，五个维度的因子对总变异的解释力为68.085%，一般认为该解释力超过60%即为可接受范围，说明本书通过探索性因子分析得出的五个因子对总变异的解释力较好。

表4-5　　　　　　　　　解释的总方差

成分	初始特征值			提取载荷平方和			旋转载荷平方和		
	总计	方差(%)	累积(%)	总计	方差(%)	累积(%)	总计	方差(%)	累积(%)
1	19.024	48.780	48.780	19.024	48.780	48.780	6.612	16.953	16.953
2	2.558	6.559	55.339	2.558	6.559	55.339	6.550	16.794	33.747
3	2.147	5.505	60.844	2.147	5.505	60.844	5.706	14.630	48.377
4	1.645	4.219	65.063	1.645	4.219	65.063	3.898	9.996	58.373
5	1.178	3.021	68.085	1.178	3.021	68.085	3.788	9.712	68.085

表4-6呈现的是各个维度每一个题项（特质）的因素载荷量，即题项所在维度对该题项变异的解释力。一般该值要求超过0.6。[1] 由表4-6可知，各维度各题项的因素载荷量大多大于0.6，表明删除不适当题项后，题项所在维度对题项变异具有较好的解释力。

---

[1] 邱皓政：《量化研究与统计分析：SPSS（PASW）数据分析范例解析》，重庆大学出版社2013年版，第334—336页。

表 4-6　　　　　　　　　各因子载荷

成分	成分				
	1	2	3	4	5
X52	0.901				
X51	0.877				
X53	0.871				
X50	0.844				
X54	0.812				
X46		0.897			
X45		0.890			
X44		0.873			
X42		0.826			
X47		0.786			
X32			0.860		
X29			0.855		
X26			0.852		
X30			0.845		
X27			0.843		
X28			0.833		
X31			0.820		
X33			0.816		
X35			0.777		
X20				0.855	
X19				0.851	

续表

成分	成分				
	1	2	3	4	5
X22				0.831	
X18				0.823	
X21				0.821	
X16				0.813	
X24				0.794	
X14				0.758	
X15				0.737	
X23				0.712	
X7					0.842
X2					0.797
X5					0.789
X6					0.786
X1					0.778
X8					0.778
X9					0.737
X4					0.731
X3					0.728
X10					0.690
X11					0.670
X12					0.565

四 信度分析

信度指的是经过重复测量后，测量结果的一致性程度。[①] Cronbach's Alpha，又称内部一致性信度，是衡量测量工具内部一致性的常用指标。在探索性因子分析中，0.5 被视为可接受；在验证性因子分析中，0.6 被视为可接受，0.7 被认为是比较好的，0.8—0.9 则是很理想。

（一）知识素养维度的信度分析

由表 4-7 可知，知识素养维度各题项的修正前相关性系数均大于 0.3，修正后题项与维度的总相关性系数均大于 0.5，Cronbach's Alpha 值大于 0.7，说明知识素养维度具有足够的信度或内部一致性。

表 4-7　　　　　　　知识素养维度的信度分析

题项	X1	X2	X3	X4	X5	X6	X7	X8	X9	X10	X11	X12	修正后的项与总计相关性系数	Cronbach's Alpha
X1	1.00												0.71	
X2	0.89	1.00											0.73	
X3	0.60	0.60	1.00										0.67	
X4	0.54	0.57	0.66	1.00									0.67	0.92
X5	0.55	0.57	0.54	0.55	1.00								0.73	
X6	0.55	0.56	0.45	0.49	0.68	1.00							0.72	
X7	0.59	0.60	0.51	0.53	0.68	0.74	1.00						0.79	
X8	0.52	0.54	0.45	0.47	0.58	0.69	0.74	1.00					0.72	

---

① 郑日昌主编：《心理统计与测量》，人民教育出版社 2008 年版，第 167 页。

续表

题项	X1	X2	X3	X4	X5	X6	X7	X8	X9	X10	X11	X12	修正后的项与总计相关性系数	Cronbach's Alpha
X9	0.52	0.52	0.48	0.48	0.55	0.56	0.60	0.57	1.00				0.68	0.92
X10	0.40	0.43	0.44	0.44	0.47	0.41	0.51	0.44	0.45	1.00			0.65	
X11	0.36	0.40	0.44	0.45	0.43	0.40	0.49	0.45	0.39	0.83	1.00		0.63	
X12	0.33	0.33	0.31	0.33	0.35	0.39	0.44	0.43	0.43	0.44	0.45	1.00	0.51	

(二) 思维水平维度的信度分析

由表4-8可知，思维水平维度各题项的修正前相关性系数均大于0.3，修正后题项与维度的总相关性系数均大于0.5，Cronbach's Alpha值大于0.7，说明思维水平维度具有足够的信度或内部一致性。

表4-8　　　　　　　　思维水平维度的信度分析

题项	X14	x15	x16	X18	X19	X20	X21	X22	X23	X24	修正后的项与总计相关性系数	Cronbach's Alpha
X14	1.00										0.70	0.94
x15	0.59	1.00									0.68	
x16	0.63	0.67	1.00								0.76	
X18	0.58	0.52	0.62	1.00							0.77	
X19	0.56	0.53	0.63	0.82	1.00						0.80	
X20	0.57	0.52	0.65	0.74	0.78	1.00					0.81	
X21	0.54	0.53	0.60	0.59	0.67	0.71	1.00				0.77	

续表

题项	X14	x15	x16	X18	X19	X20	X21	X22	X23	X24	修正后的项与总计相关性系数	Cronbach's Alpha
X22	0.57	0.54	0.61	0.62	0.65	0.69	0.72	1.00			0.78	0.94
X23	0.50	0.50	0.48	0.49	0.49	0.52	0.59	0.58	1.00		0.65	
X24	0.55	0.55	0.61	0.56	0.62	0.61	0.61	0.64	0.61	1.00	0.74	

（三）职业认同维度的信度分析

由表4-9可知，职业认同维度各题项的修正前相关性系数均大于0.3，修正后题项与维度的总相关性系数均大于0.5，Cronbach's Alpha值大于0.7，说明职业认同维度具有足够的信度或内部一致性。

表4-9　　　　　　　职业认同维度的信度分析

题项	X26	X27	X28	X29	X30	X31	X32	X33	X35	修正后的项与总计相关性系数	Cronbach's Alpha
X26	1.00									0.80	0.94
X27	0.81	1.00								0.79	
X28	0.78	0.82	1.00							0.78	
X29	0.61	0.62	0.64	1.00						0.82	
X30	0.62	0.60	0.62	0.86	1.00					0.81	
X31	0.58	0.60	0.60	0.77	0.79	1.00				0.77	
X32	0.70	0.67	0.63	0.68	0.66	0.65	1.00			0.81	
X33	0.65	0.61	0.60	0.62	0.62	0.60	0.77	1.00		0.76	
X35	0.62	0.59	0.56	0.61	0.57	0.55	0.68	0.68	1.00	0.72	

（四）个性特征维度的信度分析

由表 4-10 可知，个性特征维度各题项的修正前相关性系数均大于 0.3，修正后题项与维度的总相关性系数均大于 0.5，Cronbach's Alpha 值大于 0.7，处于可接受范围，说明个性特征维度具有足够的信度或内部一致性。

表 4-10　　　　　　　　个性特征维度的信度分析

题项	X42	X44	X45	X46	X47	修正后的项与总计相关性系数	Cronbach's Alpha
X42	1.00					0.73	
X44	0.68	1.00				0.79	
X45	0.64	0.71	1.00			0.81	0.91
X46	0.66	0.75	0.79	1.00		0.83	
X47	0.56	0.57	0.64	0.62	1.00	0.68	

（五）协同合作维度的信度分析

由表 4-11 可知，协同合作维度各题项的修正前相关性系数均大于 0.3，修正后题项与维度的总相关性系数均大于 0.5，Cronbach's Alpha 值大于 0.7，说明协同合作维度具有足够的信度或内部一致性。

表 4-11　　　　　　　　协同合作维度的信度分析

题项	X50	X51	X52	X53	X54	修正后的项与总计相关性系数	Cronbach's Alpha
X50	1.00					0.75	
X51	0.77	1.00				0.80	
X52	0.67	0.72	1.00			0.83	0.91
X53	0.61	0.69	0.79	1.00		0.79	
X54	0.59	0.59	0.68	0.66	1.00	0.71	

五 验证性因子分析

本书采用模型拟合度分析来进行模型拟合的验证性因子分析。表4-12为模型的基本适切度分析。由表4-12可知,所有非标准化因素负荷量的值均为正数,且显著性水平都小于0.001,表示维度对观察变量具有显著的解释能力;标准化因素负荷量的值均为正数,且均介于0.7—0.95,表示维度对观察变量的解释能力在可接受的范围之内;题目信度是维度对题目解释力大小的衡量指标,题项信度为0.19—0.33表示相关性小。题项信度为0.33—0.67表示相关性中等。题项信度大于0.67表示相关性较高。本书各个题目的信度(SMC)大多大于0.5,说明维度对各个观察变量具有中度的解释能力。各个维度的组成信度均大于0.7,说明各维度的信度也比较好。各维度的收敛效度大多大于0.5,说明各维度的内部相关性也在可接受的范围之内。

表4-12　　　　　高校教师胜任力模型整体适配度分析

维度	胜任特征（二级指标）	参数显著性估计				因素负荷量	二级指标信度	组成信度	收敛效度
		Unstd.	S.E.	t-value	P	Std.	SMC	CR	AVE
知识素养	学科专业知识	1				0.734	0.539	0.871	0.534
	信息获取能力	0.967	0.042	22.997	***	0.817	0.667		
	学科教学能力	1.004	0.043	23.506	***	0.85	0.723		
	学科德育能力	1.002	0.049	20.423	***	0.748	0.56		
	科研能力	0.98	0.056	17.354	***	0.641	0.411		
	社会服务知识	0.944	0.064	14.829	***	0.553	0.306		
思维水平	思维理性化	1				0.825	0.681	0.908	0.713
	思维联结化	1.019	0.037	27.889	***	0.836	0.699		

续表

维度	胜任特征（二级指标）	参数显著性估计				因素负荷量	二级指标信度	组成信度	收敛效度
		Unstd.	S. E.	t-value	P	Std.	SMC	CR	AVE
思维水平	思维系统化	1.062	0.034	31.280	***	0.908	0.824	.908	0.713
	思维多元化	0.966	0.036	26.600	***	0.805	0.648		
职业认同	职业价值观	1				0.832	0.692	0.9	0.692
	角色价值观	1.072	0.04	27.040	***	0.814	0.663		
	职业责任感	1.007	0.033	30.423	***	0.897	0.805		
	责任认同	0.912	0.036	25.000	***	0.779	0.607		
个性特征	创造力	1				0.9	0.81	0.855	0.664
	进取心	0.94	0.034	27.376	***	0.792	0.627		
	乐群性	0.867	0.035	24.509	***	0.745	0.555		
协同合作	同理心	1				0.815	0.664	0.904	0.702
	善于表达1	1.192	0.039	30.578	***	0.903	0.815		
	善于表达2	1.013	0.035	28.644	***	0.866	0.75		
	善于表达3	1.065	0.044	24.046	***	0.761	0.579		

六 模型拟合度分析

整个 CFA 模型的拟合度指标值见表 4-13。卡方值为 790.239，自由度为 184；卡方值/自由度 = 4.295，一般建议在 1—5 的范围内可以接受。RMR 和 SRMR 越小表明观测数据与假设模型的拟合越好，一般建议是 0.05 以内可接受；本书的 RMR 值为 0.022，SRMR 值为 0.041，表明模型拟合良好。GFI 和 AGFI 值一般大于 0.90 为良好，大于 0.8 为可接受；本书的 GFI 值为 0.908，AGFI 值为 0.885，表明模型拟合可接受。PGFI 表示模型的精简程度，越接近 1 表示模型越精简，一般建议 PGFI≥0.5；本书的 PGFI 值为 0.724，表明本书的模型比较精简。IFI、TLI 及 CFI 的值一般也建议在 0.90 以上；本书的 IFI 值为 0.95，TLI 值为 0.943，CFI 值为 0.95，均在可接受范围之内，表明假设模型对零模型产生了良好的改善效应。RMSEA 越小，表示模型的适切度越佳，一般为 0.05 以内，小于 0.08 为可接受范围[①]；本书的 RMSEA 值为 0.065，属于可接受范围，表明模型拟合良好。

表 4-13　　　　　验证性因子分析模型拟合度指标

拟合度指标	理想要求标准	模型拟合度
X^2	越小越好	790.239
df		184
X^2/df	1-3：良好 <5：可接受	4.295
RMR	<0.05 拟合良好	0.022
SRMR	<0.05 拟合良好	0.041
GFI	>0.80 可接受 >0.90 拟合良好	0.908
AGFI	>0.80 可以接受 >0.90 拟合良好	0.885
PGFI	≥0.5	0.724
IFI	>0.90	0.95
TLI	>0.90	0.943
CFI	>0.90	0.95
RMSEA	<0.08	0.065

---

① 张伟豪、徐茂洲、苏荣海：《与结构方程模型共舞：曙光初现》，厦门大学出版社 2020 年版，第 280 页。

结果表明，该量表的结构效度良好。同时，也说明本书基于知识管理理论演绎出的高校教师胜任力模型是有效的。标准化路径系数如图 4-1 所示，将 19 个项目划分为 5 个维度。

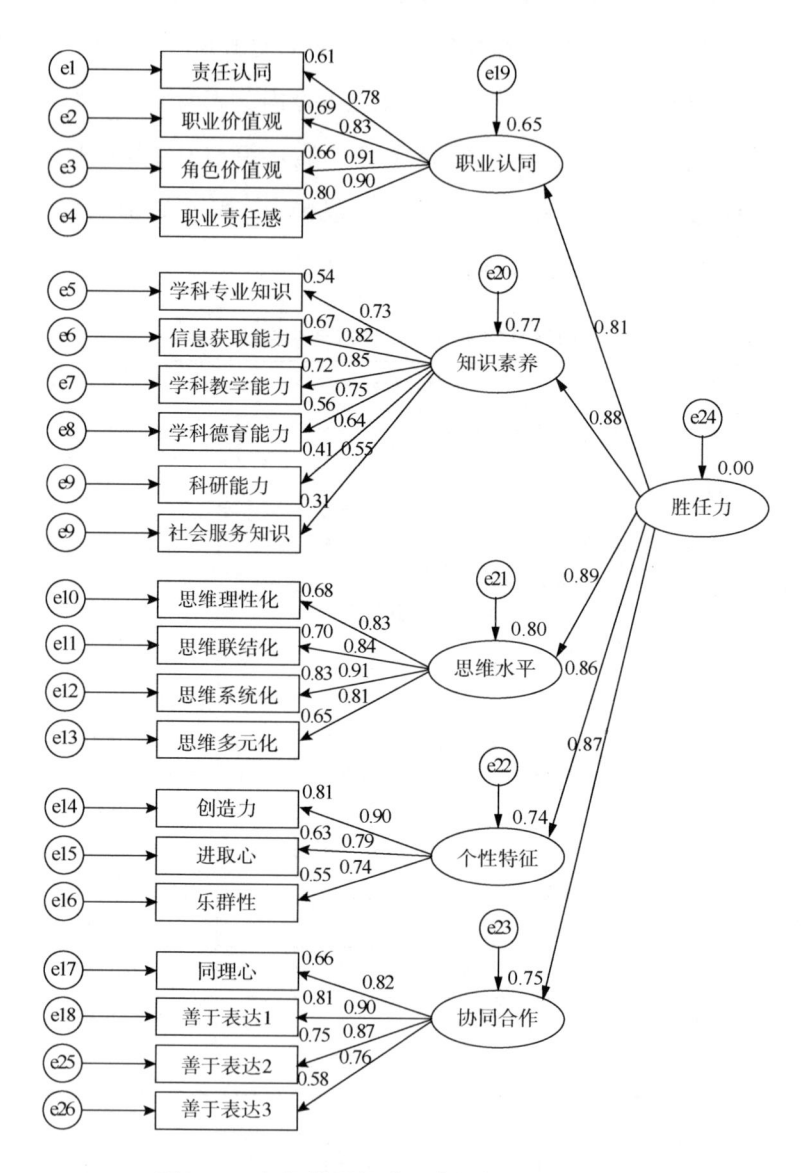

图 4-1 知识管理视域下高校教师胜任力模型

第三节　高校教师胜任力模型构成要素的内涵

一　知识素养：知识管理工具

知识素养是高校教师在学习、教学、科研、社会服务等履职活动的知识管理过程中，加工处理的工具或资源，其数量和质量对高校教师履职活动绩效产生了重要影响。数量主要是指知识的量，知识数量越丰富，相当于在履职活动中可能发挥作用的"工具"越多。正所谓"工欲善其事，必先利其器"，工具越多，选择越多，工具与问题匹配的程度就有可能越高，工具与问题匹配得越好，问题解决的精准度有可能越高。质量主要是指作为知识管理工具的知识的理性程度、活性大小以及结构样态。

知识的理性程度是指知识工具的理论性水平。理论是对客观事物及其关系的本质和规律的描述。反映本质和规律的理论性知识工具，可以使教师不仅能够把握问题的表面现象，而且能够深入本质和规律的层面，这样的知识工具在与问题情境互动时，更能抓住问题的根本原因和主要矛盾，解决问题的效率和质量更高。

知识的活性大小是指知识工具的灵活性大小。作为知识管理工具的知识，只有在问题情境中被激活，才能参与同问题情境刺激的互动，才有可能发挥其的功能和作用。知识的活性，反映的是知识工具在与问题情境互动时，有多大的可能性被激活。知识的活性越大，知识在与问题情境互动时越容易被激活，进而参与同问题情境的互动，发挥其工具效用；反之，知识的活性越小，在与问题情境互动时，越不容易被激活，那么，它就不会参与同问题情境的互动，其工具性的发挥也就无从谈起了。知识的活性主要是由与知识联结在一起的感性经验的丰富性和真实性决定的。

　　知识的结构样态主要是知识在头脑中的储存样态。工具的组合，有利于各种工具功能和优势的互补和整合，能够促使问题更加有效地解决。同理，作为知识管理工具的知识，面对现实中复杂的问题情境，大多需要多种知识工具相互结合，结构化应用，才能更精准有效地解决问题。知识的结构化储存样态，包括零散式储存、结构化储存和系统化储存。零散式储存是最不理想的储存状态，这样储存的知识因为与其他知识和经验的割裂，容易被遗忘，难以被提取，不利于知识工具性的发挥。结构化储存是指知识以其含义为纽带，形成一定的逻辑结构，彼此联结在一起，这样的知识在保存和提取时，能够因与之联结的知识被激活而连带被激活，参与同问题情境的互动；同时，这样的联结有利于知识的综合运用，在面对复杂问题时，会增加问题有效解决的可能性。系统化储存是结构化储存的高级水平，达到系统化储存后，知识之间呈现一种全面的联结状态。在解决问题时，对问题的把握将更加系统，能够"看到"问题的方方面面，能够从不同角度去思考问题，看问题更辩证。

　　知识素养维度主要包括学科专业知识、学科教学能力、学科德育能力、科学研究能力、社会服务知识等知识工具。本书通过对高校教师履职活动知识管理过程的分析，发现在履职活动中，这些知识工具如果是以联结化或模块化的方式被激活，进而参与履职活动的问题情境互动，则更能够充分体现其作用和价值，继而产生绩优行为。

　　学科专业知识在高校教师知识素养中占据重要地位。在学习、教学、科研和社会服务等多种履职活动中，都需要学科专业知识的介入。学习活动中，涉及信息获取的知识与学科专业知识的联结；在教学中，涉及关于教学的知识、关于德育的知识、关于学生的知识与学科专业知识的结合；在科研中，涉及科研方法知识与学科专业知识的结合；在社会服务中，涉及社会服务知识或经验与学科专业知识的结合。因此，从理论分析层面来看，高校教师中的绩优者在学科专业知识方面，应该能够达到丰富且"精""专""深"的程度，并能够在实践中系统、精准、灵活地运用。学科专业知识水平比较高的教师，一般表现为对本专业内的知识、原理、方法、流程以及发展动态非常敏感，有较强的专业领悟力和驾驭力。

信息获取能力是指信息搜索途径、手段等方面的知识与学科专业知识的结合，该知识工具能够帮助高校教师精准获取所需要的信息，包括选择获取所需要的信息的途径和手段，对搜索到的信息进行初步的鉴别，进而做出下一步的有效选择或决策等。信息获取能力水平比较高的教师，一般表现为能够掌握和了解新信息；能够利用多种途径，比较精准地搜索、获取、鉴别并选取所需要的知识。

学科教学能力是学科专业知识、有关教学的知识和有关学生的知识的结合，该知识工具能够帮助高校教师在学科专业知识传授的过程中有效完成知识启智的任务。学科教学能力水平比较高的教师，一般表现为在教学过程中，能够采用有效的方式帮助学生形成和完善自身的心智模式，并且能够激发学生自主学习的积极性和主动性。

学科德育能力是学科专业知识、有关德育的知识和有关学生的知识的结合，该知识工具能够帮助高校教师在学科专业知识传授的过程中，有效地完成知识育德的任务。学科德育能力水平比较高的教师，一般表现为在教学过程中能够将教学内容（学科专业知识）与促进学生思想品德发展的德育目的有效结合，促进学生思想品德水平的提升。

科学研究能力是学科专业知识与科学研究方法知识的有效结合，该知识工具能够帮助高校教师在科学研究过程中，有效完成知识创造的任务。科学研究能力水平比较高的教师，一般表现为在科研过程中，能够在正确的方法论指导下，通过选择并运用恰当的，即与学科专业知识创新研究相适应的研究范式、工具、方法等达成科学研究的目标。

社会服务知识是学科专业知识与社会服务经验的有效结合，该知识工具能够帮助高校教师将自身的学科专业知识应用于社会服务实践过程，充分实现自身知识在社会服务中的应用价值。社会服务知识水平比较高的教师，一般表现为能够在社会服务中将学科专业知识与社会服务实践有效结合，高水平达成社会服务的目标。

二　思维水平：知识管理方式

基于知识管理的理论视角，在高校教师履职活动的知识管理过程中，知识素养是高校教师知识管理的工具或可供有效利用的资源，而思维是对这些知识工具进行加工处理的方式。在知识管理过程中，知识加工处理的方式体现的是高校教师在知识管理过程中反思的方式，以高校教师胜任特质的形式呈现，就是高校教师的思维水平。思维水平维度主要包括思维理性化、思维联结化、思维系统化、思维多元化。

思维理性化是指高校教师对知识进行深度的、理性的认知和加工处理的倾向性。思维理性化反映的是高校教师能在多大程度上将自己的思维有意识地引导向内在、本质和深层，使知识管理不停留在现象表层，而是尽可能用抽象概括的方式表征问题、对概念进行加工处理，并开展其他一些知识管理活动。其知识管理的心理机制是，当高校教师在与问题情境互动时，是否倾向于调动或选择具有理论性的知识工具，以及其调动或选择的知识工具的理论性水平。思维理性化程度高的教师往往能够很快认清和把握事物的本质或问题的主要矛盾，并基于本质和主要矛盾对知识进行更深入和简化的加工处理。

思维的联结化是指高校教师基于含义上的逻辑关系对知识进行加工处理的倾向性。思维的联结化反映的是高校教师将知识工具有效整合、联合使用的倾向及其水平。其知识管理的心理机制是，高校教师是否倾向于对知识进行结构化的加工处理，也就是无论是在学习还是在实践过程中，教师是否倾向于努力建立知识与知识、事物与事物之间的联系。如果高校教师具有这样的思维倾向性或习惯，其在与问题情境互动时，就会倾向于激活或调动结构化的知识，其行为表现就是善于发现或重组要素之间的深层逻辑联系，进而更容易从普遍联系的角度看待问题，找到影响问题的更多因素。

思维系统化是思维联结化的高水平阶段。达到思维系统化的程度，高校教师不仅会对知识进行局部的联结，还会倾向于建立全面完整的知识体系。这将最大化某一领域知识工具的价值和效用，有助于高校教师更全面地看待问题和把握问题。因为认知或智慧是无止境的，思维系统化也是无止境的。在某一学科领域，或某一研究领域，或某一具体活动领域，思维系统化程度比较高的教师，往往表现为在分析和处理问题时，能够尽可能地从全局出发，相对系统地分析各部分和各环节中的复杂因果关系，选择和制定相对系统化的方案计划。

思维多元化是指高校教师基于对知识的多重理解或诠释，建立同一知识与不同学科或不同领域知识之间联结关系的加工处理倾向性。人们在解决问题的过程中，往往容易受到思维定式的限制，使探寻解决问题工具的思路限定在既有的和传统的工具范围之内。比如，人们对火柴盒的认知往往限定于装火柴。难道火柴盒不能当简易烛台使用吗？火柴盒就不能装图钉吗？打破思维定式，改变固有思维，因目的和任务选择工具，而非局限在单一的领域之中。尽可能开放性地选择工具，无疑有利于更富创造性地，更精准有效地解决问题。同理，同一事物如果从不同的理论视角加以研究或解释，就会产生不同样态的认识。打破固有或常规理论视角的限制，正是在不同理论领域选择解决问题的知识工具。虽然理论视角不同，但因为是基于同一事物的研究或解释，不同样态的知识工具之间也必然会存在千丝万缕的联系。基于这样的联系，我们就可以建立不同学科或不同领域知识工具之间的关系，从而对同一研究问题从不同理论视角进行加工处理。善于将不同学科或不同领域的知识建立联系的教师往往具有多学科视角，倾向于从不同视角看待教学、科研和社会服务中存在的问题，选择合适的知识工具。而且他们会对不同理论视角看到的观点和方法进行比较，并基于对每一种选择优缺点的权衡，做出恰切的决策。

三 职业认同：动力源泉

高校教师职业认同在高校教师胜任力中，是职业价值导向和职业动机的成分，属于非智力因素，在高校教师胜任力中起到价值引领和激发动力的作用。高校教师职业认同，是指高校教师个体对高校教师职业的意义和价值的认可，对高校教师社会角色的认同感，以及在实际工作中自觉地践行履职活动的负责程度。高校教师职业认同，包括职业价值观、责任认同、角色价值观和职业责任感。职业价值观，是指高校教师个体对高校教师职业的意义和价值的认同程度。一般职业价值观积极正向的教师会充分认可高校教师职业在社会发展和个体发展中的价值。

责任认同是指高校教师个人对高校教师社会职业角色或责任的认同程度。角色价值认同，是指高校教师个体对自身高校教师角色的认同感。有着高度角色价值认同感的教师会将个人人生价值的实现与高校教师职业紧密联系在一起，乐于从事高校教师职业，并因此而感到自豪。

职业责任感是高校教师自觉践行履职活动的程度,一方面表现为教师自觉的学术投入,另一方面也表现为教师在履职活动中的尽力程度。

四 个性特征:先天优势

高校教师个性特征也是高校教师胜任力的重要组成部分,个性特征也会对高校教师胜任力的整体水平产生重要影响。个性特征顾名思义,就是指高校教师个性化的、与他人不同的特殊品质,在心理学中主要指性格方面的特征。本书经过借鉴前人研究成果,并经过实证验证,得出了高校教师胜任力中包含进取心[①]、乐群性[②]和创造力三个主要的个性特征。进取心是指高校教师为谋求发展,主动学习、勇于挑战、不断努力的个性品质。进取心强的教师表现为努力寻找学习机会,获得新的专业知识与技能;勤奋努力,坚忍不拔,不断更新自己的知识;为自己设定较高的工作目标,主动承担具有挑战性的任务。乐群性是指高校教师乐于与同事交往,主动归属于某一群体的个性品质。乐群性比较强的教师往往乐于与同事分享、交流与合作,并因此而产生积极的情绪体验。创造力是指高校教师思维发散、灵活,并能产生新想法的特质。创造力比较强的教师往往思维比较发散,总能标新立

---

① 在模型的拟合过程中,数据分析结果表明坚韧性与进取心显著正相关,也即进取心得分较高的教师,坚韧性得分也较高,反之亦然;且本书对进取心的操作定义中实质上包含了坚韧性的意思,如"勤奋努力,坚忍不拔"。因此,为了保证模型的简洁性,模型中保留了更适切于本书意图的进取心,而将坚韧性予以删除。

② 乐群性原为合作意愿,即教师乐于分享、交流与合作的意愿。因其通过探索性因子分析,被聚类到个性特征维度,因此,更名为乐群性。乐群性是指一个人喜欢和群体在一起生活和工作的个性特征,乐群性高的人往往外向、热情、和蔼可亲,容易与人相处。乐群性的含义与本书中"合作意愿"胜任特征的内涵异曲同工,颇为契合,因此,本书在经过探索性因子分析后,将原"合作意愿"的胜任特征更名为"乐群性"。

异、与众不同，产生有创意的想法；乐于尝试采用新的技术和方法改进实践；经常以创造性的方案去解决问题。

五　协同合作：价值整合

随着知识经济时代的来临，协同合作在各行各业中的价值已然愈发凸显出来。高校教师社会职能的实现同样离不开协同合作胜任力的高度参与。协同合作胜任力，是指高校教师在互动过程中，领悟他人和表达自己的能力。协同合作胜任力包括同理心和善于表达。同理心是指高校教师在交流与合作中领悟他人想法、情感、态度、动机、体验等的能力，从知识管理的角度来讲，就是通过自身的镜像系统模仿性构建他人心智模式和身心体验的能力。

同理心强的教师往往善于通过观察他人的言行，体察他人的想法和体验，总能够站在他人的角度去思考。表达是指高校教师在分享、交流与合作中，外化自己的想法、情感、态度、动机、体验等的能力；表达方式不仅是语言，还可以是动作、表情，甚至是借助各种媒介表情达意。善于表达的教师，往往善于使用更有效的表达工具和策略，常常能让互动对象感觉表达的内容简单易懂。

第五章　高校教师胜任力实然状况分析

高校教师胜任力实然状况，是本书最为关注的问题。只有了解了高校教师胜任力的实然状况，发现和归纳高校教师胜任力发展存在的问题，进而深入探究高校教师胜任力发展问题背后的深层原因，才能有的放矢地促进高校教师胜任力的发展和提升。本书在演绎和确证了知识管理视域下高校教师胜任力模型的基础上，欲基于该理论模型，编制《高校教师胜任力调查问卷》，并以此为测量工具，对新时期高校教师胜任力的实然状况进行问卷调查，以期获取关于高校教师胜任力实然状况的第一手资料和数据，并对实践场域中搜集到的资料和数据予以严谨和规范的统计分析与处理，进而全面系统地把握高校教师胜任力的实然状况。

第一节　研究目的与方法

一　研究目的

（一）了解高校教师胜任力发展的现状

基于知识管理视域下高校教师胜任力模型而编制的《高校教师胜

任力调查问卷》，对东北三省高校的专任教师进行分层抽样调查。通过对问卷搜集到的第一手资料和数据进行统计分析，了解当下高校教师胜任力的实然状况。

（二）归纳高校教师胜任力发展存在的问题

通过对高校教师胜任力现状的归纳和整理，找出高校教师胜任力发展中存在的主要问题，以期有针对性地予以改进和解决。

（三）探究高校教师胜任力发展问题产生的原因

通过对具有代表性的被试者进行事后访谈，结合相关研究成果，对当下高校教师胜任力发展存在问题的深层原因进行挖掘和探析，查找限制高校教师胜任力发展水平提升的原因，为后续有的放矢地提出提升策略做准备。

二　研究方法

（一）研究被试者

本部分的研究主要采用问卷调查法和事后访谈法。问卷调查选取的被试者与第三章研究的被试者相同；事后访谈则是在问卷调查后，选取了六个具有代表性的被试者，对于问卷调查结果之深层原因进行访谈，以期对问卷调查之结果给予真实而合理的解释。访谈被试者主要采用方便取样的方式，在 JLSD 选取六名专任教师，其中教授一人，副教授两人，讲师三人；六名教师有五名为博士学历，一名为硕士学历；男女比例为 2∶4；教龄是 7—25 年的四人，7 年以下的两人。

（二）研究工具

问卷调查部分采用的研究工具为第三章中经过验证的《高校教师

胜任力调查问卷》；事后访谈部分采用的是自编的开放式访谈提纲。

(三) 数据处理

本书对采集到的数据主要运用 SPSS 24.0 进行统计分析，采用的统计方法主要包括描述性统计、独立样本 t 检验以及单因子方差分析。

第二节 研究结果与分析

在研究结果分析中，为了不仅了解高校教师在各维度和整体胜任力的发展和差异状况，同时了解具体胜任特征的发展状况，本书将高校教师胜任力分为一级指标（各维度的胜任力）和二级指标（各胜任特征），并分别对各维度和各胜任特征的发展和差异状况进行了分析和阐述。

一 高校教师胜任力的总体状况

(一) 高校教师胜任力的一级指标状况

本书在总体状况分析中，呈现的是胜任力的各个维度和胜任力总分的平均值，即每个维度和整体胜任力中所有胜任特征加总后除以胜任特征的个数。这样做相比采用总分更能直观地反映出教师在各个维度和整体胜任力方面的发展水平。786 名高校专任教师在知识素养、思维水平、职业认同、个性特征、协同合作和总体胜任力方面的基本状况见表 5-1。从表 5-1 中数据可知，目前高校专任教师五个分量表和整体胜任力发展水平最小值为 1，最大值为 5，平均值皆在 4 左右，处于"比较胜任"的等级水平，说明胜任力水平普遍较高，这有可能是受到社会期望效应的影响；另外，各维度的标准差都在 0.5—0.68，说明高校专任教师在不同维度和总体胜任力的发展水平存在一定的个体间差异。

表 5–1　　　　　　　高校教师胜任力的一级指标状况

维度	样本量	最小值	最大值	平均值	标准差
知识素养	786	1.00	5.00	4.06	0.559
思维水平	786	1.00	5.00	4.02	0.578
职业认同	786	1.00	5.00	4.45	0.575
个性特征	786	1.00	5.00	3.96	0.678
协同合作	786	1.00	5.00	4.12	0.640
胜任力	786	1.05	5.00	4.13	0.508

(二) 高校教师胜任力的二级指标状况

1. 知识素养维度的二级指标状况

在知识素养维度，786 名高校专任教师在学科专业知识、信息获取能力、学科教学能力、学科德育能力等二级指标上，最小值为1，最大值为5，平均值皆在 4.1 以上；科研能力和社会服务知识方面分数偏低，是知识素养中的薄弱环节。另外，在知识素养维度，各二级指标的标准差大多在 0.62—0.73，说明个体之间存在差异性。科研能力和社会服务知识两个二级指标的标准差达到 0.812 和 0.906，说明在这两个二级指标上，个体之间的差异高于其他二级指标，详细情况见表 5–2。

表 5–2　　　　　　　知识素养维度二级指标状况

二级指标	样本量	最小值	最大值	平均值	标准差
学科专业知识	786	1.00	5.00	4.17	0.723
信息获取能力	786	1.00	5.00	4.14	0.629

续表

二级指标	样本量	最小值	最大值	平均值	标准差
学科教学能力	786	1.00	5.00	4.16	0.627
学科德育能力	786	1.00	5.00	4.27	0.712
科研能力	786	1.00	5.00	3.76	0.812
社会服务知识	786	1.00	5.00	3.76	0.906

2. 思维水平维度的二级指标状况

在思维水平维度，786名高校专任教师在思维理性化、思维联结化等二级指标上，最小值为1，最大值为5，平均值在4左右，处于"比较胜任"的等级水平；另外，在思维水平维度，各二级指标的标准差都在0.6左右，说明个体之间存在差异性，详细情况见表5-3。

表5-3　　　　　　思维水平维度二级指标状况

二级指标	样本量	最小值	最大值	平均值	标准差
思维理性化	786	1.00	5.00	3.96	0.658
思维联结化	786	1.00	5.00	4.12	0.662
思维系统化	786	1.00	5.00	4.02	0.635
思维多元化	786	1.00	5.00	4.02	0.652

3. 职业认同维度的二级指标状况

在职业认同维度，786名高校专任教师在职业价值观、角色价值观等二级指标上，最小值为1，最大值为5，平均值都在4以上，说明高校专任教师的职业认同水平普遍较高；另外，在职业认同维度，各二级指标的标准差都在0.6左右，说明个体之间存在差异性，详细情况见表5-4。

表 5-4　　　　　　　　职业认同维度二级指标状况

二级指标	样本量	最小值	最大值	平均值	标准差
职业价值观	786	1.00	5.00	4.43	0.640
角色价值观	786	1.00	5.00	4.41	0.701
职业责任感	786	1.00	5.00	4.50	0.597
责任认同	786	1.00	5.00	4.57	0.623

4. 个性特征维度的二级指标状况

在个性特征维度，786 名高校专任教师在进取心、乐群性等二级指标上，最小值为 1，最大值为 5，平均值在 4 左右，处于"比较胜任"的等级水平；另外，在个性特征维度上，各二级指标的标准差在 0.73—0.79，说明个体之间存在差异性，详细情况见表 5-5。

表 5-5　　　　　　　　个性特征维度二级指标状况

二级指标	样本量	最小值	最大值	平均值	标准差
进取心	786	1.00	5.00	4.04	0.784
乐群性	786	1.00	5.00	4.00	0.769
创造力	786	1.00	5.00	3.92	0.734

5. 协同合作维度的二级指标状况

在协同合作维度，786 名高校专任教师在同理心和善于表达两个二级指标上，最小值为 1，最大值为 5，平均值分别为 4.13 和 4.11，处于"比较胜任"的等级水平；另外，在协同合作维度，两个二级指标的标准差在 0.7 左右，说明个体之间存在差异性，详细情况见表 5-6。

表 5-6　　　　　　　　协同合作维度二级指标状况

二级指标	样本量	最小值	最大值	平均值	标准差
同理心	786	1.00	5.00	4.13	0.702
善于表达	786	1.00	5.00	4.11	0.666

二　高校教师胜任力的性别差异

（一）高校教师胜任力一级指标性别差异分析

对244名男教师和542名女教师进行一级指标和整体胜任力发展水平的独立样本t检验，结果表明：男教师与女教师在知识素养、思维水平、个性特征和胜任力总分上的差异具有统计学意义，且皆为男教师高于女教师；在职业认同和协同合作维度，男女教师不存在显著差异，详细情况见表5-7。

表 5-7　　　　　　高校教师胜任力一级指标性别差异分析

一级指标	性别	样本量	平均值	标准差	t	p
知识素养	男	244	4.15	0.627	2.84	0.005
	女	542	4.03	0.521		
思维水平	男	244	4.12	0.640	3.24	0.001
	女	542	3.98	0.543		
职业认同	男	244	4.44	0.697	-0.54	0.590
	女	542	4.46	0.511		
个性特征	男	244	4.10	0.692	3.99	0.000
	女	542	3.90	0.662		
协同合作	男	244	4.15	0.706	0.73	0.463
	女	542	4.11	0.608		

续表

一级指标	性别	样本量	平均值	标准差	t	p
胜任力	男	244	4.20	0.598	2.43	0.015
	女	542	4.10	0.459		

（二）高校教师胜任力二级指标性别差异分析

1. 知识素养维度二级指标性别差异分析

对244名男教师和542名女教师进行知识素养维度二级指标胜任特征的独立样本 t 检验，结果表明：男教师与女教师在科研能力和社会服务知识两个二级指标上的差异具有统计学意义，且皆为男教师高于女教师；在学科专业知识、信息获取能力等其他二级指标上，男女教师不存在显著差异，详细情况见表5-8。

表5-8　　　　　知识素养维度二级指标性别差异分析

二级指标	性别	样本量	平均值	标准差	t	p
学科专业知识	男	244	4.23	0.888	1.433	0.152
	女	542	4.15	0.635		
信息获取能力	男	244	4.20	0.719	1.829	0.068
	女	542	4.11	0.582		
学科教学能力	男	244	4.20	0.697	1.190	0.235
	女	542	4.14	0.593		
学科德育能力	男	244	4.26	0.784	-0.095	0.924
	女	542	4.27	0.677		

续表

二级指标	性别	样本量	平均值	标准差	t	p
科研能力	男	244	3.98	0.804	5.356	0.000
	女	542	3.65	0.796		
社会服务知识	男	244	3.89	0.878	2.713	0.007
	女	542	3.70	0.913		

2. 思维水平维度二级指标性别差异分析

对244名男教师和542名女教师进行思维水平维度二级指标胜任特征的独立样本t检验，结果表明：男教师与女教师在思维理性化、思维联结化、思维系统化和思维多元化四个二级指标上的差异都具有统计学意义，且皆为男教师高于女教师，说明在思维水平方面，男教师优于女教师，详细情况见表5-9。

表5-9　　　　思维水平维度二级指标性别差异分析

二级指标	性别	样本量	平均值	标准差	t	p
思维理性化	男	244	4.04	0.718		
	女	542	3.92	0.626		
思维联结化	男	244	4.19	0.711	2.21	0.027
	女	542	4.08	0.636		
思维系统化	男	244	4.14	0.684	3.56	0.000
	女	542	3.96	0.605		
思维多元化	男	244	4.13	0.691	3.23	0.001
	女	542	3.97	0.627		

3. 职业认同维度二级指标性别差异分析

对244名男教师和542名女教师进行职业认同维度二级指标胜任特征的独立样本 t 检验，结果表明：男女教师在各个二级指标上的差异都不具有统计学意义，说明男女教师在职业认同维度上都不存在显著差异，详细情况见表5-10。

表5-10　　　　　　职业认同维度二级指标性别差异分析

二级指标	性别	样本量	平均值	标准差	t	p
职业价值观	男	244	4.43	0.760	-0.02	0.981
	女	542	4.43	0.579		
角色价值观	男	244	4.39	0.814	-0.60	0.552
	女	542	4.42	0.644		
职业责任感	男	244	4.48	0.717	-0.54	0.592
	女	542	4.51	0.536		
责任认同	男	244	4.53	0.722	-1.36	0.173
	女	542	4.59	0.572		

4. 个性特征维度二级指标性别差异分析

对244名男教师和542名女教师进行个性特征维度二级指标胜任特征的独立样本 t 检验，结果表明：男教师与女教师在进取心和创造力两个二级指标上的差异具有统计学意义，且皆为男教师高于女教师；在乐群性上的差异不具有统计学意义，详细情况见表5-11。

表 5-11　　　　个性特征维度二级指标性别差异分析

二级指标	性别	样本量	平均值	标准差	t	p
进取心	男	244	4.15	0.779	2.73	0.006
	女	542	3.99	0.782		
乐群性	男	244	4.08	0.817	1.94	0.053
	女	542	3.96	0.744		
创造力	男	244	4.09	0.729	4.46	0.000
	女	542	3.84	0.724		

5. 协同合作维度二级指标性别差异分析

对 244 名男教师和 542 名女教师进行协同合作维度二级指标胜任特征的独立样本 t 检验，结果表明：男女教师在各个二级指标上的差异都不具有统计学意义，说明男女教师在协同合作维度的二级指标胜任特质都不存在显著差异，详细情况见表 5-12。

表 5-12　　　　协同合作维度二级指标性别差异分析

二级指标	性别	样本量	平均值	标准差	t	p
同理心	男	244	4.15	0.754	0.39	0.699
	女	542	4.12	0.678	—	—
善于表达	男	244	4.14	0.731	0.90	0.366
	女	542	4.10	0.635	—	—

三　高校教师胜任力的年龄差异

在年龄分组中，本书原年龄分组是按照 10 年为一个跨度进行划分的，具体情况：一组为 30 岁及以下，两组为 31—40 岁，三组为

41—50岁，四组为51岁及以上。但在数据统计阶段发现，由于目前高校教师的入职学历门槛较其他教师行业和以往高校教师入职的学历要求标准大幅提高，特别是高校专任教师的入职学历门槛大多为硕士研究生以上，因此，30岁以下高校专任教师的数量大幅度缩减，导致统计结果反映出30岁以下高校专任教师的数量少于整体被试者数量的5%。故而，本书基于当下高校专任教师队伍的现实情况以及统计检验方差分析对各组被试者数量的要求，即各组被试者数量应不低于总被试者数量的5%，将一组（30岁以下）并入二组，其他各组的被试者数量不变。

（一）高校教师胜任力一级指标年龄差异分析

对不同年龄段教师一级指标和整体胜任力发展水平进行方差分析，结果表明：在知识素养、思维水平、职业认同和胜任力总分上的差异具有统计学意义，采用雪费法进行多重比较发现，41—50岁以及51岁及以上教师的知识素养显著高于40岁及以下教师；51岁及以上教师与40岁及以下教师思维水平的差异处于边缘显著水平，即方差分析结果显示三组被试者的思维水平差异具有统计学意义，但多重比较的差异结果接近统计学意义，即 $p = 0.085$，一般学界认为，这是由于被试者数量不足导致差异不明显，进而将这种情况称为边缘显著，且51岁及以上教师的思维水平优于40岁及以下教师；51岁及以上教师与40岁及以下教师职业认同的差异具有统计学意义，且51岁及以上教师优于40岁及以下教师；41—50岁以及51岁及以上教师的胜任力总分与40岁及以下教师相比，存在显著差异，且前者优于后者；三个年龄段教师在个性特征和协同合作维度上的差异不具有统计学意义，详细情况见表5-13。

表 5-13　　高校教师胜任力一级指标年龄差异分析

一级指标	年龄	样本量	平均值	标准差	F	p	雪费法
知识素养	40 岁及以下	348	3.95	0.543	15.08	0.000	2>1 3>1
	41—50 岁	312	4.14	0.554			
	51 岁及以上	126	4.21	0.553			
	总计	786	4.06	0.559			
思维水平	40 岁及以下	348	3.96	0.559	3.21	0.041	3>1
	41—50 岁	312	4.05	0.579			
	51 岁及以上	126	4.10	0.617			
	总计	786	4.02	0.578			
职业认同	40 岁及以下	348	4.41	0.579	3.04	0.048	3>1
	41—50 岁	312	4.46	0.569			
	51 岁及以上	126	4.56	0.573			
	总计	786	4.45	0.575			
个性特征	40 岁及以下	348	3.92	0.662	1.40	0.248	
	41—50 岁	312	3.99	0.690			
	51 岁及以上	126	4.02	0.691			
	总计	786	3.96	0.678			
协同合作	40 岁及以下	348	4.08	0.637	2.45	0.087	
	41—50 岁	312	4.12	0.640			
	51 岁及以上	126	4.23	0.638			
	总计	786	4.12	0.640			

续表

一级指标	年龄	各组描述性统计量			Post hoc test		
		样本量	平均值	标准差	F	p	雪费法
胜任力	40岁及以下	348	4.07	0.489	6.52	0.002	2>1 3>1
	41—50岁	312	4.17	0.510			
	51岁及以上	126	4.24	0.531			
	总计	786	4.13	0.508			

（二）高校教师胜任力二级指标年龄差异分析

1. 知识素养维度二级指标年龄差异分析

对不同年龄段教师知识素养维度二级指标胜任特征发展水平进行方差分析，结果表明：在学科专业知识、信息获取能力等所有二级指标上，不同年龄段教师胜任特征发展水平的差异皆具有统计学意义，采用雪费法进行多重比较发现，41—50岁以及51岁及以上教师的学科专业知识、信息获取能力等各个胜任特征发展水平皆优于40岁及以下教师，详细情况见表5-14。

表5-14　　　　知识素养维度二级指标年龄差异分析

二级指标	年龄	各组描述性统计量			Post hoc test		
		样本量	平均值	标准差	F	显著性	雪费法
学科专业知识	40岁及以下	348	4.03	0.736	12.46	0.000	2>1 3>1
	41—50岁	312	4.25	0.716			
	51岁及以上	126	4.35	0.636			
	总计	786	4.17	0.723			

续表

二级指标	年龄	各组描述性统计量			Post hoc test		
		样本量	平均值	标准差	F	显著性	雪费法
信息获取能力	40 岁及以下	348	4.04	0.623	8.01	0.000	2 > 1 3 > 1
	41—50 岁	312	4.21	0.628			
	51 岁及以上	126	4.22	0.610			
	总计	786	4.14	0.629			
学科教学能力	40 岁及以下	348	4.04	0.619	13.72	0.000	2 > 1 3 > 1
	41—50 岁	312	4.22	0.622			
	51 岁及以上	126	4.34	0.604			
	总计	786	4.16	0.627			
学科德育能力	40 岁及以下	348	4.14	0.730	9.53	0.000	2 > 1 3 > 1
	41—50 岁	312	4.35	0.659			
	51 岁及以上	126	4.39	0.737			
	总计	786	4.27	0.712			
科研能力	40 岁及以下	348	3.64	0.793	6.71	0.001	2 > 1 3 > 1
	41—50 岁	312	3.82	0.831			
	51 岁及以上	126	3.91	0.780			
	总计	786	3.76	0.812			
学科专业知识	40 岁及以下	348	3.64	0.939	6.19	0.002	2 > 1 3 > 1
	41—50 岁	312	3.83	0.880			
	51 岁及以上	126	3.94	0.837			
	总计	786	3.76	0.906			

2. 思维水平维度二级指标年龄差异分析

对不同年龄段教师思维水平维度二级指标胜任特征发展水平进行方差分析，结果表明：在思维理性化和思维联结化两个二级指标上不同年龄段教师胜任特征发展水平的差异具有统计学意义，采用雪费法进行多重比较发现，51岁及以上教师的思维理性化和思维联结化水平优于40岁及以下教师；在思维系统化和思维多元化两个二级指标上，不同年龄段教师胜任特征发展水平的差异不具有统计学意义，详细情况见表5-15。

表5-15　思维水平维度二级指标年龄差异分析

二级指标	年龄	样本量	平均值	标准差	F	显著性	雪费法
思维理性化	40岁及以下	348	3.90	0.664	3.07	0.047	3>1
	41—50岁	312	3.98	0.635			
	51岁及以上	126	4.06	0.687			
	总计	786	3.96	0.658			
思维联结化	40岁及以下	348	4.05	0.630	4.70	0.009	3>1
	41—50岁	312	4.14	0.684			
	51岁及以上	126	4.25	0.675			
	总计	786	4.12	0.662			
学科专业知识	40岁及以下	348	3.96	0.621	2.53	0.080	
	41—50岁	312	4.07	0.631			
	51岁及以上	126	4.06	0.676			
	总计	786	4.02	0.635			

续表

二级指标	年龄	各组描述性统计量			Post hoc test		
		样本量	平均值	标准差	F	显著性	雪费法
思维多元化	40 岁及以下	348	3.98	0.623	0.97	0.380	
	41—50 岁	312	4.04	0.683			
	51 岁及以上	126	4.06	0.648			
	总计	786	4.02	0.652			

3. 职业认同维度二级指标年龄差异分析

对不同年龄段教师职业认同维度二级指标胜任特征发展水平进行方差分析，结果表明：在角色价值观和职业责任感两个二级指标上，不同年龄段教师胜任特征发展水平的差异具有统计学意义，采用雪费法进行多重比较发现，教师的角色价值观和职业责任感呈现随年龄增长的趋势，51 岁及以上教师的角色价值观和职业责任感显著优于 40 岁及以下教师；在职业价值观和责任认同两个二级指标上，不同年龄段教师胜任特征发展水平的差异不具有统计学意义，详细情况见表 5-16。

表 5-16　　职业认同维度二级指标年龄差异分析

二级指标	年龄	各组描述性统计量			Post hoc test		
		样本量	平均值	标准差	F	显著性	雪费法
职业价值观	40 岁及以下	348	4.40	0.651	1.31	0.269	
	41—50 岁	312	4.43	0.636			
	51 岁及以上	126	4.51	0.616			
	总计	786	4.43	0.640			

续表

二级指标	年龄	样本量	平均值	标准差	F	显著性	雪费法
角色价值观	40岁及以下	348	4.36	0.732	3.38	0.035	3>1
	41—50岁	312	4.41	0.686			
	51岁及以上	126	4.54	0.632			
	总计	786	4.41	0.701			
职业责任感	40岁及以下	348	4.45	0.599	3.22	0.040	3>1
	41—50岁	312	4.52	0.586			
	51岁及以上	126	4.60	0.610			
	总计	786	4.50	0.597			
责任认同	40岁及以下	348	4.53	0.623	1.91	0.149	
	41—50岁	312	4.58	0.626			
	51岁及以上	126	4.66	0.609			
	总计	786	4.57	0.623			

表头:各组描述性统计量 / Post hoc test

4. 个性特征维度二级指标年龄差异分析

对不同年龄段教师个性特征维度二级指标胜任特征发展水平进行方差分析,结果表明:在进取心、乐群性和创造力三个二级指标上,不同年龄段教师胜任特征发展水平的差异皆不具有统计学意义,说明在个性特征各个二级指标中,不同年龄段教师胜任特征发展水平不存在显著差异,详细情况见表5-17。

表 5-17　　　　　个性特征维度二级指标年龄差异分析

二级指标	年龄	样本量	平均值	标准差	F	显著性
进取心	40 岁及以下	348	4.02	0.763	0.23	0.792
	41—50 岁	312	4.05	0.796		
	51 岁及以上	126	4.06	0.817		
	总计	786	4.04	0.784		
乐群性	40 岁及以下	348	3.97	0.766	0.48	0.620
	41—50 岁	312	4.02	0.767		
	51 岁及以上	126	4.04	0.784		
	总计	786	4.00	0.769		
创造力	40 岁及以下	348	3.86	0.723	1.98	0.139
	41—50 岁	312	3.96	0.750		
	51 岁及以上	126	3.99	0.717		
	总计	786	3.92	0.734		

5. 协同合作维度二级指标年龄差异分析

对不同年龄段教师协同合作维度二级指标胜任特征发展水平进行方差分析，结果表明：在善于表达这一二级指标上，不同年龄段教师胜任特征发展水平的差异具有统计学意义，采用雪费法进行多重比较发现，51 岁及以上教师比 40 岁及以下教师更善于表达；在同理心方面，不同年龄段教师胜任特征发展水平的差异不具有统计学意义，详细情况见表 5-18。

表 5-18　　　　　　协同合作维度二级指标年龄差异分析

二级指标	年龄	样本量	平均值	标准差	F	显著性	雪费法
同理心	40 岁及以下	348	4.10	0.701	0.60	0.549	
	41—50 岁	312	4.14	0.698			
	51 岁及以上	126	4.18	0.720			
	总计	786	4.13	0.702			
善于表达	40 岁及以下	348	4.06	0.665	3.97	0.019	3>1
	41—50 岁	312	4.11	0.669			
	51 岁及以上	126	4.26	0.644			
	总计	786	4.11	0.666			

四　高校教师胜任力的教龄差异

(一) 高校教师胜任力一级指标教龄差异分析

对不同教龄教师一级指标和整体胜任力发展水平进行方差分析，结果表明：在知识素养、思维水平、职业认同和胜任力总分上的差异具有统计学意义，采用雪费法进行多重比较发现，教龄 7—25 年以及 26 年及以上教师的知识素养显著高于教龄 1—3 年的教师；教龄 26 年及以上教师的知识素养显著高于教龄 4—6 年和 7—25 年的教师；教龄 7—25 年教师的思维水平和职业认同维度的胜任水平显著高于教龄 1—3 年的教师；教龄 26 年及以上教师的胜任力总分显著高于教龄 1—3 年、4—6 年和 7—25 年的教师，详细情况见表 5-19。

表 5-19　　高校教师胜任力一级指标教龄差异分析

一级指标	教龄	各组描述性统计量			Post hoc test		
		样本量	平均值	标准差	F	显著性	雪费法
知识素养	1—3 年	85	3.85	0.603	10.62	0.000	3>1 4>1 4>2 4>3
	4—6 年	101	3.99	0.613			
	7—25 年	469	4.07	0.520			
	26 年及以上	131	4.26	0.560			
	总计	786	4.06	0.559			
思维水平	1—3 年	85	3.89	0.667	3.54	0.014	4>1
	4—6 年	101	4.00	0.592			
	7—25 年	469	4.01	0.538			
	26 年及以上	131	4.15	0.626			
	总计	786	4.02	0.578			
职业认同	1—3 年	85	4.36	0.702	2.73	0.043	4>1
	4—6 年	101	4.39	0.654			
	7—25 年	469	4.45	0.531			
	26 年及以上	131	4.56	0.560			
	总计	786	4.45	0.575			
个性特征	1—3 年	85	3.94	0.747	0.95	0.416	
	4—6 年	101	4.00	0.668			
	7—25 年	469	3.93	0.663			
	26 年及以上	131	4.04	0.695			
	总计	786	3.96	0.678			

续表

一级指标	教龄	各组描述性统计量			Post hoc test		
		样本量	平均值	标准差	F	显著性	雪费法
协同合作	1—3 年	85	4.09	0.690	2.45	0.062	
	4—6 年	101	4.10	0.676			
	7—25 年	469	4.09	0.621			
	26 年及以上	131	4.26	0.634			
	总计	786	4.12	0.640			
胜任力	1—3 年	85	4.01	0.591	5.14	0.002	4>1
	4—6 年	101	4.09	0.558			
	7—25 年	469	4.12	0.464			4>3
	26 年及以上	131	4.27	0.535			4>2
	总计	786	4.13	0.508	10.62		

（二）高校教师胜任力二级指标教龄差异分析

1. 知识素养维度二级指标教龄差异分析

对不同教龄教师知识素养维度二级指标胜任特征发展水平进行方差分析，结果表明：在学科专业知识、信息获取能力、学科教学能力、学科德育能力、社会服务知识五个二级指标上，不同教龄教师胜任特征发展水平的差异具有统计学意义，采用雪费法进行多重比较发现，教龄7—25 年教师的学科专业知识水平显著高于教龄1—3 年的教师；教龄26 年及以上教师的学科专业知识水平显著高于教龄1—3 年、4—6 年和7—25 年的教师；教龄26 年及以上教师的信息获取能力显著高于教龄1—3 年和4—6 年的教师；在学科教学能力方面，教龄4—6 年的教师显著高于教龄1—3 年的教师，教龄7—25 年的教师显著高于教龄

1—3 年的教师，教龄 26 年及以上的教师显著高于教龄 1—3 年、4—6 年和 7—25 年的教师；在学科德育能力方面，教龄 7—25 年的教师显著优于教龄 1—3 年的教师，教龄 26 年及以上的教师显著优于教龄 1—3 年、4—6 年和 7—25 年的教师；在社会服务知识方面，教龄 26 年及以上的教师显著优于教龄 4—6 年的教师，详细情况见表 5 - 20。

表 5 - 20　　　　　知识素养维度二级指标教龄差异分析

二级指标	教龄	各组描述性统计量			Post hoc test		
		样本量	平均值	标准差	F	显著性	雪费法
学科专业知识	1—3 年	85	3.86	0.830	11.05	0.000	3>1 4>1 4>3 4>2
	4—6 年	101	4.06	0.836			
	7—25 年	469	4.19	0.676			
	26 年及以上	131	4.40	0.636			
	总计	786	4.17	0.723			
信息获取能力	1—3 年	85	3.98	0.674	5.59	0.001	4>1 4>2
	4—6 年	101	4.05	0.717			
	7—25 年	469	4.14	0.590			
	26 年及以上	131	4.30	0.627			
	总计	786	4.14	0.629			
学科教学能力	1—3 年	85	3.85	0.700	12.95	0.000	2>1 3>1 4>1 4>2 4>3
	4—6 年	101	4.13	0.643			
	7—25 年	469	4.16	0.591			
	26 年及以上	131	4.38	0.608			
	总计	786	4.16	0.627			

续表

二级指标	教龄	样本量	平均值	标准差	F	显著性	雪费法
学科德育能力	1—3 年	85	4.01	0.715	7.39	0.000	3>1 4>3 4>1
	4—6 年	101	4.22	0.795			
	7—25 年	469	4.27	0.676			
	26 年及以上	131	4.47	0.716			
	总计	786	4.27	0.712			
科研能力	1—3 年	85	3.66	0.784	.59	0.052	
	4—6 年	101	3.70	0.872			
	7—25 年	469	3.74	0.803			
	26 年及以上	131	3.93	0.799			
	总计	786	3.76	0.812			
社会服务知识	1—3 年	85	3.67	0.931	3.75	0.011	4>2
	4—6 年	101	3.58	0.983			
	7—25 年	469	3.76	0.892			
	26 年及以上	131	3.96	0.845			
	总计	786	3.76	0.906			

2. 思维水平维度二级指标教龄差异分析

对不同教龄教师思维水平维度二级指标胜任特征发展水平进行方差分析，结果表明：在思维理性化和思维联结化两个二级指标上，不同教龄教师胜任特征发展水平的差异具有统计学意义，采用雪费法进行多重比较发现，教龄26年及以上教师的思维理性化水平显著优于教龄1—3年的教师；教龄26年及以上教师的思维联结化水平显著优于教龄 1—3 年和 7—25 年的教师，从数据上看，教龄 26 年及以上、7—25 年以及 4—6 年教师的思维联结化得分的平均值分别为 4.28、4.10、4.11，因此，思维联结化水平发展的趋势也应该是随教龄增长而增长的；在思维系统化和思维多元化两个二级指标上，不同教龄教师胜任特征的差异不具有统计学意义，详细情况见表 5-21。

表 5-21　　思维水平维度二级指标教龄差异分析

二级指标	教龄	样本量	平均值	标准差	F	显著性	雪费法
思维理性化	1—3 年	85	3.84	0.745	4.14	0.006	4>1
	4—6 年	101	3.89	0.688			
	7—25 年	469	3.95	0.620			
	26 年及以上	131	4.12	0.685			
	总计	786	3.96	0.658			
思维联结化	1—3 年	85	3.98	0.702	4.18	0.006	4>1 4>3
	4—6 年	101	4.11	0.688			
	7—25 年	469	4.10	0.634			
	26 年及以上	131	4.28	0.691			
	总计	786	4.12	0.662			
思维系统化	1—3 年	85	3.89	0.742	1.76	0.153	
	4—6 年	101	4.01	0.645			
	7—25 年	469	4.02	0.592			
	26 年及以上	131	4.10	0.694			
	总计	786	4.02	0.635			

续表

二级指标	教龄	各组描述性统计量			Post hoc test		
		样本量	平均值	标准差	F	显著性	雪费法
思维多元化	1—3 年	85	3.88	0.694	2.28	0.078	
	4—6 年	101	4.04	0.706			
	7—25 年	469	4.01	0.617			
	26 年及以上	131	4.11	0.689			
	总计	786	4.02	0.652			

3. 职业认同维度二级指标教龄差异分析

对不同教龄教师职业认同维度二级指标胜任特征发展水平进行方差分析，结果表明：在角色价值观、职业责任感和责任认同三个二级指标上，不同教龄教师胜任特征发展水平的差异具有统计学意义，采用雪费法进行多重比较，在角色价值观和职业责任感两个胜任特征上两两比较并不存在显著差异，存在边缘显著的情况，教龄 26 年及以上的教师高于教龄 7—25 年教师（p=0.092），同时高于教龄 4—6 年教师（p=0.111）；教龄 26 年及以上教师的责任认同度显著优于教龄 1—3 年教师；在职业价值观上，不同教龄教师的差异不具有统计学意义，详细情况见表 5-22。

表 5-22　　　　职业认同维度二级指标教龄差异分析

二级指标	教龄	各组描述性统计量			Post hoc test		
		样本量	平均值	标准差	F	显著性	雪费法
职业价值观	1—3 年	85	4.27	0.788	2.39	0.068	
	4—6 年	101	4.39	0.744			

续表

二级指标	教龄	各组描述性统计量			Post hoc test		
		样本量	平均值	标准差	F	显著性	雪费法
职业价值观	7—25 年	469	4.44	0.589	2.39	0.068	
	26 年及以上	131	4.49	0.611			
	总计	786	4.43	0.640			
角色价值观	1—3 年	85	4.42	0.748	2.65	0.048	4>3
	4—6 年	101	4.33	0.755			
	7—25 年	469	4.38	0.696			
	26 年及以上	131	4.56	0.629			
	总计	786	4.41	0.701			
职业责任感	1—3 年	85	4.39	0.721	3.21	0.022	4>1
	4—6 年	101	4.41	0.694			
	7—25 年	469	4.51	0.544			
	26 年及以上	131	4.61	0.598			
	总计	786	4.50	0.597			
责任认同	1—3 年	85	4.40	0.694	39	0.005	4>1
	4—6 年	101	4.50	0.673			
	7—25 年	469	4.59	0.599			
	26 年及以上	131	4.69	0.593			
	总计	786	4.57	0.623			

4. 个性特征维度二级指标教龄差异分析

对不同教龄教师个性特征维度二级指标胜任特征发展水平进行方差分析，结果表明：在进取心、乐群性和创造力三个二级指标上，不同教龄教师胜任特征发展水平的差异不具有统计学意义，详细情况见表 5-23。

表 5-23　　　　　个性特征维度二级指标教龄差异分析

二级指标	教龄	样本量	平均值	标准差	F	显著性
进取心	1—3 年	85	4.07	0.828	0.86	0.464
	4—6 年	101	4.09	0.763		
	7—25 年	469	4.00	0.769		
	26 年及以上	131	4.11	0.825		
	总计	786	4.04	0.784		
乐群性	1—3 年	85	3.98	0.831	0.54	0.652
	4—6 年	101	4.03	0.780		
	7—25 年	469	3.98	0.756		
	26 年及以上	131	4.07	0.767		
	总计	786	4.00	0.769		
创造力	1—3 年	85	3.89	0.794	0.90	0.439
	4—6 年	101	3.96	0.737		
	7—25 年	469	3.89	0.722		
	26 年及以上	131	4.01	0.737		
	总计	786	3.92	0.734		

5. 协同合作维度二级指标教龄差异分析

对不同教龄教师协同合作维度二级指标胜任特征发展水平进行方差分析，结果表明：在善于表达上，不同教龄教师胜任特征发展水平的差异具有统计学意义，采用雪费法进行多重比较发现，教龄 26 年及以上教师比教龄 7—25 年教师善于表达；在同理心上，不同教龄教师胜任特征发展水平的差异不具有统计学意义，详细情况见表 5-24。

表 5-24　　　　　协同合作维度二级指标教龄差异分析

二级指标	教龄	各组描述性统计量			Post hoc test		
		样本量	平均值	标准差	F	显著性	雪费法
同理心	1—3 年	85	4.14	0.684	1.444	0.229	
	4—6 年	101	4.09	0.767			
	7—25 年	469	4.11	0.690			
	26 年及以上	131	4.24	0.703			
	总计	786	4.13	0.702			
善于表达	1—3 年	85	4.06	0.726	2.883	0.035	4>3
	2.4—6 年	101	4.10	0.686			
	7—25 年	469	4.08	0.653			
	26 年及以上	131	4.27	0.640			
	总计	786	4.11	0.666			

五　高校教师胜任力的学历差异

（一）高校教师胜任力一级指标学历差异分析

对不同学历教师一级指标和整体胜任力发展水平进行方差分析，结果表明：不同学历教师在知识素养上的差异具有统计学意义，采用雪费法进行多重比较发现，博士研究生及以上学历教师的知识素养显著优于硕士研究生学历的教师。在其他一级指标和胜任力总分上，不同学历教师的差异不具有统计学意义，具体情况见表 5-25。

表5-25　高校教师胜任力一级指标学历差异分析

一级指标	学历	样本量	平均值	标准差	F	显著性	雪费法
知识素养	本科	68	4.07	0.482	8.08	0.000	3>2
	硕士研究生	446	4.00	0.580			
	博士研究生及以上	272	4.17	0.526			
	总计	786	4.06	0.559			
思维水平	本科	68	4.05	0.492	2.59	0.075	
	硕士研究生	446	3.98	0.594			
	博士研究生及以上	272	4.08	0.568			
	总计	786	4.02	0.578			
职业认同	本科	68	4.47	0.484	0.04	0.961	
	硕士研究生	446	4.45	0.593			
	博士研究生及以上	272	4.45	0.569			
	总计	786	4.45	0.575			
个性特征	本科	68	4.06	0.674	1.81	0.164	
	硕士研究生	446	3.92	0.693			
	博士研究生及以上	272	4.00	0.651			
	总计	786	3.96	0.678			
协同合作	本科	68	4.22	0.521	2.66	0.070	
	硕士研究生	446	4.15	0.651			
	博士研究生及以上	272	4.05	0.643			
	总计	786	4.12	0.640			

续表

一级指标	学历	各组描述性统计量			Post hoc test		
		样本量	平均值	标准差	F	显著性	雪费法
胜任力	本科	68	4.17	0.430	1.89	0.151	
	硕士研究生	446	4.10	0.521			
	博士研究生及以上	272	4.17	0.503			
	总计	786	4.13	0.508			

(二) 高校教师胜任力二级指标学历差异分析

1. 知识素养维度二级指标学历差异分析

对不同学历教师知识素养维度二级指标胜任特征发展水平进行方差分析，结果表明：在信息获取能力、学科教学能力、科研能力和社会服务知识四个二级指标上，不同学历教师的差异具有统计学意义，采用雪费法进行多重比较发现，在信息获取能力和学科教学能力方面，博士研究生及以上学历教师显著优于硕士研究生学历教师；在科研能力方面，博士研究生及以上学历教师优于硕士研究生和本科学历教师；在社会服务知识方面，博士研究生及以上学历教师优于硕士研究生学历教师；在学科专业知识和学科德育能力两个二级指标上，不同学历层次教师的差异不具有统计学意义，详细情况见表5-26。

表5-26　　知识素养维度二级指标学历差异分析

二级指标	学历	各组描述性统计量			Post hoc test		
		样本量	平均值	标准差	F	显著性	雪费法
学科专业知识	本科	68	4.22	0.613	1.68	0.187	
	硕士研究生	446	4.13	0.731			
	博士研究生及以上	272	4.23	0.734			
	总计	786	4.17	0.723			

续表

二级指标	学历	样本量	平均值	标准差	F	显著性	雪费法
信息获取能力	本科	68	4.10	0.537	5.80	0.003	3>2
	硕士研究生	446	4.08	0.639			
	博士研究生及以上	272	4.24	0.622			
	总计	786	4.14	0.629			
学科教学能力	本科	68	4.19	0.487	3.55	0.029	3>2
	硕士研究生	446	4.11	0.662			
	博士研究生及以上	272	4.24	0.593			
	总计	786	4.16	0.627			
学科德育能力	本科	68	4.29	0.648	0.10	0.907	
	硕士研究生	446	4.27	0.752			
	博士研究生及以上	272	4.25	0.658			
	总计	786	4.27	0.712			
科研能力	本科	68	3.75	0.746	23.32	0.000	3>1 3>2
	硕士研究生	446	3.60	0.824			
	博士研究生及以上	272	4.01	0.741			
	总计	786	3.76	0.812			
社会服务知识	本科	68	3.76	0.932	3.35	0.035	3>2
	硕士研究生	446	3.70	0.958			
	博士研究生及以上	272	3.88	0.796			
	总计	786	3.76	0.906			

2. 思维水平维度二级指标学历差异分析

对不同学历教师思维水平维度二级指标胜任特征发展水平进行方差分析，结果表明：在思维联结化维度上，不同学历教师胜任特征发展水平的差异具有统计学意义，采用雪费法进行多重比较发现，博士研究生及以上学历教师显著优于硕士研究生学历教师；在思维理性化、思维系统化和思维多元化方面，不同学历教师的差异不具有统计学意义，详细情况见表5-27。

表5-27　　思维水平维度二级指标学历差异分析

二级指标	学历	样本量	平均值	标准差	F	显著性	雪费法
思维理性化	本科	68	4.03	0.593	1.15	0.318	
	硕士研究生	446	3.93	0.678			
	博士研究生及以上	272	3.99	0.640			
	总计	786	3.96	0.658			
思维联结化	本科	68	4.16	0.543	5.26	0.005	3>2
	硕士研究生	446	4.05	0.680			
	博士研究生及以上	272	4.21	0.649			
	总计	786	4.12	0.662			
思维系统化	本科	68	4.00	0.618	2.63	0.073	
	硕士研究生	446	3.98	0.651			
	博士研究生及以上	272	4.09	0.609			
	总计	786	4.02	0.635			

续表

二级指标	学历	各组描述性统计量			Post hoc test		
		样本量	平均值	标准差	F	显著性	雪费法
思维多元化	本科	68	4.04	0.562	1.33	0.265	
	硕士研究生	446	3.99	0.642			
	博士研究生及以上	272	4.07	0.685			
	总计	786	4.02	0.652			

3. 职业认同维度二级指标学历差异分析

对不同学历教师职业认同维度二级指标胜任特征发展水平进行方差分析，结果表明：在职业价值观、角色价值观、职业责任感和责任认同四个二级指标上，不同学历层次教师的差异皆不具有统计学意义，说明存在的差异都可能是由于偶然因素所致，详细情况见表5-28。

表5-28　　　　职业认同维度二级指标学历差异分析

二级指标	学历	各组描述性统计量			Post hoc test	
		样本量	平均值	标准差	F	显著性
职业价值观	本科	68	4.42	0.533	0.02	0.984
	硕士研究生	446	4.42	0.654		
	博士研究生及以上	272	4.43	0.644		
	总计	786	4.43	0.640		
角色价值观	本科	68	4.44	0.596	0.06	0.943
	硕士研究生	446	4.41	0.714		
	博士研究生及以上	272	4.40	0.705		
	总计	786	4.41	0.701		

续表

二级指标	学历	各组描述性统计量			Post hoc test	
		样本量	平均值	标准差	F	显著性
职业责任感	本科	68	4.56	0.515	0.35	0.702
	硕士研究生	446	4.49	0.608		
	博士研究生及以上	272	4.50	0.601		
	总计	786	4.50	0.597		
责任认同	本科	68	4.56	0.529	0.25	0.780
	硕士研究生	446	4.59	0.654		
	博士研究生及以上	272	4.56	0.593		
	总计	786	4.57	0.623		

4. 个性特征维度二级指标学历差异分析

对不同学历教师个性特征维度二级指标胜任特征发展水平进行方差分析，结果表明：在进取心、乐群性和创造力三个二级指标上，不同学历教师的差异不具有统计学意义，详细情况见表5-29。

表5-29　　　　个性特征维度二级指标学历差异分析

二级指标	学历	各组描述性统计量			Post hoc test	
		样本量	平均值	标准差	F	显著性
进取心	本科	68	4.18	0.772	1.762	0.172
	硕士研究生	446	4.00	0.813		
	博士研究生及以上	272	4.07	0.736		
	总计	786	4.04	0.784		

续表

二级指标	学历	各组描述性统计量			Post hoc test	
		样本量	平均值	标准差	F	显著性
乐群性	本科	68	4.15	0.718	1.370	0.255
	硕士研究生	446	3.99	0.763		
	博士研究生及以上	272	3.98	0.789		
	总计	786	4.00	0.769		
创造力	本科	68	4.00	0.761	2.003	0.136
	硕士研究生	446	3.88	0.751		
	博士研究生及以上	272	3.98	0.695		
	总计	786	3.92	0.734		

5. 协同合作维度二级指标学历差异分析

对不同学历教师协同合作维度二级指标胜任特征发展水平进行方差分析，结果表明：在同理心和善于表达上，不同学历教师的差异不具有统计学意义，详细情况见表5-30。

表5-30　　　　协同合作维度二级指标学历差异分析

二级指标	学历	各组描述性统计量			Post hoc test	
		样本量	平均值	标准差	F	显著性
同理心	本科	68	4.19	0.567	2.71	0.067
	硕士研究生	446	4.17	0.717		
	博士研究生及以上	272	4.05	0.704		
	总计	786	4.13	0.702		

续表

二级指标	学历	各组描述性统计量			Post hoc test	
		样本量	平均值	标准差	F	显著性
善于表达	本科	68	4.24	0.573	2.40	0.092
	硕士研究生	446	4.13	0.674		
	博士研究生及以上	272	4.06	0.670		
	总计	786	4.11	0.666		

六 高校教师胜任力的职称差异

(一) 高校教师胜任力一级指标职称差异分析

对不同职称教师一级指标和整体胜任力发展水平进行方差分析，结果表明：在知识素养维度和胜任力总分上，不同职称教师的差异具有统计学意义，采用雪费法进行多重比较发现，在知识素养维度上，副教授和教授显著优于助教和讲师；在胜任力总分上，教授优于讲师，呈现出边缘显著的情形（p=0.111）；在思维水平、职业认同、个性特征和协同合作等方面，不同职称教师的差异不具有统计学意义，详细情况见表5-31。

表5-31　高校教师胜任力一级指标职称差异分析

一级指标	职称	各组描述性统计量			Post hoc test		
		样本量	平均值	标准差	F	显著性	雪费法
知识素养	助教	64	3.89	0.528	9.75	0.000	3>1 4>2 3>2 4>1
	讲师	313	3.98	0.521			
	副教授	296	4.13	0.533			
	教授及以上	113	4.23	0.669			
	总计	786	4.06	0.559			

续表

一级指标	职称	样本量	平均值	标准差	F	显著性	雪费法
思维水平	助教	64	3.94	0.618	1.47	0.220	
	讲师	313	3.99	0.547			
	副教授	296	4.04	0.560			
	教授及以上	113	4.10	0.674			
	总计	786	4.02	0.578	1.02	0.382	
职业认同	助教	64	4.44	0.615			
	讲师	313	4.41	0.555			
	副教授	296	4.49	0.524			
	教授及以上	113	4.48	0.720			
	总计	786	4.45	0.575			
个性特征	助教	64	4.06	0.645	1.12	0.341	
	讲师	313	3.91	0.654			
	副教授	296	3.97	0.684			
	教授及以上	113	4.01	0.741			
	总计	786	3.96	0.678			
协同合作	助教	64	4.14	0.613	0.48	0.699	
	讲师	313	4.09	0.622			
	副教授	296	4.13	0.634			
	教授及以上	113	4.16	0.718			
	总计	786	4.12	0.640			

续表

一级指标	职称	各组描述性统计量			Post hoc test		
		样本量	平均值	标准差	F	显著性	雪费法
胜任力	助教	64	4.07	0.496	2.87	0.035	4>2
	讲师	313	4.08	0.479			
	副教授	296	4.17	0.480			
	教授及以上	113	4.22	0.635			
	总计	786	4.13	0.508			

（二）高校教师胜任力二级指标职称差异分析

1. 知识素养维度二级指标职称差异分析

对不同职称教师知识素养维度二级指标胜任特征发展水平进行方差分析，结果表明：在学科专业知识、信息获取能力、学科教学能力、科研能力和社会服务知识五个二级指标上，不同职称教师之间的差异皆具有统计学意义，采用雪费法进行多重比较发现，在学科专业知识方面，教授及以上职称的教师显著优于助教和讲师；在信息获取能力方面，教授及以上职称的教师显著优于助教；在学科教学能力方面，副教授和教授及以上职称的教师显著优于助教和讲师；在科研能力方面，副教授显著优于讲师（从平均值上看，副教授也优于讲师，讲师优于助教，因此，副教授也应优于助教，但可能由于助教人数太少，所以导致差异性未能充分显现出来）；教授及以上职称教师显著优于讲师和助教；在社会服务知识方面，副教授和教授及以上职称教师显著优于助教；在学科德育能力方面，不同职称教师之间的差异不具有统计学意义，详细情况见表5-32。

表 5-32　　知识素养维度二级指标职称差异分析

二级指标	职称	各组描述性统计量			Post hoc test		
		样本量	平均值	标准差	F	显著性	雪费法
学科专业知识	助教	64	3.99	0.710	5.81	0.001	4 > 1 4 > 2
	讲师	313	4.09	0.7184 > 2			
	副教授	296	4.23	0.701			
	教授及以上	113	4.35	0.759			
	总计	786	4.17	0.723			
信息获取能力	助教	64	3.98	0.595	3.54	0.014	4 > 1
	讲师	313	4.09	0.603			
	副教授	296	4.18	0.614			
	教授及以上	113	4.24	0.727			
	总计	786	4.14	0.629			
学科教学能力	助教	64	3.99	0.614	7.00	0.000	3 > 1 4 > 1 3 > 2 4 > 2
	讲师	313	4.07	0.607			
	副教授	296	4.24	0.599			
	教授及以上	113	4.30	0.709			
	总计	786	4.16	0.627			
学科德育能力	助教	64	4.22	0.576	2.35	0.071	
	讲师	313	4.19	0.717			
	副教授	296	4.33	0.698			
	教授及以上	113	4.33	0.784			
	总计	786	4.27	0.712			

续表

二级指标	职称	样本量	平均值	标准差	F	显著性	雪费法
科研能力	助教	64	3.57	0.840	13.28	0.000	4>1 3>2 4>2
	讲师	313	3.59	0.800			
	副教授	296	3.85	0.748			
	教授及以上	113	4.08	0.864			
	总计	786	3.76	0.812			
社会服务知识	助教	64	3.44	1.067	6.09	0.000	3>1 4>1
	讲师	313	3.68	0.898			
	副教授	296	3.85	0.872			
	教授及以上	113	3.95	0.854			
	总计	786	3.76	0.906			

2. 思维水平维度二级指标职称差异分析

对不同职称教师思维水平维度二级指标胜任特征发展水平进行方差分析，结果表明：在思维理性化、思维联结化等四个二级指标上，不同职称教师胜任特征的差异不具有统计学意义，具体情况见表5-33。

表5-33　　思维水平维度二级指标职称差异分析

二级指标	职称	样本量	平均值	标准差	F	显著性
思维理性化	助教	64	3.85	0.751	1.22	0.302
	讲师	313	3.94	0.646		
	副教授	296	3.98	0.628		
	教授及以上	113	4.03	0.710		
	总计	786	3.96	0.658		

续表

二级指标	职称	各组描述性统计量			Post hoc test	
		样本量	平均值	标准差	F	显著性
思维联结化	助教	64	4.05	0.589	2.53	0.056
	讲师	313	4.06	0.647		
	副教授	296	4.15	0.641		
	教授及以上	113	4.24	0.774		
	总计	786	4.12	0.662		
思维系统化	助教	64	3.94	0.679	1.10	0.348
	讲师	313	4.01	0.613		
	副教授	296	4.01	0.613		
	教授及以上	113	4.11	0.723		
	总计	786	4.02	0.635		
思维多元化	助教	64	3.95	0.688	0.67	0.570
	讲师	313	3.99	0.605		
	副教授	296	4.04	0.656		
	教授及以上	113	4.06	0.740		
	总计	786	4.02	0.652		

3. 职业认同维度二级指标职称差异分析

对不同职称教师职业认同维度二级指标胜任特征发展水平进行方差分析，结果表明：在职业价值观、角色价值观、职业责任感和责任认同四个二级指标上，不同职称教师胜任特征的差异不具有统计学意义，具体情况见表5-34。

表 5-34　职业认同维度二级指标职称差异分析

二级指标	职称	样本量	平均值	标准差	F	显著性
职业价值观	助教	64	4.35	0.721	1.44	0.231
	讲师	313	4.40	0.629		
	副教授	296	4.49	0.574		
	教授及以上	113	4.39	0.769		
	总计	786	4.43	0.640		
角色价值观	助教	64	4.46	0.724	1.61	0.187
	讲师	313	4.34	0.718		
	副教授	296	4.44	0.614		
	教授及以上	113	4.48	0.838		
	总计	786	4.41	0.701		
职业责任感	助教	64	4.49	0.581	1.20	0.308
	讲师	313	4.46	0.579		
	副教授	296	4.52	0.554		
	教授及以上	113	4.58	0.748		
	总计	786	4.50	0.597		
责任认同	助教	64	4.52	0.591	0.33	0.801
	讲师	313	4.56	0.602		
	副教授	296	4.59	0.615		
	教授及以上	113	4.59	0.715		
	总计	786	4.57	0.623		

4. 个性特征维度二级指标职称差异分析

对不同职称教师个性特征维度二级指标胜任特征发展水平进行方差分析，结果表明：在进取心、乐群性和创造力三个二级指标上，不同职称教师胜任特征的差异不具有统计学意义，详细情况见表5–35。

表5–35　　　　个性特征维度二级指标职称差异分析

二级指标	职称	各组描述性统计量			Post hoc test	
		样本量	平均值	标准差	F	显著性
进取心	助教	64	4.13	0.745	1.01	0.387
	讲师	313	4.00	0.774		
	副教授	296	4.03	0.774		
	教授及以上	113	4.12	0.857		
	总计	786	4.04	0.784		
乐群性	助教	64	4.17	0.631	1.56	0.199
	讲师	313	3.96	0.779		
	副教授	296	3.99	0.736		
	教授及以上	113	4.04	0.880		
	总计	786	4.00	0.769		
创造力	助教	64	4.00	0.732	0.83	0.475
	讲师	313	3.87	0.714		
	副教授	296	3.94	0.748		
	教授及以上	113	3.95	0.757		
	总计	786	3.92	0.734		

5. 协同合作维度二级指标职称差异分析

对不同职称教师协同合作维度二级指标胜任特征发展水平进行方差分析,结果表明:在同理心和善于表达两个二级指标上,不同职称教师胜任特征的差异不具有统计学意义,具体情况见表 5 – 36。

表 5 – 36　　　　　协同合作维度二级指标职称差异分析

二级指标	职称	各组描述性统计量			Post hoc test	
		样本量	平均值	标准差	F	显著性
同理心	助教	64	4.18	0.720	0.33	0.801
	讲师	313	4.10	0.684		
	副教授	296	4.15	0.687		
	教授及以上	113	4.13	0.784		
	总计	786	4.13	0.702		
善于表达	助教	64	4.12	0.595	0.75	0.522
	讲师	313	4.08	0.652		
	副教授	296	4.12	0.670		
	教授及以上	113	4.19	0.728		
	总计	786	4.11	0.666		

第三节　高校教师胜任力发展的问题

一　胜任力的总体状况良好,但存在薄弱环节

从研究结果可知,目前高校教师胜任力的总体状况比较理想,各

维度和总体胜任力得分的均值都达到4分,即"良好"以上,这与何齐宗关于高校教师教学胜任力的系列研究[1],以及向琦祺2018年关于高校教师胜任力的研究结果[2]趋于一致。但从具体维度和二级指标胜任特征得分来看,知识素养维度的平均分为4.06,思维水平维度的平均分为4.02,个性特征维度的平均分为3.96,接近或刚刚达到良好水平,仍然存在较大的提升潜力。科研能力和社会服务知识的得分皆为3.76,低于"良好"水平,说明这两方面是当前高校教师胜任力的薄弱环节。

与此同时,从知识管理理论视角来看,在某个领域的知识工具越精良,使用方式越科学合理,某个领域问题解决得就越有效、精准。以此视角观之,在科研和社会服务履职活动领域,作为科研活动知识工具的科研知识与学科专业知识相结合的模块化知识,作为社会服务活动知识工具的科研知识、社会服务知识、教学知识、学科专业知识以及社会服务经验相结合的模块化知识工具,它们的数量和质量,以及这些知识工具在与科研和社会服务实践情境互动的过程中知识工具的管理(或加工处理)方式,这些方面的得分,或是低于良好水平,或是刚刚达到良好水平。这也表明,在科研和社会服务的履职活动领域,高校教师仍然可以在模块化知识工具的结合及其使用方式上研磨锻炼,使科研和社会服务胜任力"更上一层楼"。

二 胜任力的整体水平较高,但存在弱势群体

从高校教师队伍总体来看,调查结果表明,高校教师胜任力的发展水平是比较理想的;但通过人口学变量的差异分析结果观之,仍然

---

[1] 熊思鹏、何齐宗:《高校青年教师教学胜任力的调查与思考》,《教育研究》2016年第11期。

[2] 向琦祺:《高校教师胜任特征模型与测评研究》,硕士学位论文,重庆师范大学,2018年。

存在胜任力发展水平较低的教师群体。

首先,女教师胜任力发展相对薄弱。从一级指标和总体胜任力上看,男教师在知识素养、思维水平和个性特征方面的胜任力都显著优于女教师。具体而言,在知识素养维度的科研能力和社会服务知识方面,男教师的胜任水平显著优于女教师;在思维水平维度的思维理性化、思维联结化、思维系统化、思维多元化方面,男教师的胜任水平也优于女教师;在个性特征维度的进取心和创造力上,男教师的胜任水平同样优于女教师。这与何齐宗教授2016年关于高校青年教师教学胜任力的调查研究中,关于知识素养维度和教学能力维度的调查结果一致。高校教师胜任力发展中呈现的性别差异暴露出,在胜任力发展过程中,女教师可能遭遇更多的困难和障碍。①

其次,低学历和低职称教师的胜任力处于发展之中。研究结果表明,在知识素养(知识工具价值增值和实现)和思维水平(知识工具加工方式)两个维度上,博士研究生及以上学历教师显著优于硕士研究生学历教师;在信息获取能力(信息搜集工具)、学科教学能力(学科教学工具)、科研能力(科研工具)、社会服务知识(社会服务工具)价值实现方面,博士研究生及以上学历教师显著优于硕士研究生学历教师;在思维联结化(知识工具结合使用)方面,博士研究生及以上学历教师显著优于硕士研究生学历教师。这说明,低学历教师的胜任力发展水平尚处于爬坡阶段,必定需要科学合理的引导和帮助。在知识素养维度上,教授显著优于助教和讲师;具体而言,在学科专业知识方面,教授显著优于助教和讲师;在信息获取能力方面,教授显著优于助教;在学科教学能力、科研能力方面,教授和副教授显著

---

① 何齐宗、赵志纯:《高校教师教学胜任力的调查与思考》,《中国大学教学》2018年第7期。

优于助教和讲师；在社会服务知识方面，教授和副教授显著优于助教。这说明，助教和讲师亟待成长起来，作为高校教师队伍的后继力量，而这种成长也不是轻而易举、一蹴而就的，同样需要组织的支持和帮助。

三　胜任力呈随教龄增长趋势，但长速缓慢

通过对高校教师胜任力发展水平的年龄和教龄差异的比较发现，高校教师胜任力发展水平呈现随年龄和教龄增长的趋势，但在有些胜任力维度和胜任特征上，增长速度比较缓慢，存在较大的提速空间。

首先，各种知识工具的价值增值过程呈现不平衡的样态。从教龄比较上看，学科教学知识工具的价值随教龄稳步增长，表现为不同教龄组教师的学科教学能力皆存在显著差异，且呈现梯度上升趋势，即教龄1—3年＜3—6年＜7—25年＜26年及以上；从年龄比较上看，如果以10年为一个跨度，51岁及以上教师与41—50岁教师之间的学科教学能力并不存在显著差异，说明学科教学知识工具增值到一定程度后，可能遭遇发展的"天花板"，想要突破这个学科教学胜任力发展的天花板可能比较困难。

从学科专业知识、信息获取能力、学科德育能力和社会服务知识胜任特征的发展过程来看，这些方面胜任特征的发展速度相较于学科教学能力要慢一些，教龄达到7—25年学科专业知识才会有显著增长，教龄26年及以上会形成"质"的飞跃，表现为教龄7—25年教师的学科专业知识水平显著优于教龄1—3年的教师，但不显著优于教龄4—6年的教师；教龄在26年及以上教师的学科专业知识显著优于其他各个教龄组的教师。在信息获取能力、学科德育能力以及社会服务知识胜任特征方面，也大体上呈现出同样的态势。在科研能力（科研知识工

具的价值增值）方面，从教龄上看，却呈现出各教龄组教师的科研能力不存在显著差异的情况。

从理论上看，应该是因为本书所采用的教龄划分依据是休伯曼的教师职业生涯周期理论①，而该理论是以中学教师为研究对象，基于教师教学行为特征变化的规律而提出的，因此，其阶段划分与教师教学能力发展的规律比较适切，但从本研究结果来看，与科研能力发展的变化规律并不吻合。然而，从年龄的差异比较上看，呈现出每十年发生一次质变的状况，这说明，科研知识工具价值增长和实现的难度相较于其他知识工具显然要大一些。

其次，知识工具加工方式的发展呈现厚积薄发的态势。从整体思维水平（知识工具加工处理方式）发展过程来看，思维水平的提升比较困难，呈现厚积薄发的态势。表现在以下方面。

从年龄差异角度看，51岁及以上教师的思维水平维度均分显著优于40岁及以下教师，但并不显著优于41—50岁的教师；从教龄角度来看，教龄26年及以上教师的思维水平维度均分显著优于1—3年教师，而并不显著优于其他教龄组教师。

从具体思维方式发展过程来看，思维理性化和思维联结化发展难度可能低于思维系统化和思维多元化，表现为：在思维理性化和思维联结化的年龄差异比较中，51岁及以上教师组的得分显著优于40岁及以下教师组，但并不优于41—50岁教师组；而思维系统化和思维多元化的胜任特征在不同年龄组教师中不存在显著差异。

在教龄比较中，同样存在这样的状况，即在思维理性化的胜任特征上，教龄26年及以上的教师得分显著优于教龄1—3年的教师，但

---

① Huberman M., "The Professional Life Cycle of Teachers", *Teachers College Record*, Vol. 91, No. 1, Jan 1989, pp. 31–57.

不显著优于其他教龄组的教师；在思维联结化的胜任特征上，教龄26年及以上教师的得分显著优于教龄1—3年和7—25年的教师，虽不显著优于教龄4—6年的教师，但也呈现出提升的趋势，说明在思维联结化方面，随着教龄的增长，知识之间的整合度会越来越高；但在思维系统化和思维多元化的胜任特征上，不同教龄组教师的得分不存在显著差异。这也说明思维系统化和思维多元化的难度确实高于思维理性化和思维联结化。

综上所述，无论是在知识工具的增值上，还是在知识工具加工方式的水平提升上，高校教师的胜任特征发展都呈现出随教龄和年龄增长的态势，但知识工具增值的速度，包括科研知识工具增值速度的迟缓，其他知识工具增值过程中遭遇的"天花板"，以及知识工具加工水平提升的困难，都是当前教师队伍建设面临的重大挑战。

四 现行学术训练提升知识素养，但对思维发展影响不明显

从高校教师胜任力发展的学历差异结果可以看出，当前高校教师职前培养和职后培训的学术训练，在知识素养方面呈现出显著的成效；但在对思维发展的影响上，并未显示出社会预期的效果。具体表现在知识素养维度及其具化的信息获取能力、学科教学能力、科研能力和社会服务知识等胜任特征方面。受过更长时间、更高层次规范化学术训练的博士研究生及以上学历教师的胜任水平，显著优于硕士研究生学历教师。但是，在思维水平维度及其各具化的胜任特征上，除了在思维联结化上博士研究生及以上学历教师优于硕士研究生学历教师以外，无论是思维水平维度的均分，还是思维理性化、思维系统化和思维多元化等方面的胜任特征，高学历教师的得分与低学历教师的得分并无显著差异。这说明，学术训练与思维训练有可能并非异曲同工，

而是存在各自的独特之处。

虽然学术训练在促进知识工具数量增长、知识工具质量提升方面收到了比较显著的成效，为思维发展提供了更丰富和更精良的知识工具；但知识工具选取的精准化程度、知识工具整合的科学合理化水平、知识工具组合方式的多样化态势等，能够体现知识工具管理加工水平提升的关键特征，可能有其独特的发展规律及与之适切的训练方式，所以导致规范化学术训练在这些方面的影响效应并不明显。然而，目前高校教师的职前培养和职后培训似乎对思维发展中这些关键特征的发展规律、影响因素、提升方式等知之甚少。

思维理性化关乎高校教师看问题的深刻性和精准度，思维联结化和思维系统化影响高校教师看问题的广度，思维多元化决定着高校教师拥有多少看问题的角度；这些知识工具的加工处理方式对高校教师创造性地解决问题、突破性地促进知识的发展，特别是在学术积累已然十分丰富，但现实中仍然存有大量复杂而难以解决的问题的当今时代，精准、整合、系统、多元的知识加工方式及其水平将会在教学、科研和社会服务等高校教师履职活动中发挥越来越重要的作用。

第四节 高校教师胜任力发展问题的析因

进入知识经济时代以后，人力资源在经济、政治、文化等社会各领域发展中的地位和作用越来越凸显，人力资源管理也呈现出难以解决的冲突和矛盾，诸如组织发展与个人发展之间的冲突、组织规范与自主发展之间的冲突、专业化与多样化之间的冲突、竞争机制与合作机制之间的冲突等，这些矛盾和冲突难以调节和平衡。本书认为，正是在师资管理中，诸如此类的矛盾和冲突的平衡失度，造成了高校教师胜任力发展的问题。

一 学术投入的分散与流失："成事"与"成人"之博弈

"成事"是指以组织需要和利益为价值取向，实现组织职能，达成组织目标。"成人"是指以组织成员的需要和利益为价值取向，实现个人发展的目标和价值。组织往往通过组织激励和控制等方式与手段，保障组织职能的实现以及组织目标的达成。现代的组织发展理念在实现组织发展的同时，会考虑或努力满足组织成员的需要。但在二者的博弈之中，组织发展也即"成事"往往居于首要位置，而个人发展也即"成人"一般居其次。在高校教师胜任力发展中，二者的冲突集中体现在教师个体学术投入方向的决策上。

学术投入是教师胜任力发展重要的影响因素。从研究结果可知，女教师在知识素养、思维水平和个性特征等维度及许多具体胜任特征上，都呈现出劣势，其主要原因是女教师的时间精力相较于男教师更多地被家庭事务所挤占，这一观点被事后访谈结果所证实。

T1：在工作与家庭的平衡和抉择上，一般女教师会更倾向于家庭。因为，从怀胎十月，到孩子出生后的哺乳期，这些方面都要母亲亲自参与，父亲只能从旁辅助，母亲始终是主力。如果这个过程中，辅助的人换成了爷爷奶奶、姥姥姥爷，或是保姆，父亲就能从中解脱，不用参与其中了。但母亲不行。

T2：中国传统文化的观念是男主外，女主内，所以社会的主流观念是女性应将更多的时间精力投入家庭，所以，一般孩子的生活、学习多由母亲负责。

关于女教师的时间精力为何更多地被家庭所挤占，不作为本书研究的重点，因此，本书不予以更多地阐释。从女教师的学术投入低于男教师，进而导致男教师的胜任力显示出显著优势这一点可以看出，学术投入是高校教师胜任力的重要影响因素，这与很多已有研究成果的结论是一致的。刘振天等人认为，教师的教学投入与其教学质量呈正相关，即教师在时间、精力和情感上对教学的投入越充分，教学质量就会越高。① 冯爱秋等也认为，教师教学投入直接影响着学校的人才培养质量，并关系着学校改革发展方向。② 刘睿等人的实证研究表明，科研投入在学术氛围与科研绩效的关系中起到中介作用③，说明科研投入是科研绩效的重要影响因素。总之，学术投入越充分，包括科研投入、教学投入、社会服务投入，教师履职活动的胜任力就越高。

随着时代的发展，社会对高校的职能期待也在不断扩展，由单一职能发展为包括教学、科研、社会服务等多元职能。无论是教学、科研，还是社会服务，都是高校对社会负有的不可推卸的责任。高等学府作为社会高级知识分子的聚集之地，社会对其有更高更广泛的要求是无可厚非的。但如果将这些职责都落实到每一位教师身上，要求每一位教师都尽善尽美地完成所有职能，就是非常不现实的。

当前高校在师资力量配置和管理上，往往倾向于要求教师兼顾各项职能。也即集教学、科研和社会服务于一身，一刀切地进行管理，统一考核。虽然也采取一些分类管理的措施，对在某方面绩效特别突出的教师给予特殊的政策优待，如科研绩效显著者可以适当减少基础教学时数等，但一般能够获得此种"优待"的教师少之又少。同时，这部分教师的教学时数将转嫁给其他表现不够"突出"的教师，导致

---

① 刘振天：《高校教师教学投入的理论、现状及其策略》，《中国高教研究》2013年第8期。
② 冯爱秋、杨鹏、林琳：《地方高校教师教学投入状况调查分析》，《中国大学教学》2015年第12期。
③ 刘睿、郭云贵、张丽华：《学术氛围、科研投入对高校教师科研绩效的影响》，《现代管理科学》2016年第10期。

大部分教师无法自主选择学术投入方向，而被学校牵着鼻子走。

T3：我读博士一年级的时候，每周还要上六学时的课程；等到读博二的时候，一周18节课，几乎天天都有课，根本不能集中精力读书、学习，更谈不上搞研究、写论文了。

T4：我对教学比较感兴趣，但迫于科研考核的压力，总是不能把有限的时间和精力充分用到教学上，导致在教学上，因为投入不足，总是不能做到自己认为最好的表现。

访谈结果也证明，当前学校管理还是过于偏重组织整体发展，对于教师个性化的发展需要重视不足，分类管理思想也没有落到实处，力度上也有所欠缺，导致教师学术投入分散。于个人而言，教师不能专心致志、精益求精地实现自己的独特价值，导致积极性受损；就组织来说，学校整体履职活动的胜任力也无法达到最优的水平。

二 批判性思维训练不足："道"与"器"之混淆

"器"即器具，拥有具体使用价值的工具，这里特指高校教师在履职活动中用来解决问题的知识工具。"道"本意是道路，引申为方法、技艺、规律、学说、道义等意义，这里特指高校教师在履职活动中，对知识工具进行加工处理的方式。"器"与"道"既有区别，又有联系，二者相辅相成，互相促进，缺一不可。

本书对思维的理解主要来源于对反思的知识加工过程的分析，因此，本书所指的思维，实质上是反思性思维（批判性思维）。批判性思维在国际教育界被认为是和读、写一样的基本学习和学术技能，是创造知识和合理决策所必需的能力。[①] 批判性思维水平在高校教师的履职活动中，特别是在知识创造和创造性知识应用中，同样会产生十分重要的影响。

---

① 董毓：《批判性思维三大误解辨析》，《高等教育研究》2012年第11期。

第五章 高校教师胜任力实然状况分析

最早提出批判性思维概念的学者是杜威,他在《我们怎样思考》一书中提出,反思性思维(批判性思维)是根据信仰或假定的知识背后的依据及可能的推论,来对它们进行主动、持续和缜密的思考。① 这是从过程视角对批判性思维的界定。信仰或假定的知识是批判性思维的知识基础,也即批判性思维的理性依据;推论各种可能性是推理或论证的过程。对于批判性思维知识基础和推论或论证过程的主动、持续、缜密的思考就是批判性思维。另一个从过程视角对批判性思维进行界定的研究者是美国批判性思维权威学者恩尼斯。他认为,批判性思维是指在确定相信什么或者做出什么时所进行的合理而成熟的思考。② 他也强调批判性思维是在决策时所进行的合理的反省思维。美国哲学协会则是从结构视角,将批判性思维的内涵发展为情感倾向(批判精神)和认知技能(批判技能)两部分。

从这些具有代表性的界定可知,批判性思维应该具有理论性,即批判性思维背后的信仰或假定应该是合乎理性的;批判性思维应该具有开放性(多元性),即关注多种可选择的方案;批判性思维应该具有全面性(系统性),即尽可能全面掌握信息;批判性思维应该具有逻辑性,即经过合理的逻辑推理或论证过程,以保障对每一个论证的质量做出准确的判断,包括对它的理由、假设、证据及它们对结论的支持程度做出判断等。

研究结果表明,高校教师批判性思维水平虽然呈现出随年龄和教龄的增长而提高的态势,但提高速度相当缓慢,周期很长。在思维系统化和思维多元化维度上甚至没有呈现出随年龄和教龄的增长而提升

---

① [美]约翰·杜威:《我们怎样思维·经验与教育》,姜文闵译,人民教育出版社2004年版,第81页。
② 恩尼斯、仲海霞:《批判性思维:反思与展望》,《工业和信息化教育》2014年第3期。

的趋势。这说明，批判性思维水平并不能简单地认为是随着年龄的增长而提升的，而应该是习得的。这与关于学生批判性思维培养和训练的相关研究成果结论趋同。高校教师批判性思维水平发展缓慢也有可能是因为缺乏有关批判性思维的培训。

基于此，本书通过事后访谈，访谈了研究生培养部门和高校教师培训机构的负责人，结论是，在研究生培养和高校教师培训中关于批判性思维训练的课程十分匮乏，大多批判性思维的训练是在学科教学中进行的，至于在培养和培训过程中学科教师是否有意识地对学生或受训人员进行批判性思维的训练，并无相关硬性要求。

T5：在高校教师培训中，课程内容大多是专家依据培训对象，围绕某一研究主题，参考自身研究专长或前沿热点而选取的。在授课过程中可能会涉及批判性思维的训练内容，但专门进行批判性思维训练的课程基本没有或很少。

T6：目前研究生培养过程中，主要是依托课程内容进行思维训练，可能在研究方法类课程中会渗透批判性思维训练的内容，但专门的批判性思维训练的课程很少。

目前，我国学术界关于批判性思维的研究大多集中在通识教育领域，对中小学生和大学生批判性思维能力培养的研究较多，而对教师特别是高校教师批判性思维能力现状和培训的研究较少。20世纪80年代，在批判性思维运动背景下，美国加利福尼亚州对在职教师的批判性思维及教学进行了调查研究，研究结果表明，教师们对批判性思维的内涵并不了解；教师们自身的批判性思维能力不强；教师们缺乏进行批判性思维教学的必要的策略性知识。[1] 2013年土耳其的Selda

---

[1] 李晶晶、潘苏东：《高中物理教师课堂对话分析——基于批判性思维教学的视角》，《教育科学研究》2019年第6期。

BAKIR 领导团队在 Mehmet Akif Ersoy 大学教育学院进行了一项为期 6 个月的调研，研究结果显示，总体来说，职前教师的批判性思维能力较弱。[①] 关于我国大学生批判性思维现状的研究结果表明，我国大学生批判性思维水平不太乐观。从得分情况看，批判性思维较弱者占 64.98%，较强者占 31.86%，全面强者仅占 2.89%，表明我国大学生的整体批判性思维略显不足。[②]

与此同时，关于我国高中生批判性思维能力的调查研究结果表明，我国普通高中学生的批判性思维能力发展也不理想。[③] 根据关于高中生、大学生、职前教师和教师的批判性思维能力发展状况的调查，有理由认为高校教师的批判性思维能力发展水平较高的假设很可能是站不住脚的，有待进一步研究的检验。虽然，本书在研究中得出高校教师的批判性思维处于良好水平，但从发展角度来看，批判性思维并未像知识素养一样，随着年龄和教龄的增长而呈现稳步提升的态势，兼之社会期待效应的影响，本书认为，高校教师的批判性思维水平应该是具有较大的提升空间的，对教师进行批判性思维的知识和技能的训练也是十分必要的。

三　自然合作文化的弱势：竞争对合作的抑制

竞争与合作本是相辅相成的关系，二者在人力资源管理中缺一不可。但社会心理学家在对竞争与合作进行大量研究后得出的结论是，当人们在竞争与合作之间进行策略选择的时候，尽管合作是最好的策

[①] Serin O., "The Critical Thinking Skill of Teacher Candidates Turkish Republic of Northern Cyprus Sampling", *Eurasian Journal of Educational Research*, Vol. 53, 2013, pp. 231–248.

[②] 沈霞娟、胡航、张宝辉等：《大学生批判性思维与学习方式的发展现状及关系探究》，《现代教育技术》2021年第2期。

[③] 戚业国、孙秀丽：《我国普通高中学生批判性思维状况与教育应对》，《教师教育研究》2020年第2期。

略，但许多人宁可选择竞争也不愿意合作。① 这就导致在竞争与合作的博弈中，竞争总是会对合作产生抑制作用，阻碍合作文化的形成。

教师合作文化是教师文化的一种，哈格里夫斯从形式的角度对教师文化的内涵进行了阐释。他将教师文化分为四种类型，即个人主义文化、派别主义文化、人为合作文化和自然合作文化。个人主义文化表现为教师之间彼此隔绝，彼此不愿合作，只在个别活动中有所互动。派别主义文化表现为在学校分裂出的独立团体内部，教师之间联系紧密，合作意愿相对强烈，合作行为相对频繁；而各独立团体之外，教师之间比较疏离，甚至相互竞斗。人为合作文化表现为，在外部行政力量的强制和控制之下，形成教师之间的合作关系，教师的合作被要求围绕行政人员的意图与兴趣进行。自然合作文化是教师之间自发的、自然而然的合作。教师之间从需要出发，以互利互惠为原则，互相帮助，互相学习，最终达成共生共赢。自然合作文化的形成标志着教师合作高级形态的形成。

通过本书的调查结果可知，高校教师的合作意愿是比较强烈的，在合作所需的同理心和表达能力方面的胜任水平也是良好的。合作产生的多样性，应该能够催生创新灵感；合作导致的资源整合，应该能够提升组织应对复杂问题的能力。然而现实中，合作在高校教师胜任力，特别是在科研创新和社会服务方面的胜任力水平并未突显。根据已有研究成果和在实践场域中获得的信息可以得知，目前高校教师之间的合作仍然存在被动、虚假及流于形式等问题②，表明高校教师合作文化仍旧缺失，自然合作文化仍处于弱势。

如果进一步追问下去，为什么高校教师之间的自然合作文化会呈

---

① 俞国良：《社会心理学》，北京师范大学出版社2006年版，第546页。
② 张意忠：《高校教师合作：理论基础与实施策略》，《高等教育研究》2011年第11期。

现弱势状态呢？下面从合作的内在机制角度来分析。

首先，过度竞争导致教师之间"互斥"，而非"互赖"。合作的基点应该是合作者之间"互赖"关系的建立，也即合作者之间应该是彼此需要的。彼此需要是合作的原初动力。从学理上讲，越是应对复杂困难的问题，个体之间就越容易形成强依赖关系。但这种强依赖关系必须建立在每个合作者都拥有独特资源或资本的前提之下。如果合作者之间享有的资源趋同，面对生存和发展资源的争夺，个体之间更容易形成内卷化的竞争关系。在当前的教师队伍建设中，教师之间的专业优长尚不凸显；在团队的构成上，师资搭配也不是很科学合理，导致教师之间的强依赖关系还没有形成。

其次，过度竞争致使教师之间"互信"风险增大。合作需要具备契约精神。如果说"互赖"是合作的动力，那么"互信"就是维系合作的维持力。自然合作文化是一种相互信任的文化。在互信的基础上，合作者之间才能长期互助互惠。然而，由于目前高校教师考核评价机制不完善，知识竞争式工作成为高校教师工作的主要模式。竞争强度过大，功利性过强，容易激化教师之间的矛盾，阻碍教师之间坦诚相待，增加了教师之间的戒备心理，放大了教师在心理上对"互信"风险的预估。

最后，过度竞争弱化了"互补"的价值追求。合作的目的是优势互补，形成合力。"互补"是合作的价值追求。在教师合作团队的构建上，团队成员要兼顾异质性和统一性。统一性要求合作主题是团队成员共同关注或感兴趣的问题。异质性要求合作成员在解决问题时，贡献的资源或提供的帮助应该是彼此不同的。显然，在实践场域中，这种兼具"互赖""互信"和"互补"的教师合作团队还不多见。

第六章　高校教师胜任力提升策略

高校教师胜任力发展受到内外两方面要素的影响，内因即高校教师自身的因素，本书认为特别应该关注的是个人愿景、知识管理能力以及高校教师为未来与他人合作进行的准备；外因即高校环境条件因素，应该涵盖高校内部因素和外部因素，本书重点探讨高校内部环境建设因素，与高校教师胜任力发展密切相关的主要包括共同愿景、组织建设、培训机制、激励机制与合作文化建设等知识型组织建设要素。另外，本书在高校教师胜任力提升策略的设想中，努力兼顾组织与个人的发展，解决专业化与多样化的冲突，缓解竞争对合作的抑制，尽可能地对知识经济时代人力资源管理中的两难选择进行适度调节，并尝试找到最佳平衡点。

第一节　高校教师胜任力的自我提升策略

一　理性设计个人愿景

个人愿景是个人对自我价值实现结果的丰满而生动的设想和描绘。个人愿景是每个人深藏心中的，关于"我想要成为什么样的人"的答案。人本主义心理学认为，人生来就有自我实现的愿望，自我实现是人最高层次的需要，也是人发展的终极追求和动力源泉。

人本主义心理学家马斯洛提出的著名的需要层次理论，指出人类的发展是受到需要驱动的。人类的需要可以分为五个层次，由低到高主要包括生理的需要、安全的需要、归属和爱的需要、尊重的需要以及自我实现的需要。同时，马斯洛还指出，个体需要的满足是需要条件的支持和保障的：第一，低层次的需要得到满足后，才会产生高层次的需要，如果低层次的需要得不到满足，个体将不会产生高层次的需要；第二，个体需要的满足是要有条件与资源的保障和支持的，而且只有资源和个体的需要相适切，才能更好地满足个体的需要，更有效地促进个体的发展。①

根据马斯洛的需要层次理论观察高校教师胜任力的发展可知，高校教师胜任力的发展同样需要满足这两个条件，即高校教师胜任力提升的愿望和适切于高校教师个性化胜任力发展所需要的资源。那么，高校教师在主动理性设计自己的个人愿景的时候，怎样的个人愿景，才有利于高校教师获取到尽可能丰富的、适切的、最有利于自身发展的优质资源呢？本书认为，高校教师至少要从以下三个主要的方面入手。

(一) 着眼未来发展

这里的未来发展主要是指未来社会的发展。马克思主义关于人的全面发展学说强调，人的发展与社会的发展是紧密相关的。② 一方面，社会发展为人的发展提供所需要的资源；另一方面，人的发展反过来

---

① ［美］亚伯拉罕·马斯洛：《动机与人格》，许金声等译，中国人民大学出版社 2013 年版，第 61—68 页。

② 陈桂生：《人的全面发展理论与现时代》，华东师范大学出版社 2012 年版，第 3 页。

也会推动社会的文明进程。二者相辅相成,辩证统一。正因为人的发展与社会发展的这种辩证统一关系,社会在进行资源配置的时候,总是倾向于对有利于社会发展的个人发展给予更多的资助和优待。这并不是说,本书倾向于社会本位论的观点,而是基于客观现实的一种平衡,是对个人本位和社会本位的一种调节。因为基于人的发展与社会发展关系的客观规律,实践的最佳选择就是对二者进行有效平衡,而在资源并不充分的社会发展阶段,选择较大投资回报的资源配置方式,不能不说是一种相对明智之举。从我国目前所处小康社会发展阶段的现实来看,我国尚未实现物质极大丰富,因此,国家在资源配置上,显然也会倾向于遵循追求国家、社会整体利益优先的价值取向。作为教师个体,在设计自身个人愿景的时候,完全不顾及未来社会的发展需要显然是不明智的。

  未来世界充满着错综复杂性和不确定性,但从已然悄悄走近的"未来"和当前世界发展趋势的科学分析来看,未来社会对高校教师履职活动的精准度、创新性和灵活性的要求必将越来越高。

  首先,未来社会对高校教师因材施教的精准度要求会越来越高,更精准的因材施教将会成为高校教师未来安身立命的根本。从古至今,传道、授业、解惑都是教师的根本任务和基本职责。因材施教是教师完成教书育人任务的规范要求。所谓因材施教,就是根据不同学生的特点,有针对性地实施靶向精准的教育。古今中外,因材施教都是教育的基本原则,但其实不同时期社会对因材施教的期待水平是不一样的,即因材施教其实是有程度的差异的。比如,根据不同年龄段学生的年龄特征,实施符合其年龄特征的教育,此为因材施教;根据同一年龄段不同性格学生的特征,实施符合其性格特点的教育,亦为因材施教;根据同一个学生不同情绪状态下的特点,实施不同的教育,同样是因材施教。可见，因材施教对精准度的追求是无止境的。

随着人工智能、在线教育和混合课堂模式等新的高等教育教学技术和实践的发展，很有可能对高等学校以及高校教师带来巨大的冲击，如果高校教师不能超越"人工智能教师"或"线上教师"，发展自己的独特价值，在不久的将来，很有可能被社会所淘汰。[①] 高校教师的优势应该在于因材施教的精准度。因为面向大众学生的网络课程是无法做到精准因材施教的，只有"活"的教师，也即作为知识拥有者的教师才能做到灵活应对、随机应变。只有具有可靠性和确证性、灵活性和经验性、有用性和人本性知识的高校教师才能够针对不同的学生，甚至同一个学生不同情况下的特点，进行有效精准的因材施教。这种高级别的因材施教的能力在短期之内，甚至在相当长的时间内，恐怕是人工智能无法企及的。

其次，未来社会对高校教师原始创新的期望将会越来越高，能够拿出有分量的创新成果才能使高校教师获得社会的认同，方可不负高校教师作为高级知识分子的社会担当。从目前来看，原始创新相较于延续性创新，对难度、风险、学术投入都有更高的要求，这些不利因素可能会阻碍高校教师追求原始创新的愿景选择。但随着社会发展对原始创新的需要愈发迫切，国家在激励制度设计和实施上必会对原始创新更加看重，也一定会倾向于采取相应措施给予原始创新者以更大力度的激励和奖赏，加之高校教师个人自我激励因素的作用，原始创新在未来社会中应该能够成为高校教师个人发展的理性追寻。

再次，未来社会的错综复杂性和不确定性，对高校教师合作素质的要求将越来越高，高校教师应加强自身合作素质的培育和提升。随

[①] 兰国帅、魏家财、张怡等：《未来高等教育教学：宏观趋势、关键技术实践和未来发展场景——〈2021年地平线报告（教学版）〉要点与思考》，《开放教育研究》2021年第3期。

着人类社会文明进程的加快，人类对自身存在状态的要求并未停留在生存的层面，而是不断朝着更加优质、优越、优秀的方向迈进。国家和人民对高等教育的期许也定位在"令人民满意"的高度。要求越高，难度越大，仅凭单打独斗难以达成目标，只有依靠协同合作、团队作战方可实现。从目前来看，健康的合作环境正在形成，人类的智慧很大一部分集中在促成分享、交流与合作方面。在不久的将来，合作必将成为高校常态化的工作模式，人与人之间的联系也将越来越紧密。社会对高校教师的角色期待已经发生变化，这促使高校教师必须理性选择自己的发展方向，设计符合社会发展趋势或角色期待的个人发展愿景。

最后，高校教师应不拘泥于预设，要在发展的过程中，不断根据社会发展的实然状况，以及基于对社会发展实然状况的分析预测出的未来发展趋势，不断修正自身的个人愿景，准确识别"什么时候该坚持到底""什么时候该及时止损"。唯有因应环境变化，随机应变地发展，高校教师才能更好地适应社会，谋求自身最大化发展。

（二）契合组织战略

对于战略，学界有许多不同的解释。著名管理学大师明茨伯格在他的著作《战略历程》一书中介绍了十个战略管理学派[①]，每个学派对于战略都有自己的解释和理解。明茨伯格也尝试归纳和总结了学界对战略的七点共识，即战略与组织、环境密切相关；战略的本质是复杂的；战略影响组织的整体利益；战略包括内容和程序；战略不完全是深思熟虑的；战略存在于不同层面；战略包括各种不同的思考过

---

① ［加］亨利·明茨伯格、［加］布鲁斯·阿尔斯特兰德、［加］约瑟夫·兰佩尔：《管理工作的本质》，方海萍等译，中国人民大学出版社2012年版，第4页。

程。无论如何，组织制定战略的宗旨都是开发核心竞争力，获取竞争优势[①]，保障组织能够长期、健康、可持续发展。

个人在预设或生成自己的个人愿景的时候，为什么要契合组织战略呢？

首先，组织战略对未来的适应性应该更高。组织战略应是在搜集相对系统完整的有关本校自身发展实际、同类型学校发展情况以及高等教育未来的发展态势等数据和信息的基础上，由专家团队或专业人士进行分析、整理，并理性决策而得出的本校未来发展的走向、路线、途径等理性规划。因为组织对数据的搜集相对更系统、完整，加之专家的专业性，能够较大程度地保障决策或规划的科学性和合理性，进而保证组织战略的相对可靠性。

其次，与组织战略相契合，对于个体来说是比较明智的抉择。个人生存和发展在组织当中，组织资源的分配方式决定了个人能够获取多少和怎样的发展资源。组织在分配资源的时候，必定会以组织战略以及实施状况为主要依据。这也就意味着，与组织战略或组织战略实施中需要攻破的难关和需要解决的问题相关的个人发展，将得到更多的支持。如果教师的个人愿景与组织战略相契合，无疑能给个人发展争取到更丰厚、优质的发展资源。当然，完全不顾个人的专业优长，或是毫不考虑组织战略，这两种极端做法都是不明智的。因此，找到个人愿景与组织战略的最佳契合点，尽可能平衡二者之间的冲突，是教师设计自己个人愿景的最明智之举。

若想契合组织战略，理性设计个人愿景，高校教师应如何做呢？

首先，高校教师可以选择适合自身发展特点的高校。高校组织的

[①] [美]迈克尔·A.希特、[美]杜安·爱尔兰、[美]罗伯特·E.霍斯基森等：《战略管理：概念与案例》，吕巍译，中国人民大学出版社2009年版，第5页。

发展是多元化、个性化的。高校依其自身定位和发展重点，大致可分为教学型高校、科研型高校和教学科研型高校。虽然不同类型高校的基本职能都包括教学、科研和社会服务，但其发展的侧重点是有所不同的。教学型高校更侧重于教学工作；科研型高校更注重知识创造；教学科研型高校则倾向于二者兼顾，但显然如果单论教学或科研，理论上应该稍逊于教学型和科研型高校。当然，随着专业化程度的加深，各高校在自身定位和发展方向选择上，可能会有更具个性的多元化划分，高校教师可以根据自身发展特点，选择更适合自身发展的高校类型，谋求人尽其才的发展路径。

其次，高校教师应设计选择契合组织发展战略的个人愿景。正如人的发展离不开社会发展一样，高校教师的发展同样离不开所在高校组织的发展；高校教师的发展资源主要来源于其所在高校的资源配置。高校组织为了谋求自身在社会中的合法性生存和可持续发展，同样会有选择、有侧重地进行资源配置，它往往倾向于为有利于自身生存和发展的高校教师提供更多更好的资源。从资源获取的角度考虑，高校教师也应该尽可能契合高校组织的发展战略，才更可能为自身发展获取更多的保障和资助。

最后，高校教师在平衡自身发展特点和组织战略要求的时候，不应该仅将关注点落在福利待遇等外部激励或功利的因素上，也应充分考虑自身的实然状况。应该选择做"最好的自己"，而不是做"比别人强的自己"。做"最好的自己"不但能够满足自身的自我实现需要，获得成就感和主观幸福感，而且有利于社会整体价值的增加，可谓"外得于人，内得于己"，其结果是组织与个人双赢；而做"比别人强的自己"则会在比较中令自己失去自我。高校教师只有明确科学的发展观，才能实现真正健康、幸福的发展。

（三）精准自我定位

精准自我定位就是尽可能精准地确定自己在群体当中，当前的、发展的以及合适的角色或位置。所谓当前的位置，就是通过对当下自己外显出来的胜任素质的客观的、理性的判断，并以此来衡量自己在群体中的位置。所谓发展的位置，就是通过对自己潜在胜任素质的开发，预测自己可能达到的胜任水平，并以此来判断自己在群体中的位置。所谓合适，是指无论是对当前位置的判断，还是对发展位置的判断，都要尽可能全面、客观、科学，找到最适合自己的位置，既不要好高骛远，也不要妄自菲薄，尽可能主客观精准对接。精准自我定位的关键是进行全面、客观、科学的自我评价。

首先，努力寻找最佳自我。最佳自我是美国密歇根大学的劳拉·罗伯茨及其同事提出的一个关于自我认识的概念。他们认为，最佳自我是个体在自己最佳状态下展现出来的品质与特点的认知表征。人们对最佳自我的表征是基于人们真实生活的经历，它包含人们历时培养和发现的技能与特质，以及人们为了给别人带来积极影响所采取的行为。[1] 所谓历时培养和发展的技能与特质，以及人们为了给别人带来积极影响所采取的行为，是指人们在以往解决问题的实践经历中发现的自己展现出的解决问题的能力。能力是人们在成功解决问题的过程中表现出来的稳定的心理品质。一个人是否具有某种能力，只有在解决问题的过程中才能知晓。如果一个人经常能够成功解决某一领域的问题，我们就可以认为这个人具有较强的该领域的能力。

实践是检验能力高低的唯一标准。在每个人自我认识形成的过程

---

[1] ［美］丹尼尔·M. 凯布尔：《激活：如何使团队跑起来》，吴晓静译，中信出版社2019年版，第76页。

中，实践都发挥着重要的作用。实践不仅能够促进人能力的提升，而且可以使人们更客观、精准地认识自我。无论是成功还是失败，都能给人们的自我认识提供有价值的反馈信息，人们往往都是通过这些实践结果提供的反馈信息产生自我认识的。教师要想寻找最佳自我，就要在平时的学术工作中，尽自己最大努力做好工作准备，在解决问题时善于激活自己，使自己以最佳的状态履行职责。对履职活动过程和结果的表现情况进行搜集和评判，将帮助教师相对客观地找到最佳自我，也即发现自己的真正优势和专长。

其次，教师不但要看到自己已经形成的外显出来的胜任力，还要善于推测自己可能发展出的潜在的胜任力。依据终身发展的理念，人的发展是永无止境的。就拿智力发展来说，人的智力也是终生发展的。美国心理学家卡特尔把人的智力分为流体智力和晶体智力。[①] 流体智力即为传统上人们认为的，生来就有的，依赖于先天遗传因素，受后天因素影响较小的智力，如反应速度、机械记忆、空间知觉等。晶体智力则是受后天学习和教育影响较大的智力。它受到人们已有认知结构的影响较大，已有认知结构越强大，学习和认知能力就越强；反之，晶体智力就比较薄弱。

流体智力在人的早期发展中，呈快速增长趋势，发展速度很快，但到了20—30岁，流体智力就会呈下降趋势，年龄越大，流体智力下降的趋势就越明显。同样，晶体智力在人发展的早期也是呈现迅猛增长的态势，不同之处是，虽然到了一定年龄———一般是主要经历并不是学习而是实践的年龄，晶体智力的涨势会放缓，但它却是终生增长的。因为，只要人们在获取外部的知识或信息，其认知结构就会不断

[①] [美] 安妮塔·伍尔福克：《教育心理学》，伍新春等译，机械工业出版社2015年版，第91页。

丰富和强大；认知结构越强大，晶体智力的水平就越高。

作为典型的知识工作者，高校教师的各种履职活动都有赖于其强大的认知结构，而其认知结构的丰富和发展是没有止境的。况且，学术工作的一个重要特性就是厚积薄发，无论是科研还是教学，没有达到一定的学术积淀，思维水平没有达到一定的自动化程度，在精准的知识启智与育德以及突破性的知识创造中，教师的胜任力是难以显现出来的。这就要求教师保持良好的学术心态，有较强的自控力、自我情绪和压力的调节能力，坚信延迟满足所带来的自我实现的快感是短期效益所无法匹敌的。

二　提升自身知识管理能力

通过对教师履职活动中知识管理过程机制的分析，本书将知识管理能力分解为知识工具和知识加工方式。另外，适时地增强弹性思维在主体知识创造能力提升中的作用，也是不容忽视的，并且二者关联非常紧密。

（一）绘制专业知识地图

知识的本质是工具。正所谓"工欲善其事，必先利其器"，知识工具的数量和质量，对教师履职活动的知识管理成败至关重要。根据本书对知识本质属性的定义，知识工具的数量和质量不是取决于拥有多少知识，而是取决于有多少知识能够在具体的问题情境中被激活，进而参与解决问题的实践。因此，在不断更新知识的过程中，就要为此做准备，增加知识的活性。对此，本书的建议是，绘制并充实、生动化自己的专业知识地图。

首先，勾勒自己的专业知识地图。专业知识地图类似于布鲁纳提出的学科基本结构，即将本专业一级学科的基本范畴，依据其学科的逻辑顺序和结构对其进行组织，形成基本学科框架，相当于一幅只有"骨架"的素描；在此基础上，对自己专业领域内的知识进行精耕细作，绘制细节性知识节点，丰富构图。此时在这张专业知识地图上，形成了在某一个部分相对细致充实的素描。

其次，不断填充专业知识地图中的空白。即便是自己的专业领域，也难免会存在知识遗漏或缺失。教师必须承认并明确自己专业知识地图中存在"空白"。尤瓦尔·赫拉利在《人类简史》中谈道："现代科学的基础就是拉丁文前缀'ignoramus-'意为'我们不知道'。从这种立场，我们承认了自己并非无所不知，更重要的是，我们也愿意在知识的进展之后，承认过去相信的可能是错的。"① 人类发展过程中需要这样的"自知之明"，个体发展同样如此。正是在勇于承认自己的不足并清楚明晰自己哪里不足的前提下，教师才能不断充实自己的专业知识地图。

最后，在获取知识的过程中，应尽可能构建与感性经验相联结的知识结构，将其输入自己的专业知识地图中。这相当于在勾勒轮廓和细致描绘的过程中，尽可能给这幅素描图着色。这些感性材料包括感知信息、情绪信息和操作信息，加上处于专业知识地图节点处的理性信息，共同构成知识模块。其中理性信息负责导向与引领，感知信息负责理解与启动，情绪信息起到强化与激活的作用，行动信息提供行动策略，这四种信息构成的知识模块共同在教师与问题情境互动的过程中发挥作用，才能促进教师在履职活动中取得有效的结果。② 随着教师不断地填补空白，增添颜色和细节，教师的专业知识地图将越来越

---

① [以]尤瓦尔·赫拉利：《人类简史：从动物到上帝》，林俊宏译，中信出版社2014年版，第243页。
② 李虹、曲铁华：《信息加工理论视域下教师实践性知识的生成机制探析》，《教育理论与实践》2018年第7期。

丰满绚丽，知识工具的功能也将愈发强大。

（二）养成批判性思维习惯

美国批判性思维国家高层理事会主席、国际公认的批判性思维权威大师理查德·保罗，认为批判性思维能够优化人们的思维方式。[①] 全球最受欢迎的思维训练读本《批判性思维》的作者布鲁克·摩尔和理查德·帕克，认为批判性思维是为了考察我们自己（或他人）的思维是否符合逻辑，是否符合好的标准。[②] 可见，批判性思维是检视和改进教师思维方式的有效方式和手段。高校教师大多能意识到批判性思维的重要性，因为在各种履职活动的决策中，思维方式的作用是高校教师亲历的。关键是思维方式难以改善，这从本书的研究中高校教师思维水平提升缓慢的结果也可以获知。思维水平不会随年龄增长而自然提升，但可以通过有效的训练加以改善[③]，这也已成为学界的共识。本书结合已有研究成果认为，教师可以通过以下方面的训练和努力，养成批判性思维的习惯。

首先，与西方哲学与科学哲学大师对话。理工科教师与西方科学哲学大师对话；人文社科教师与西方哲学大师对话。毕业于斯坦福大学的石毓智在他的著作《为什么中国出不了大师：探讨钱学森之问》中，根据思维方式的不同，将民族分为诗性的民族和理性的民族。石毓智认为，东方民族包括我们中华民族属于诗性的民族，诗性民族人的思维特点是直观化和主观化，讲究的是直觉思维；而西方大多数民

[①] ［美］理查德·保罗、［美］琳达·埃尔德等：《批判性思维工具》，侯玉波、姜佟琳等译，机械工业出版社2013年版，第1页。
[②] ［美］布鲁克·诺埃尔·摩尔、理查德·帕克：《批判性思维》，朱素梅译，机械工业出版社2014年版，第2页。
[③] ［加］戴维·希契柯克、张亦凡、周文慧：《批判性思维教育理念》，《高等教育研究》2012年第11期。

族属于理性的民族,理性民族人的思维特点是抽象性和逻辑性。①

批判性思维作为一种高阶的思维能力,强调基于充分的理性和事实进行评估,而东方文化倾向于情感因素,也即诗性民族的思维方式,导致我们中国人在批判性思维方面略显弱势。② 当然,这并不意味着中国人的思维方式是不好的,而只是说我们中国人的思维方式是存在弱点的。坦率地勇敢地承认弱点,才能加以改进和补救。而西方理性思维方式的形成和发展,大多应归功于西方哲学以及科学哲学的贡献。

学习西方哲学历史和科学哲学史,了解西方哲学和科学哲学思维方式的发展和演进,与西方哲学和科学哲学大师对话,有助于教师形成理性科学的思维方式。历史的故事性有助于教师形成完整的知识地图。从西方哲学史和西方科学哲学史的故事中学习关于批判性思维和思维方式的知识,可以帮助教师生动地描绘和充实自己的专业知识地图,增加知识的活性;而且,只有从故事中学习到的知识,教师才能以故事的形式传授给学生,帮助学生增加知识的活性。

其次,有意识地控制自己的思维过程。大多数人的思维方式都是潜意识的,在意识不到思维方式的情况下,改变思维方式是不可能的。在现实生活中,只有少数人能够认识到思维方式在生活和工作中的重要性,并且能够进行控制。③ 教师要想改变自己的思维方式,就要有意识地进行控制和调节。教师在履职活动的决策中,应努力将自己的思维引向深入,用理性的方式看待问题,避免感性因素的干扰;发现并构建事物之间的逻辑联系,以结构化的方式看待问题并解决问题;

---

① 石毓智:《为什么中国出不了大师:探讨钱学森之问》,科学出版社 2011 年版,第 232 页。
② 李晶晶、潘苏东、廖元锡:《国外批判性思维研究的启示——教师准备的视角》,《教育科学研究》2017 年第 9 期。
③ [美]理查德·保罗、琳达·埃尔德等:《批判性思维工具》,侯玉波、姜佟琳等译,机械工业出版社 2013 年版,第Ⅵ页。

构建更大的概念系统，更全面、系统地看待问题，避免局限、片面思维带来的决策失误；提醒自己转变看待问题的视角，多征求不同利益相关者的意见，谋求解决问题的最佳途径、方法、策略或方案。有意识地调控思维方式的行为和努力逐渐熟练直至自动化，将帮助教师养成理性化、结构化、系统化和多元化的思维习惯。

最后，经常反思自己的思维过程。对思维的思维是优化思维的重要途径和手段。保罗认为，批判性思维包括三个紧密联系、互相影响的阶段，即分析思维方式阶段、评估思维方式阶段和提高思维方式阶段。[①]

分析思维方式阶段，即在任何情境中关注思维的各个元素，包括目的、悬而未决的问题、信息、解释和推理、概念、假设、结果和意义、观点。其实，分析思维方式阶段就是再现自己在问题情境中的思维方式，并对其进行理性分析，将其分解为各个要素，主要反思的是"当时我是怎么想的""我为什么会这么想"等问题。

评估思维方式阶段，即指出它的优势和劣势：内容的清晰度、准确性、相关性、深度、广度、重要性和公正性。实际上，评估思维方式，就是对自己前一个阶段再现的思维方式进行价值判断，内容的清晰度、准确性等都是进行价值判断的依据和维度。评估思维方式阶段反思的问题是"我这样想有什么好处""我这样想有什么坏处"等。

提高思维方式阶段，即强调其优势，减少劣势。提高思维方式阶段就是对自己的思维方式进行修正和改进的阶段，解决的问题是"我怎样想可能会更好"或"下一次遇到类似的情况我应该怎样想"的问题。经常反思自己的思维过程，可以对自己的思维方式进行不断的修

[①] ［美］理查德·保罗、琳达·埃尔德等：《批判性思维工具》，侯玉波、姜佟琳等译，机械工业出版社2013年版，第1页。

正和改进，从而达到提升批判性思维水平的目的。

（三）尝试增强弹性思维

弹性思维的概念是美国著名理论物理学家列纳德·蒙洛迪诺提出来的。蒙洛迪诺是霍金《时间简史（普及版）》与《大设计》的合著者。他在《弹性：在极速变化的世界中灵活思考》一书中提出，人有两套思维模式——逻辑思维和弹性思维，相比理智的逻辑思维，无论是个人还是组织，弹性思维都更有助于打破或重新制定规则，从而更好地实现创新。逻辑思维模式是基于事实或理论，从相关的想法推断出另外的想法的思维模式，遵循逻辑或理性原则；而弹性思维是一种无意识推进，多种思路并行，由情绪驱动的思维模式。

蒙洛迪诺认为，人脑中存在"思维过滤器"，它存在于人的潜意识之中，会依据相关性和重要性原则过滤人们大脑认为不相关和不重要的信息。这可以通过心理学研究中得出的短时记忆容量的有限性加以证明。思维过滤器的意义在于，它可以轻松快捷地帮助人们抑制那些不相关和不重要的信息，从而使人们集中精力专注于重要的信息。可它也会带来麻烦，它在过滤信息的时候，也会将一些新奇、大胆而"看起来"无用但实则有用的信息拒之门外。增强弹性思维就是要让"思维过滤器"的过滤能力减弱一些，让那些"看起来"无用的信息进入大脑，接受理性的"审查"，让理性决定是否要将其摒弃。那么，如何增强弹性思维呢？

首先，合理安排工作任务。据心理学家研究推测，大脑精疲力竭时，"思维过滤器"的功能会被削弱，弹性思维将得以增强。[①] 因此，

---

① ［美］列纳德·蒙洛迪诺：《弹性：在极速变化的世界中灵活思考》，张媚、张玥译，中信出版社2019年版，第173页。

在安排任务时，可以将烦琐的、需要集中注意力处理的工作安排在精力充沛的工作之初；待疲劳之时，选择安排其他工作，或者进行冥想，这样似乎更能产生充满想象力的点子。

其次，科学调节消极情绪。心理学研究表明，消极情绪会阻碍弹性思维的增强。不仅如此，美国心理学家沃尔特·米歇尔在他及其研究团队进行的著名的棉花糖实验研究中也证明，压力过大会激活大脑"热情绪系统"负责控制的本能、冲动和欲望，导致负责理性、反思和策略的"冷认知系统"遭到抑制。[1] 因此，控制消极情绪不但对创造力十分重要，对问题解决的实践同样重要。蒙洛迪诺提供了一个科学对待消极情绪的防御性措施。第一步，承认一个糟糕想法的存在并接受它，而不是立即试图压制它——接受它能更多地减少消极思想的影响，反之，越是压制可能越糟糕。[2] 第二步，想象一下，不是你有这样的想法，而是你的一个朋友，你会给那个人什么建议？这样换位思考，抽身事外，有助于当事人更理性地看待问题，正所谓"当局者迷，旁观者清"。据蒙洛迪诺所言，这种防御性措施很强大，它甚至有助于缓解抑郁症。

最后，给予自己积极的心理暗示。积极心理学认为，在心理健康时而非在心理疾病的状态下，就经常给予自己积极的心理暗示，提升自身心理的"免疫力"，是保障人们心理健康的重要方式，也能增强对消极事件和情绪的"抵抗力"。[3] 关于如何给予积极的心理暗示，积极心理学中给出了许多建议，诸如基于情绪 ABC 理论的启示，调节认知

---

[1] ［美］沃尔特·米歇尔：《棉花糖实验》，任俊、闫欢译，北京联合出版公司 2016 年版，第 50—53 页。

[2] ［美］列纳德·蒙洛迪诺：《弹性：在极速变化的世界中灵活思考》，张媚、张玥译，中信出版社 2019 年版，第 217—218 页。

[3] ［美］克里斯托弗·彼得森：《积极心理学：构建快乐幸福的人生》，徐红译，群言出版社 2010 年版，第 2 页。

方式是人们保障积极情绪的有效策略等。近年来，心理学领域新兴的具身认知理论也给积极心理暗示的策略提供了许多有益的借鉴。具身认知理论认为，身体的动作和运动不但可以提升认知能力，激活创造力，还可以产生积极情绪。心理学大量研究表明，人只要做出开心的姿势或动作，比如强制性微笑或大笑，也会向大脑传递积极的信号，从而促进积极情绪的产生。①

三 充分做好合作准备

（一）形成双赢理念

双赢是指在合作中，合作各方都能因合作获取与投入相匹配的收益。理解双赢理念，必须抓住三个关键点。

一是"赢"。"赢"即赢利，有所收获。合作的收获应该是多元的，可以是物质的，如酬劳；可以是精神的，如声望；可以是有形的，如研究成果；也可以是无形的，如学术经验和社会关系等。对于学术发展中的青年教师来说，专家宝贵学术经验的分享，学术实践中自身学术经验的积累，与专家或同行建立学术联系的机会等都是不容忽视的重要的学术收获。

二是双赢的"双"。这里的"双"，不是两个的意思，而是合作中各个利益相关者，即合作各方。强调"双"，不但旨在引起合作各方注意，使合作各方都有所收获；更重要的是，应注意收益价值的衡量，并以合作各方的主观诉求为衡量标准。也即"赢"的价值判断，实质上是由合作各方的价值观决定的。在合作中，"赢"与否，"赢"多少，诸如此类问题，应站在合作各方的角度设身处地地衡量。

---

① ［美］西恩·贝洛克:《具身认知：身体如何影响思维和行为》，李盼译，机械工业出版社2016年版，第1—14页。

三是匹配，即对投资回报率的衡量。在合作中，合作各方一般都会考虑投资回报率的问题，也即投资与回报是否相适切。如果投资的比例与回报的比例是相适切的，人们倾向于选择继续合作；反之，则倾向于终止合作。

通过对"双赢"理念的解析，不难看出，无论是对"赢"的收益的主观解读，还是对投资回报率的主观衡量，都离不开对合作各方主观需求的了解。受限于合作各方信息不对称的现实情况，要想在合作中实现双赢，信息共享与平等协商是必由之路。只有通过协商，才能实现信息对等，才能掌握合作各方的所思所想、所欲所求，如此方可依据合作各方对"赢"的诉求，进行合作各种具体事宜和方案的设计和规划。

"双赢"是合作的基本原则，是长期合作的根本保障。根据亚当·斯密的理性经济人假设，人生来就有着趋利避害的本能。[①] 人都是精明计虑的，人们每一个选择的背后都有着理性的权衡，精明的投资回报率的计算。一般人都倾向于选择投资回报率最大的决策。合作与不合作都是一种行为选择，以往合作的投资回报率是人们进行后续合作选择的重要参考信息和决策依据。

唯有双赢性的合作才是健康的合作，才能得以长久维系。理性看待合作，必须形成双赢的合作理念。但在现实的合作之中，双赢容易受到自我中心误区的侵扰。所谓自我中心误区，就是由以自我为中心的主观因素的误导而产生的思维局限。常见的自我中心误区：只看到自己的付出，看不到别人的付出；夸大自己的投入，却贬损别人的投入；由于信息不对称，对自己的付出如数家珍，对合作者的付出却一

---

① 卫武主编：《管理学》，清华大学出版社2013年版，第26页。

无所知或知之甚少；片面考虑自己能得到什么，而忽略自己应该付出什么；等等。自我中心误区在非正式的合作中十分常见，有时也会影响正式的合作。要想谋求真正的合作，就必须摒弃"占便宜"或"祈求帮助"的错误想法，应该理性、系统、全面地看待双赢。

首先，客观地衡量合作各利益相关者的投入。如前文所说，合作中的投入不仅包括经济资本，还应包括文化资本和社会资本；既应涵盖智力因素，也应包含非智力因素。在合作的过程中，不能仅从局限的片面的资源角度加以衡量，应更全面、广泛地考虑合作过程中所需要的资源。法国著名社会学家布迪厄把资本划分为经济资本、社会资本（或社会关系资本）和文化资本三种形式。经济资本以金钱为符号，以产权为制度化形式。社会资本（社会关系资本）以社会声望、社会头衔为符号，以社会规约为制度化形式。文化资本则以作品、文凭、学衔为符号，以学位为制度化形态。① 在知识经济时代，社会资本和文化资本在合作中发挥的作用越来越大，特别是在高校教师的合作中尤为重要，必须予以充分考虑。除了智力资本以外，合作中的非智力资本也是十分重要的，诸如团体成员之间关系的协调、领导力等在合作中也不容忽视。

其次，充分认识协商与沟通的重要性。协商与沟通是在合作中避免因信息不对称产生风险和误会的关键。信息不对称是信息经济学领域的专业术语。所谓信息不对称是指交易中个人拥有的信息不同。由于信息不对称，可能导致交易中产生各种风险。② 在合作中，同样存在信息不对称的情况，信息不对称也同样会导致合作各方的风险和误会。

---

① ［法］皮埃尔·布尔迪厄、［法］J.-C. 帕斯隆：《继承人：大学生与文化》，邢克超译，商务印书馆2002年版，第85页。
② ［美］罗伯特·H. 弗兰克、［美］本·S. 伯南克：《微观经济学原理》，李明志等译，清华大学出版社2010年版，第321页。

定期或适时分享合作各方所掌握的信息,并进行沟通和交流,可以降低信息不对称带来的风险;同时,通过协商,可以减少信息不对称导致的误会,使合作更加顺畅。

最后,树立个性化发展的理念。既然双赢是一种优势互补,那么,各合作方要想谋求合作,就必须呈现自己独特的资源或资本。在高校教师的合作中,个人的履职胜任力是重要的合作资本。只有形成个性化、独具特色的胜任力,才可能为自己谋求更多、更好的合作机遇。个性化发展的理念是双赢理念的衍生品,要想双赢,必须拥有与别人"交换"的资本才行。

(二) 树立诚信形象

诚信是长期保持良好合作关系的基石;于个人而言,诚信是谋求与他人合作的重要资本。之所以诚信在合作中受到如此重视,是因为人类社会的合作是具有复杂性的。合作的本质是取长补短,优势互补,彼此收益:从一方面来看,合作是取他人之长,补自己之短;从另一方面来看,也是用自己之长,补他人之短;最终形成合力,实现价值最大化,使合作双方都能因合作而受益。现实的合作有许多种类。根据时间长短,合作可以分为短期合作和长期合作;根据有无契约,合作又可分为正式合作与非正式合作;根据参与者,可以分为个人间合作和群体间合作。

一般短期合作、非正式合作、个人间合作由于难以监管、约束力不足、惩罚力度不够等问题导致违约成本较低,容易出现失信行为。另外,参与者的理性程度、合作环境的诚信文化水平等都是影响违约行为或者诚信的重要因素。合作的影响因素种类、数量、变化颇多,而且很多违约行为不易发现,难以监管,加之功利侵蚀,人情干扰,边缘灰色地带颇多,给合作机制建设带来极大的困难,致使诚信建设目前在学术领域成为一个遭人诟病和激起公愤的问题。[①]

但是，随着科学技术的发展，特别是当前产业数字化和数字产业化，正在飞速推进，区块链技术由初见端倪到今日之热度快速攀升，可以预见，在不久的将来，个人学术经历和学术成果的数字化程度将不断加深，区块链技术在诚信社会机制建设中发挥的作用将会越来越大，诚信社会和社会诚信，也即人们"不得不诚信"的时代必将到来[②]，而且不会太远。到时，学术诚信形象将成为学术人员寻求合作伙伴的重要依据，对于高校教师而言，诚信形象将成为自己谋求与他人学术合作的重要资本。因此，树立良好的诚信形象，必须从现在做起。

首先，教师应秉持学术诚信，严守学术规范。教师应明确学术规范要求，不仅知其然，且应知其所以然。学术规范乃是规范学人学术行为，调节学人之间矛盾冲突，保持学术生态健康有序运行发展之利器。正所谓"没有规矩不成方圆"，没有学术规范，同样遑论学术文明的长远推进。同人类社会的规范一样，学术规范的存在和价值，无论是于整个学术生态而言，还是对每一个存在于学术生态之中的学人来说，既是约束，亦是保护。高校教师唯有深刻认识到学术规范存在的价值、原因、内容、践行之法，并在深刻认知的基础上，落实于行，知行合一，言行一致，才能将规范的学术行为变为习惯，无障碍践行。同时，教师应划定学术道德底线，绝不逾越；着眼长远发展，谋求延迟满足，不急功近利，不为未来"埋雷"。

其次，教师应捍卫学术诚信，履责学术监督。由于学术失范行为具有隐蔽性的特点，故而难以监督，管理成本颇高。唯有学术生态内

[①] 温虹、贾利帅：《我国高校科研诚信政策研究——基于政策工具的视角》，《中国高教研究》2021年第4期。

[②] 长铗、韩锋等：《区块链：从数字货币到信用社会》，中信出版社2016年版，第22—31页。

部成员，身处其中，才易于发现身边的学术失范行为。因此，高校教师应树立自身学人的角色认知，明确自身学术共同体成员的身份和担当，清醒地认识到纯净健康的学术生态之于每一个学人学术发展的重要意义；维护学术生态的神圣性和纯洁性，是每个学人无可推卸的责任。高校教师作为高级知识分子，是国家学术共同体的重要组成成员，更应该明确自己的学术担当和使命，为学术生态的绿色健康发展尽一份力，不但坚决不与学术失范者为伍，而且要履行监督职责，捍卫学术尊严。

（三）积累优势资本

为了更好地合作，教师必须不断积累自己的优势资本。这里的"资本"主要指高校教师的履职胜任力。而"优势"，本书借鉴了微观经济学对优势的分类，将优势分为绝对优势和比较优势。在微观经济学中，绝对优势是指用比另一个生产者更少的投入生产某种物品的能力。如果生产者生产一种物品所需要的投入较少，就可以说该生产者在生产这种物品上有绝对优势。如果迁移到高校教师的优势资本的语境中，绝对优势就是指教师用比另一个教师更少的资源投入（包括时间、精力等）生产学术产品（包括教学、科研、社会服务等成果或服务）的胜任力。在微观经济学中，比较优势是指一个生产者以低于另一个生产者的机会成本生产一种物品的行为。所谓机会成本是指为了得到某种东西而必须放弃的东西。简单来说，就是个人在自己的众多生产能力之间进行比较，自己跟自己比出来的、具有优势的生产能力。[1]

理论上，如果每个个人或组织，都选择自己的比较优势进行资源

---

[1] ［美］曼昆：《经济学原理微观经济学分册》，梁砾、梁小民译，北京大学出版社2009年版，第59—66页。

投入，倾向于整个社会的劳动生产率会得到提高，整体价值会实现最大化。教师的比较优势就是教师在自己众多的胜任力之间进行比较，选择具有优势的胜任力作为自己的主要投资方向，将学术资源——特别是时间和精力，有所侧重地投入或配置。同样，教师依据自己的比较优势进行有侧重的投入，倾向于组织整体的学术成果或学术成就会最大化。所以，无论教师是否具有绝对优势，选择比较优势作为自己的学术投入的重点是比较明智的。

首先，教师应明确自己的学术优势。正如前文建议的精准定位中所言，教师应在实践和反思中明确自己在学术方面也即胜任力方面的绝对优势或比较优势，侧重学术胜任力优势，进行学术投入。在对自己的优势胜任力精准定位的基础上，不断加大在学术绝对优势或相对优势上的投入。

其次，教师应着眼长远的学术发展。现实中，很多时候教师的学术胜任力优势与教师的短期收益会发生冲突，比如在教师确立学术研究的选题时，有些选题为热点问题，学术立项更容易中标，学术成果更易于发表，但该选题可能并不是教师的学术胜任力优势所在。究竟是坚持自己的学术研究，抑或转移注意力，研究自己并不擅长的热点问题，这是高校教师常常要面临的艰难抉择。如果从长远学术发展的角度来看，不断转换研究方向，浅尝辄止，三分钟热度，很难在学术上有真正的突破和建树；只有持之以恒，长期积累，方能在学术上有真正的成就。教师只有保持良好心态，着眼长远发展，期待延迟满足，才能耐得住学术研究过程的漫长孤寂和艰辛挫折。

最后，教师应处理好各种胜任力之间的关系。如果教师的各种胜任力之间存在正向、显著且高度的相关性，则需要教师进行灵活处置，或是有效平衡，或是有所侧重，必须随机应变。

第二节 知识型组织建设策略

知识型组织，最早由瑞典企业家与财经分析家艾瑞克·斯威比于1986年提出。斯威比通过对知识型上市企业的分析，对知识型组织进行了开创性的系列研究。随后，英国学者汤姆·劳埃德、美国管理学大师彼得·德鲁克、日本知识管理大师野中郁次郎、美国学者彼得·圣吉等管理学界的著名学者都对知识型组织进行过阐述和研究。[①] 目前，管理学界已经达成共识，在一个"不确定"是唯一可确定之因素的经济或社会环境下，知识是企业或组织获得持续竞争优势的重要源泉。充分认识到知识和知识管理在企业或组织生存和发展中的重要性，是企业或组织在新的社会发展时期可持续生存和发展的重要前提。

关于知识型组织的定义，不同学者观点不一，其中彼得·圣吉提出的学习型组织的定义和特征与知识型组织的要义最为相符，也影响最大。彼得·圣吉认为，学习型组织是一种精于知识的创造、吸收和转化的组织。其显著特征为：组织结构扁平化，组织交流信息化，组织开放化，组织中的成员与管理者之间是一种伙伴关系，组织能够不断调整内部结构关系等。本书将参照彼得·圣吉学习型组织的特点，同时结合其他著名管理学家在组织建设和知识管理方面的相关研究成果，通过构建共同愿景、选择混合型组织结构、健全培训机制、改革激励机制以及打造合作文化等方面的知识型组织建设策略，提升高校教师胜任力。

[①] 高洪深、丁娟娟编著：《企业知识管理》，清华大学出版社2003年版，第27页。

一　构建共同愿景

美国学者彼得·圣吉在他的管理学著作《第五项修炼：学习型组织的艺术与实践》中提出，共同愿景是组织中所有成员的共同愿望、理想或目标，并且这种愿望、理想或目标表现为具体生动的景象。[①] 共同愿景包括愿景，即组织成员心中向往的组织未来的发展图景；价值观，即组织成员达成共同愿景的行为和思维的方向和方式；目的和使命，即组织存在的合法性，或者说组织的社会职能和独特价值。这些要素共同构成了组织的共同愿景，并使得共同愿景成为组织成员不断坚持学习，努力工作，克服困难，协同合作，不断创新，推动组织实现共同愿景的动力源泉。本书认为，高校在构建学校共同愿景时，应注重以下几点。

（一）审慎因应未来高等教育变局

未来社会及其高等教育发展的最大特点，即为不确定性。故而，从长远角度来讲，应对未来高等教育变局的最佳策略只能是"因应"，因其所欲而应，随机应变；但从近景发展来看，我们对未来也并非一无所知，不能消极等待，而应根据目前对已经"局部到来而尚未平均分布"或者说"处于萌芽状态"的未来社会和高等教育进行审慎的推测和准备。从目前关于高等教育未来发展的研究成果来看，技术赋能教育将越来越深入和普遍；学习模式将越来越开放和多元；高等教育的社会参与度将越来越高；教育重点将转向人工智能所无法取代的工作内容；教师的在线教育素质，将成为教师专业发展不可忽视的组成

[①] ［美］彼得·圣吉：《第五项修炼：学习型组织的艺术与实践》，张成林译，中信出版社2009年版，第7页。

部分；创新研究将愈发关注技术与人相互赋能的联动和协同；等等。

人工智能、混合课程模式、学习分析、微认证、开放教育资源与高质量在线学习六项关键技术与实践在高等教育中将发挥越来越大的作用。[①] 面对数据与技术双向育人、线上线下融合教学、精准因材施教和高质量在线教育的高等教育未来图景，高校领导团队应审慎思考并慎重决策，为自己的学校确立出能够适应未来社会发展的学校发展愿景。

（二）专注长期积淀特色优势

学校组织与教师个人是一样的，在未来的竞争与合作中都需要具有特色优势；特色优势是学校组织生存和发展的重要资本。学校组织应专注于不断明确和积淀自身的发展优势，巩固和发展自身特色。

首先，学校组织应明确自身优势。学校组织应基于学校的发展历史，参考同级同类高校的发展数据，客观地衡量自身各方面的发展状况以及可能的发展潜力，对自身的优势特色进行客观准确的把握，进而精准定位。

其次，学校组织应挖掘环境优势。学校组织所在地域的环境、资源、文化等对于自身发展优势的形成将产生重要的影响，对于学校组织发展环境的全面系统把握，有助于学校组织挖掘自身的潜在发展优势。

最后，学校组织应专注于累积特色优势。学校组织的优势大多并非一代人所能形成的，往往需要几代人的努力方可成就。一代人所能造就的特色优势往往容易被打破或超越，只有经历几代人的不断努力，

---

① 兰国帅等：《未来高等教育教学：宏观趋势、关键技术实践和未来发展场景——〈2021年地平线报告（教学版）〉要点与思考》，《开放教育研究》2021年第3期。

长期积淀下来的优势特色,才是难以模仿和超越的。学校在组织共同愿景的构建中,应着眼长远,耐心积淀。同时,也要使共同愿景具有一定的弹性和灵活性,平衡好长远发展和短期效益之间的关系。

(三) 着力激励与整合个人愿景

学校组织应充分尊重教师的个人愿景,并努力将其合理整合为组织发展的共同愿景。

首先,应激励学校教师的个人愿景。没有喷涌勃发的、积极向上的个人愿景,就不会有成功的共同愿景。[①] 激发教师形成改善心智模式和不断自我超越的个人愿景,有利于学校组织愿景的传播和认同。正如彼得·圣吉所说:"当一群人执着于一种心中的愿景时,就会产生一种力量,做出许多原本做不到的事情。"而个人愿景的实现程度与组织的发展是密切相关的,个人需要依托组织的发展而获得发展的资源和同事的帮助,进而成就自身的发展,实现个人愿景。因此,激发教师的个人愿景,将间接建立并巩固个人与组织之间的连接,使个人与组织成为命运共同体,增强教师的组织认同感。

其次,应注重整合学校教师的个人愿景。正如彼得·圣吉所言,真正被分享的愿景(共同愿景),是在不断分享的过程中浮现,在不断沟通的过程中形成。[②] 学校的领导者应该开通各种渠道,倾听一线教师的心声,了解他们的需求和梦想。从聆听中,发现新的洞见、新的可能性,并建立不同教师个人与学校组织共同愿景之间的桥梁。在充分尊重教师合理个人愿景的前提下,整合学校组织的共同愿景。

---

① 刘治江:《基于共同愿景的持续管理》,《特区经济》2005 年第 8 期。
② [美] 彼得·圣吉:《第五项修炼:学习型组织的艺术与实践》,张成林译,中信出版社 2009 年版,第 213 页。

二 选择混合型组织结构

依据美国著名管理学家亨利·明茨伯格的观点，没有哪一种组织结构永远是好的，所谓好的组织结构，就是和组织的内外环境最匹配的结构。[①] 故有效组织即为和组织内外环境相适切的组织。在动荡、复杂的环境下，传统单一的组织结构已经很难适应新的内外环境，要想提高组织的有效性，必须进行混合型的组织结构设计，优势互补，平衡诸如规范与自由、效率和柔性、延续与变革等方面的冲突。[②]

首先，将专业式官僚结构与变形虫结构相结合。明茨伯格主要依据环境的复杂性和稳定性两个维度，将环境划分为简单而稳定的环境、复杂而稳定的环境、简单而动荡的环境以及复杂而动荡的环境；并针对四种环境，提出了最适切的四种组织结构类型，即机械化官僚结构、专业式官僚结构、简单结构和变形虫结构。[②] 如果从实践维度来看，高校教师专业标准的确立，意味着高校教师职业操作虽然复杂，但其专业素养和专业行为的衡量在一定程度上已被标准化，从这个角度来说，高校教师的专业行为在一定程度上是可以预期的、稳定的；然而，如果放眼未来，随着社会期望对高校教师精准个性化因材施教的需要、创新水平要求的提高，这种可预测性和稳定性将逐渐被打破，不确定性和灵活性的比重将越来越大。

因此，高校组织的内外环境呈现由相对稳定向相对动荡转化的趋势，且正处在这一转化的过程中。这就要求高校组织在结构设计中，将适合稳定和动荡的组织内外环境的结构形式加以组合，同时发挥两

[①] [加] 亨利·明茨伯格：《卓有成效的组织》，魏青江等译，中国人民大学出版社2007年版，第137页。

[②] 刘洋、魏江、应瑛：《组织二元性：管理研究的一种新范式》，《浙江大学学报》（人文社会科学版）2011年第6期。

种结构形式的优势，追求规范和自由、效率和创新的平衡。专业式官僚结构的特点是官僚化、分权化和技能标准化。[①] 技能标准化是为了规范组织成员的素质和工作，以保障组织职能的有效实现。

在此基础上，官僚制是规模较大组织的合理分工方式。专业式官僚结构有两套平行的官僚体系，一套是基于专业性的专业人员层级，另一套是支持人员（或行政人员）的层级，两套体系相对独立。又因为高校教师履职活动具有复杂性，履职活动的行为决策和过程难以标准化，在学术权力分配上，采用分权的方式进行管理更为合理。因此，专业式官僚结构的优势是能够在高校组织内外环境相对稳定的情况下，在较大程度上保证高校组织职能的实现效率和质量；但应对动荡的环境和情景，专业式官僚结构就不适用了。

而变形虫结构，则可以弥补专业式官僚结构的缺陷。变形虫结构的特点是分权化、有机化、相互调节以及灵活性强，适用于组织内外环境动荡的情况。有机化的表现是规范性弱，比较柔性，方便随机应变；组织通过民主的沟通和互动，进行履职行为的相互调节，组织成员之间的地位更加平等，交流不受或较少受专业或行政等级差异的干扰，教师的学术自由得到最大的尊重，有利于教师积极性和创新性的激发。变形虫结构还有一个重要的特点就是特别灵活，它可以随着组织内外环境的变化而不断重组。如高校的创新项目团队、教研团队等，就可以采用变形虫结构，随着项目的申请、研究和完成，对组织成员也可以重新招募和组合。总之，高校组织结构在正式组织结构上可以设计专业式官僚结构，而在非正式的学术团队方面，则可以选择变形虫式结构，充分发挥二者各自的优势，努力平衡组织发展中的各

---

① ［加］亨利·明茨伯格：《卓有成效的组织》，魏青江等译，中国人民大学出版社2007年版，第219页。

种冲突。

其次，尝试引进组织二元性理论，对组织建设进行科学合理的改革。组织二元性是21世纪兴起的一种组织研究范式或管理思想。在日益动荡而复杂的竞争环境下，人们开始意识到，在资源的有限性和排他性的情境下，组织总是面临一些看起来"矛盾对立"的两难抉择，诸如探索式与开发式、搜索与稳定、柔性与效率、搜索的广度与深度等。在这种环境背景下，组织二元性理论应运而生。组织二元性的概念最早由Duncan提出，直到March引发关于探索式学习与开发式学习二元关系的大讨论之后，才开始在管理学领域被广泛接受，且逐渐成为管理学领域的一种新的研究范式。[①] 组织二元性是指能够兼顾两种相互分离的目标的组织能力，体现为同时追求效率和灵活性、探索和拓展能力。

当组织面临相互分离或相互干扰的多种职能活动的时候，二元组织模式的作用价值将得到凸显。高校组织的多元职能与二元组织模式的适用情况较为适切。高校组织须履行人才培养、科学研究、社会服务等多项社会职能，虽然从理论上，各项职能的实现存在内在的相互关联性，但在资源存在有限性和排他性的条件下，也即教师时间和精力有限的情况下，也有一些实证研究表明教学、科研、社会服务的学术投入实然地存在一定冲突。[②] 实现组织二元性的途径探索，由结构二元性、情境二元性、领导二元性到成员个体二元性，可以为高校组织解决"身兼数职"的难题提供有价值的参考。

结构二元性是指通过设置不同的机构或部门完成组织面临的两种

[①] 刘洋、魏江、应瑛：《组织二元性：管理研究的一种新范式》，《浙江大学学报》（人文社会科学版）2011年第6期。

[②] 吴洪富：《教学与科研关系的研究范式及其超越》，《高教探索》2012年第2期。

存在相互冲突的任务。比如，高校可以同时设置教学和科研两种不同的职能部门，在管理上，对分属两种职能部门的教师进行分类管理。结构二元性的变形，就是要求同一部门人员在不同时间段完成不同的任务，比如，在一段时间专攻科研而不需要进行教学活动，而在另一个时段则专心教学，不从事科研活动；这就要求相关管理部门在工作安排和考核评价制度上进行人性化调整，为教师创造连续性的学术投入空间，增加学术投入回报率。

情境二元性是指创设信念、牵引、纪律、信任、支持等组织情境来鼓励和支持个体努力关注相互冲突的战略行为，以达到均衡。领导二元性则强调通过高层管理团队的行为整合程序，来处理大量的信息、复杂的决策及冲突，进而实现均衡。情境二元性和领导二元性是通过组织环境和文化建设以及领导风格，促使组织成员认识到两种相互冲突的任务，并引导和帮助组织成员进行资源的有效配置，以平衡两种相互冲突的任务。高校组织应从制度设计和领导力的角度，处理好教学和科研的关系，解决当前我国高校发展中"重科研，轻教学"的顽疾。

由于组织层面二元性的实现，需要个体层面行为的支撑，近年来，学者们开始关注组织二元性微观的实现机制，组织成员个体二元性的研究开始出现。个体二元性研究关注的是二元性能否在个体层面实现，以及如何实现的问题。研究表明，个体层面探索和利用活动在某一时间点不能同时存在，但在某一时间段内可以被整合并协调。[①] 那么，高校组织领导和管理者应基于个体二元性的这一特点，进行制度安排，比如，为教学、科研、社会服务等履职活动提供相对独立的时间和空

---

① 吴赛赛：《个体层面二元性研究评述与展望》，《科技进步与对策》2018年第13期。

间等，促进教师个体多种职能活动的合理安排和有效执行。

三　健全培训机制

师资培训是依据高校发展战略和本校师资发展的实际，有目的、有计划、有组织地设计并实施的教师职后教育。师资培训是促进教师胜任力提升的重要途径。目前高校师资培训机构有许多有效的做法，诸如专家讲座、主题研讨、学习共同体等，值得继承和发扬，这里不予赘述。本书将重点从培训供给侧（培训机构）的角度，阐述培训机构应如何从培训需求、培训内容、培训方式以及培训迁移等方面进行改进和完善。

（一）分析培训需求，提供选课指导

首先，科学分析培训需求。培训机构应利用大数据的科学分析和处理，了解不同年龄、教龄、学历和职称教师的个性化需求，并及时追踪最新的培训需求信息，有针对性地调整课程资源的推送情况。

其次，对课程特色进行精准概括。从课程内容、课程实施、课程评价、适用人群等不同角度，对课程的特色进行概括，尽可能为不同教师学员提供更具体的课程特色信息，如细化到教师的教学风格、实践活动的安排等内容，为教师学员选课提供更具体的参考信息。

最后，提供课程评价信息。量化方面，可以开通课程质量评分系统，让参与过培训的教师学员给培训的质量进行评分。这样做既可以倒逼课程开发和实施机构或个人对课程质量进行不断改进，保证课程质量，也可以为后续选课的学员提供参考信息。质性角度，可以鼓励完成培训的学员提供质性的评价信息，对培训的情况进行留言，拍摄照片或截图，甚至制作短视频，并给予提供优质质性评价的学员以一定的奖赏和强化。这些质性的评价相较于量化的评分，能够给后续选

课的学员提供更丰富的、有质感的、直观的参考信息。

（二）完善培训内容，加强批判性思维训练

培训内容应该是全面而系统的，既应该包括职业信念、理想、道德等非智力因素，也应该包含知识工具和知识工具使用方式（思维方式）的训练内容，并且应保证培训资源的质量。

首先，应加强学术资源库建设。本书认为，高校教师培训的学术资源库的内容应补充知识地图库、学术故事库和培训专家库。

知识地图是将某一学科的概念、理论、方法等知识，依据其内在的逻辑关系绘制出知识地图。知识地图库则是根据不同学科，包括一级学科和二级学科等，绘制不同学科层次和具体程度的知识地图，由不同学科知识地图所组成的知识地图库。教师可以在知识地图库中查到自己所教学科及其他相关学科的知识地图，便于教师对知识工具进行分门别类的梳理和整合，有助于学生建立本学科和相关学科的基本结构。

学术故事是关于某一知识——概念、理论、方法、技术等的故事，其中应包含时间、地点、人物、事件的起因（历史背景和人物经历等）、事件的经过和结果等。由学术故事所组成的学术资源库就是学术故事库。学术故事库旨在给教师和学生呈现更丰满的学术成果产生的故事，在一定程度上还可以展示学术成果产生过程中研究者的思路和行动历程，有助于教师更好地理解相关知识，同时可以获得学术研究的感性经验。

培训专家库则是由不同学科优质培训专家组成的专家库，应严格控制培训专家库的数量和质量。

其次，应重视批判性思维课程的开发。批判性思维课程开发，可以通过对现有课程的二次开发和对新的批判性思维课程的开发来实现。

现有课程具有进行批判性思维训练的潜力，培训机构可以通过对现有课程批判性思维训练潜能的开发，进行教师批判性思维的训练。比如，西方哲学史、科学史等具有哲学意味的课程，可以在课程实施过程中，加入批判性思维方面的训练。

新的批判性思维课程是指适合高校教师的批判性思维课程。目前，在"中国大学慕课"中已有一些批判性思维的课程，但都是针对大学生的需要而开设的课程；应根据高校教师的思维发展水平和特点，开设适合高校教师的批判性思维课程。

(三) 创新培训方式，保障培训过程质量

教师培训方式应以自主、合作与探究作为价值取向。首先，应增加教师在培训过程中的参与度体现在思想和行动两个方面。

思想参与，主要指教师的思维在讲师讲解、同行分享、活动任务等课程实施过程中始终处于沉浸状态，并通过思维参与不断改善和超越自身的心智模式，达到提升胜任力的目的。

行动参与，主要是指在培训过程设计并实施的具体任务中，教师扮演一定的角色，与其他同行分工合作，共同完成相应的任务。在行动参与过程中，教师可以获得直接经验，有效实现理论和经验的联结。

其次，应注重教师个人知识的分享、交流与合作。高校教师群体是专业化程度较高的学术群体，他们各自都有着丰富且优质的个人知识。高校教师的知识不但兼具确证性和经验性，而且很多来源于一线的教育和研究实践，故而具有较强的现实性，是十分宝贵的培训资源。在培训过程中，培训机构和教师应设计相应的机会和活动，让教师充分分享、交流与合作，实现个人知识的充分传递和碰撞。

最后，应在探究中提升教师的探究能力。无论是教学研究还是科学研究，都离不开探究能力；而真正的探究能力，同样离不开教学研究和科学研究的活动；探究能力只有在教学研究和科学研究中才能形成和提升。教师探究能力的培训，应依托真实或模拟的研究问题而进行，让教师亲身参与和体验具有代表性、典型性的各种类型的研究项目，在培训导师的引导和帮助下，亲身经历模拟的项目申报、实施、撰写研究报告等各个环节，在"做项目"的过程中学习"如何做项目"。

（四）加强跟踪支持，促进实现培训迁移

培训迁移是指学员在工作中，有效地应用在培训情境中习得的知识、技能与态度的程度。[①] 教师培训的效果不应仅限于培训学习结果，更应关注培训后教师在工作中对培训所学内容的迁移效果。培训机构不仅要重视培训前和培训中的工作，也不能忽视培训后对教师学员培训迁移的促进。培训迁移的影响因素十分复杂，既包括培训干预方面的因素，还包括教师所在学校环境方面的因素。单从培训机构的角度来讲，主要包括培训前提醒、培训内容设计、学术工作策略和工具的提供，以及培训后干预服务等。[②] 培训后干预服务是其中容易被忽视的方面。

本书认为，高校教师职后培训的培训后跟踪支持和服务，可以从以下方面入手。

第一，应为培训后学员提供进阶式或关联性培训课程资源。教师

[①] 姜蔺、韩锡斌：《高校教师信息化教学能力培训迁移的分析框架》，《中国电化教育》2018年第4期。

[②] 姜蔺、韩锡斌、程建钢：《工作环境对高校教师混合教学培训迁移动机的影响》，《现代远程教育研究》2018年第4期。

的学习过程，应遵循由浅入深、由简单到复杂的循序渐进的规律，对于一些新的研究领域或研究专题，特别是课程内容对于教师来说比较陌生的情况，比如有些研究方法方面的课程，培训机构可以在培训结束后，为教师推送更高阶的课程内容，供教师选择。

第二，应为学员提供一段时间的培训后学术支持和指导。万事开头难，教师在培训迁移过程中，最初的一段时间往往容易不知所措，有很多问题需要指导和帮助。如果最初的一段时间迁移效果比较好，教师将收获成就感，得到自我强化，如此，教师更倾向于坚持培训迁移；反之，教师在应用培训知识、技能和态度的起始阶段，如果缺乏支持和帮助，屡屡受挫，将产生挫败感，不利于教师培训迁移的实现。因此，培训后的一段时间，培训机构如果能够为学员提供学术支持，能使培训产生更好的效果。

第三，为参与过某一课程培训的学员始终开放课程交流空间。参与过某一课程培训的学员大多有共同的培训需求，并具有运用培训所学的动机，在培训后的实践中，可以利用课程提供的线上平台，长期进行分享、交流，甚至合作。这样做，不但可以为学员们提供永久性的交流空间，同时也可以为培训机构留存有价值的学习和反馈信息，可谓一举两得。

四 改革激励机制

心理学对激励的解释是持续激发人的行为动机的心理过程；管理学认为激励包含两层含义，既包括激发、鼓励、以利益来诱导，又包括约束和规范。无论是心理学的阐释，还是管理学的定义，激励的目的都是激发动力，崇尚努力。但有一个重要的前提假设，那就是"努力有用"。所谓"努力有用"是指人的资源投入，包括物力、财力、时间、精力等的投入能够产生效用,满足人生理或心理的需要。如果"努力有用"无法得到保障,无论看似多么好的激励,终将沦为"毒鸡汤"。因此,"学术投入有用"是高校教师激励的基本前提。令不同类别、层次、特点的高校教师的学术投入产生效用,是防止恶性竞争和消极懈怠的深层机制。本书认为,学术生态的污染、急功近利的思想和学术竞争的内卷是导致当前激励措施成效不佳、教师学术积极性受损的主要原因,因此,应从净化学术环境、倡导延迟满足以及鼓励合作化竞争等方面改革学术激励机制。

(一)净化学术环境

根据亚当斯的公平理论,人的工作积极性不仅受绝对报酬的影响,更受到相对报酬的影响。每个人都会把自己付出的劳动和所得的报酬,与他人付出的劳动和所得的报酬进行社会比较,职工个人需要保持一种分配的平衡感,如果他发现自己的收支比例与他人的收支比例相等,他就会认为公平、合理,从而心情舒畅,努力工作;反之,则会产生不公平感,内心不满意,工作积极性随之下降。[1] 高校教师也会将自己的学术投入与所得经济和声望上的回报,同他人进行比较,如果自己的学术投入与回报的比例同他人相等或接近,教师就会产生公平感;反之,则会产生不公平感。特别是如果高校教师个人在学术上不遗余力地投入,所得回报却抵不上他人获得的社会资本的时候,教师不但会产生不公平感,还会产生无力感,甚至习得性无助感。

因此,净化学术环境,建设公平的学术生态,对于学术激励而言是必要的保障性的前提。根据利益相关者理论的分析逻辑,本书认为学术生态中主要有三种角色,即守门人、吹哨人和普通学人,对这三

---

[1] 王垒主编:《组织行为学》,北京大学出版社2012年版,第79页。

种重要角色进行激励和规范是净化学术环境的关键。

1. 激励与规范守门人

守门人，又可称为把关人，是传媒学的重要概念，是由美国社会心理学家库尔特·卢因提出的，意思是在信息传播过程中，对信息内容进行选择，并将其加工、制作、编码的人。本书中的守门人是指在学术评价中，起到把关和评价作用的学术专家们。激励离不开评价，评价结果是激励的依据，评价的正义与否决定激励的公平性如何。学术评价，无论是教学的学术、创造的学术、应用的学术还是整合的学术，都很难用量化的指标予以衡量，专家的意见举足轻重。专家能否有效地履行守门人的职责，实现守门人的角色价值，决定着学术评价的公平与正义，保证着学术环境的纯粹和洁净。

因此，本书认为，欲净化学术生态，应做好对守门人的激励和规范。第一，应充分尊重和礼遇守门人；第二，应高薪养廉，厚待守门人；第三，应增加违约成本，严惩渎职者；第四，应减少行政人对守门人的干扰。

2. 保护和肯定吹哨人

吹哨人是指为使公众注意到组织内有违反法律法规和职业道德的行为而采取某种检举和纠正行为的知情人。知情人往往又是内部人，因为学术失范行为具有复杂性和隐蔽性，难以实施外部监督，只有内部知情人更易于尽早发现问题，吹响哨声，予以提醒和曝光。吹哨人作用的发挥，不但可以增加学术失范行为曝光的概率，还可以降低管理成本，在学术监督中是不容忽视的角色设定。故而，本书认为，健全学术领域的"吹哨人"制度对于净化学术生态至关重要。首先，应保护吹哨人的安全和利益；其次，应健全和完善举报制度和程序；最后，应正视吹哨人的社会价值，给予一定的肯定和奖励。

3. 重视对普通学人的培养和教育

学术生态中的人都是学人。守门人是学人，曾经也是普通的学人，只是随着学术素养的提升，成为学术专业化程度较高的学人。吹哨人也是学人，是学术生态内部的人，正因如此才能成为学术生态内部的知情人。学术生态中大部分是普通学人，普通学人是学术生态中人群的主体。学术生态的健康发展，需要所有学人共同努力维系。所以，本书认为，应注重学人为学之道的培养和教育。既要强调学人学术能力的重要性，也不能忽视学术信仰、社会担当、学术道德等学术良知的可贵性。应在建设"德行有用"的学术环境建设的同时，注重广大普通学人学术良知的培育和滋养。

(二) 倡导延迟满足

所谓延迟满足是指一种甘愿为更有价值的长远结果而放弃即时满足的抉择取向，以及在等待过程中展示的自我控制能力。[1] 高校教师胜任力提升并不是一蹴而就的，而是一个厚积薄发的过程。教师的教学能力、科研能力、社会服务能力都需要长期的积淀。

一方面，知识工具的积累是一个长期的过程。另一方面，提高思维水平，直至形成高水平的思维习惯，也是需要长期训练的。所以，为学之道就是要经历艰辛而寂寞的积累过程。正如我国国学大师王国维在《人间词话》中所讲的古今之成大事业、大学问者，必经过三种之境界："昨夜西风凋碧树，独上高楼，望尽天涯路"。此第一境也；"衣带渐宽终不悔，为伊消得人憔悴"，此第二境也。"众里寻他千百度，蓦然回首，那人却在灯火阑珊处"，此第三境也[2]。王国维提出的做事为学

---

[1] [美]沃尔特·米歇尔：《棉花糖实验》，任俊、闫欢译，北京联合出版公司2016年版，第2页。
[2] 王国维：《人间词话》，上海古籍出版社1998年版，第6页。

三境界之所以在学术界传为佳话，并被学人所推崇，正是因为它道出了大多数成大事者、做大学问者之经验和心声。这正证明了大多高水平的履职活动、学术成果都是厚积薄发的结果。

倡导延迟满足就是要顺应这一为学之道，主要是鼓励一种脚踏实地、兢兢业业、勤勤恳恳的学术态度。本书认为，应为高校教师形成延迟满足的学术预期和脚踏实地的学术态度，创造适宜的制度环境。首先，对不同难度、不同创新水平、不同应用价值的学术成果分等级进行激励，并且拉开不同等级激励之间的差距。另外，尽可能构建稳定的评价考核制度环境。在考核、评价等对于教师学术投入具有导向性的制度设计和实施上，应注重制度的稳定性，防止制度的动荡和波动。在制度设计阶段，就应该注重制度设计的科学性。科学的制度设计是符合客观规律的制度设计，符合客观规律才能保证制度相对稳定有效。

在制度改革的时候，也要注重新制度和旧制度之间的关联性，尽可能使制度改革具有延续性，使新制度与旧制度一体化。在制度改革中，应尽可能全面、客观、系统、辩证地考察和反思制度的优势和缺陷，科学地、务实地改革和创新，而非随意地、形式化地、虚假地为了改而改。最后，建立心理保健机制，帮助教师进行心理建设。诸如开展团建、心理咨询等减轻教师压力、激发积极情绪的活动，提高教师心理免疫力。

（三）鼓励合作竞争

合作竞争是拜瑞·内勒巴夫和亚当·布兰登伯格合著的代表作《合作竞争：博弈论战略正在改变商业游戏》中的核心概念。他们认为，企业经营活动是一种特殊的博弈，即是可以实现双赢的非零和博弈。合作竞争是指既包含竞争，又包含合作的现象。合作竞争是相对于对抗性竞争而言的，对抗性竞争是没有合作，只有竞争；对抗性竞争的结果是零和博弈，即你输我赢、你死我活的博弈。而合作竞争则是既有合作，又有竞争；合作竞争的结果是非零和博弈，即实现双赢的博弈。[1]

合作竞争成功的基本条件包括贡献、亲密和远景。贡献是指合作竞争必须能够增加实际生产力和价值；亲密是指合作竞争各方应建立亲密且互信的关系；远景是指竞争合作各方应能进行持续而长期的博弈。[1] 基于合作竞争的理论，本书认为应从以下方面为合作竞争关系的建立创造条件。

首先，激励团队间竞争和团队内合作。组织应促成有效教学、科研和社会服务团队建设，为项目团队成员招募、把关以及团队成员互动等提供保障和服务。如引导在团队招募和把关中，注重互补效应，即注重团队成员学术特点在项目目标达成中的互补性。在成果激励上，对团队整体的激励应高于对个人的激励。

其次，建立项目贡献记录和查阅平台。将项目成员贡献作为结项材料中的一项内容，客观记录并展示不同级别类型项目参与者的贡献信息，并提供搜索服务，帮助后续招募者查找相关参与者的贡献信息及学术成果，作为招募或甄选项目成员的参考信息。如此一来，可以增加做出实质性和重要性贡献的参与者被新项目选中的概率。

最后，构建学人信用银行平台。记录学术研究者的信用信息，包括项目申报情况、正常结项情况、逾期结项情况、按时完成项目情况、未完成预期成果情况、结项成果形式等关键学术信用信息，并根据学术研究者的学术信用信息给研究者的学术信用进行打分，得分转化为

---

[1] ［美］拜瑞·J. 内勒巴夫、［美］亚当·M. 布兰登勃格：《合作竞争：博弈论战略正在改变商业游戏》，王煜坤、王煜全译，安徽人民出版社2000年版，第13页。

学术研究者的学术信用资本。学者的学术信用资本可以作为项目申报、项目成员招募、学术评价等重要的参考信息。

五 打造合作文化

哈格里夫斯从形式的视角将教师文化分为个人主义文化、派别主义文化（又称"巴尔干式的文化"）、人为合作文化和自然合作文化。①

个人主义文化是指教师彼此隔离，在个人主义的影响下，教师间的合作仅限于教材、学科、个别活动上，缺乏实质性的教学合作。巴尔干式的文化是指教师的工作彼此分立，因归属于某一次级团队或组织，在次级团队或组织内互动较多，并对次级组织具有高度的忠诚度与认同感，然而次级团队或组织间的互动较少。

人为合作文化是指在行政权力推动下进行的合作，这种合作使教师之间的互动可以跨越次级团队或组织，形成异质性的合作关系；但由于是行政权力的作用，教师的合作有可能并非出于自愿，不易达成深度合作。

自然合作文化是建立在教师之间的开放、互信和支持的基础上的，是教师出于自愿和需要的合作，因此，这种合作更容易走向深入、持久。②

依据哈格里夫斯的合作文化理论，本书认为，高校应着重从人为合作文化与自然合作文化两方面入手，打造教师合作文化氛围。

（一）完善和发展人为合作文化

人为合作文化是由外部行政权力引发，并由其控制的，具有强制

---

① 任伟伟：《高校教师合作文化的缺失与重塑》，《河南社会科学》2011 年第 4 期。
② 马玉宾、熊梅：《教师合作文化的内涵、现状与重建》，《上海教育科研》2008 年第 1 期。

性、可预测、受时空条件局限的教师合作文化。① 从本书的研究结果可知，高校教师对于合作重要性的认识，几乎已达成普遍共识，且具备了较强的合作所需的个性特质（乐群性）和协同合作能力（同理心与善于表达）。在行政权力机构和学术共同体的推动下，高校教师间的人为合作的频率较以往已有所增加，高校教师学习共同体、项目团队、学术交流等有益的合作形式，对于高校教师人为合作文化的形成也起到了积极的作用。审慎思之，人为合作文化在理论和实践上，与自然合作文化相比，既存在优势，也具有劣势。只有科学谋划，有效落实，才能充分彰显人为合作文化之魅力。

客观地讲，人为合作确有自然合作所不具备的优势。由于人为合作是在外部行政力量的推动下进行的，其目的性、计划性、组织性和规范性较强，因此，主要具备以下三方面的优势。

首先，人为合作的目标和合作成效的评价标准比较明确。高校教师人为合作团队或依托教科研项目，或旨在促进教师专业成长，或为了完成特定任务，无论目标为何，在一定期限内或阶段中，都会对成果或成效做出要求，作为对教师合作成败的评判依据。而这些要求往往通过专业人士的研究或多年实践的验证，转化为科学、合理、明确、可操作的评价指标或衡量标准。合作目标和评价标准将在教师的合作过程中起到重要的导向、聚合和激励作用，有利于合作中资源价值的最大化实现。

其次，人为合作能够获得更多的保障和支持。行政权力的实质是一种公权力，公权力即为对公共资源的控制力和支配力。教师人为合作是由行政权力机构推动和控制的，故其价值旨趣往往指向公众利益

---

① 任伟伟：《高校教师合作文化的缺失与重塑》，《河南社会科学》2011年第4期。

或组织利益,因此,从合作伊始,到合作终结,整个过程都会在行政机构给予的保障和支持下进行,只要合作中对资源的需求合理,一般都会得到较大程度的满足。

最后,人为合作的师资配置应是比较科学合理的。从理论上讲,行政机构在为达成特定目的而组建合作团队时,应该根据任务目标和特点,对所需团队成员的构成进行科学合理的预估和推断,并根据任务的需要对团队成员进行招募或选取。依此组建的团队,在师资配置上会比较科学合理,更有利于团队成员间优势互补,形成合力。

行政主导给人为合作带来了诸多优势与好处,但同样,也容易给人为合作造成不小的风险和弊端,其中形式主义、"搭便车"、权力寻租等问题也会使高校教师间的合作成为低效甚至无效的合作,从而对组织合作的开展和教师个人的合作积极性产生重大的打击和伤害。

首先,人为合作容易导致形式主义。因为人为合作是由行政机构主导的,具有强制性。一些基层单位为了响应上级号召,应付行政检查,将教师合作团队作为不得不完成的行政任务来对待。在领导不重视、教师不情愿的情况下,团队成员的分享、交流、合作蜻蜓点水,流于肤浅;合作活动走过场,囿于形式,缺乏真正深入的、有价值的互动与合作,既浪费教师时间精力,又损伤教师参与合作的积极性。

其次,人为合作可能滋生权力寻租以及权力滥用的问题。前文提及人为合作为了激发合作成员完成特定任务的积极性,往往会给予合作团队充分的保障和支持,而合作项目或任务的成功完成,也会给合作团队及其成员带来丰厚的回报,因此,合作项目就像一块"美味的蛋糕",对高校教师来说具有相当的吸引力。而在人为合作中,"这块蛋糕"的归属决定权将成为权力寻租或滥用的关键所在。

最后,人为合作存在"搭便车"隐患。高校教师人为合作的"搭便车"现象主要是指教师虽为合作团队成员,享受合作的"红利",但对合作团队并无实质性贡献。合作中的"搭便车"者实为合作中的坐享其成者或滥竽充数者。中国是一个关系社会,人情对许多领域的工作都产生重要影响,合作亦是如此。有些合作成员并不具备或不完全具备胜任合作团队中的某种角色,但由于种种原因,碍于人情或面子,组织者依旧将其纳入合作团队,使其成为团队中的"搭便车"者;加之高校教师的学术工作专业化水平较高,各项学术分工完成的情况难以量化,因此从现实角度,"搭便车"者的"搭便车"行为具有模糊性,不易言明,致使其他合作团队成员无可奈何。

如何在人为合作中强化优势,避免劣势,更好地实现人为合作的价值呢？本书认为,应从以下方面入手。首先,应将人为合作的目标和标准落到实处。人为合作中,行政权力在确定合作目的、任务之后,应对教师合作的落实情况,包括合作需求、活动设计、活动实施、活动成果等材料进行综合评价。其次,如果是专业成长性的合作任务,应将合作成员的获得感作为合作落实成效的重要衡量指标。再次,应贯彻"放管服"理念,明确行政权力在人为合作中的角色定位,坚决杜绝行政权力对学术评价的污染,保证学术评价的纯洁性。最后,记录教师学术合作的过程性材料,将其公开,作为后续合作成员遴选的重要依据。

(二) 创设与营造自然合作文化

自然合作文化是教师合作文化的高级形式,是指教师们在日常生活和工作中自然而然地生成的相互开放、彼此信任、支援性的同事关系。[1]

---

[1] 马玉宾、熊梅:《教师合作文化的内涵、现状与重建》,《上海教育科研》2008年第1期。

理解自然合作文化，应抓住两个关键词——合作和自然。合作关系的建立要考虑三个问题：开放，即信息共享机制建设；互信，即信任机制建设；互补，即合作团队建设。自然则强调自然合作文化是自然而然、生活化生成和发展的，并且是以润物细无声的方式起作用的。

本书在自然合作文化营造中，欲将重点落在"自然"之上，也即打造自然而然的教师合作文化。

首先，推崇并宣扬符合人性的交往规范。自然合作文化是一种教师之间非正式交往的文化，这种非正式的交往或互动，主要依靠舆论和道德予以规范和控制。教育和宣传是组织传递核心价值观和引导舆论的主要途径和方式。只有符合人性的价值观和伦理道德引导，才能获得教师广泛的自愿接纳，否则只能流于形式。依据密歇根大学政治学与公共政策教授阿克塞尔罗德的著作《合作的进化》中的建议，组织（改革者）要想促进组织成员间的合作，应推崇互相关心、予以回报和回击的合作交往之道。特别是对于别人的帮助予以回报，对于别人的背叛予以回击的相处之道（当然应在法律、法规允许的范围之内，且应注重度的把握），确实在实践中对于合作文化的形成有显著成效。[①]理论上，"以其人之道还治其人之身"的合作互动之道，是一种对守信者的奖励，对违约者的惩罚，对于形成积极正向的合作文化具有积极的作用。

其次，应在轻松的氛围中孕育自然合作文化。比如，在团建活动中设计信任游戏环节，在游戏中提升团队成员对于诚信与合作的认识和体会。游戏的选择可以参照以团结合作为主题的团体心理辅导游戏，比如传递呼啦圈、生死与共、信任背摔等。在《合作的进化》中，作

---

① ［美］罗伯特·阿克塞尔罗德：《合作的进化》，吴坚忠译，上海人民出版社2007年版，第88—97页。

者设计的"囚徒困境"游戏等,能够比较真实地还原、模拟人们在合作中策略的选择及其背后发挥作用的决策规则,对于团队成员认识和领悟真实合作情境中合作参与者的策略选择机制很有帮助。

最后,可以在日常生活中巩固和促进自然合作文化。在日常生活中,通过有目的、有意识地设计,创设轻松的教师互动机会。比如,圆形餐桌的设计。大多数学校都会给教师安排午餐,将午餐的餐桌设计成圆桌,可以很好地促进就餐过程中教师之间的互动和交流。最后,注重打破文化壁垒。异质性文化的碰撞是促进创造性火花产生的重要途径。促进跨文化、跨团队教师的互动在教师自然合作文化中是十分重要的。如创造不同团队教师交流的机会,促成不同专业教师之间的合作等,都可以实现多元文化的碰撞与融合。

结　　语

知识管理是知识经济时代新兴的管理理论和方法。以知识管理为理论视角，分析和演绎高校教师学习、教学、科研和社会服务的履职活动及其胜任力，有助于更理性、深刻、精准地把握高校教师胜任力，从而促进高校教师胜任力的发展。

本书采用理论演绎与实证分析相结合的方法，主要得出以下结论。

首先，基于知识管理的理论视角，演绎构建了高校教师胜任力的理论模型。以知识管理理论观察高校教师胜任力的本质：学习胜任力即为知识补给胜任力；教学胜任力即为知识育人胜任力；科研胜任力即为知识创造胜任力；社会服务胜任力即为知识应用胜任力。总而言之，知识管理视域下高校教师胜任力，即为知识管理胜任力。与此同时，依据新时期高等学校发展战略的价值旨趣，以及新时期高校教师的角色期待，确定高校教师胜任力绩优标准的价值取向。然后，通过对高校教师履职活动知识管理过程的分析，演绎出高校教师履职活动的主要知识管理行为，进而推断出有效实现高校教师履职活动知识管理绩优行为的胜任特征，再对胜任特征进行归纳和整合，形成知识管理视域下高校教师胜任力的初始模型，最后通过专家访谈和实证检验相结合的方式，确证了该模型的科学性与有效性。

知识管理视域下的高校教师胜任力模型，主要包含5个维度和19个胜任特征。其中知识素养维度，包括学科专业知识、信息获取能力、学科教学能力、科研能力、社会服务知识6个二级指标；思维水平维度，包括思维理性化、思维联结化、思维系统化、思维多元化4个二级指标；职业认同维度，包括职业价值观、角色价值观、责任认同、职业责任感4个二级指标；个性特征维度，包括创造力、进取心、乐群性3个二级指标；协同合作维度，包括同理心与善于表达2个二级指标。其中，知识素养反映高校教师履职活动所能使用的知识工具的数量和质量，思维水平反映高校教师在履职活动中对知识工具的加工方式及其水平，职业认同是高校教师履职活动的动力来源，个性特征是高校教师胜任力的先天优势，协同合作能够促进高校教师胜任力的整合。

其次，通过问卷调查，了解并掌握高校教师胜任力发展的实然状况。基于知识管理视域下高校教师胜任力模型，编制了《高校教师胜任力调查问卷》，并利用该问卷对东北三省不同层次高校的专任教师进行了调查，获取了新时期高校教师胜任力发展状况的第一手资料。通过对调查结果的分析和整理，发现当下高校教师胜任力发展仍存在问题，主要包括：第一，胜任力的整体状况良好，但存在薄弱环节，比如科研能力、社会服务知识等方面比较薄弱；第二，胜任力整体水平较高，但存在弱势群体，比如女教师胜任力发展相对薄弱，低学历和低职称教师的胜任力处于发展之中；第三，胜任力呈随教龄增长的趋势，但长速缓慢；第四，现行学术训练有助于提升知识素养，但对思维发展影响不明显。

基于新时期高校教师胜任力发展存在的问题，本书选取冲突论的视角，从进入知识经济时代以来人力资源管理呈现出的管理困境或两难抉择的角度，结合事后访谈，对新时期高校教师胜任力发展存在的问题进行了深度的原因分析。通过分析，本书认为，新时期高校教师的胜任力发展方面存在以下障碍：一是学术投入的分散与流失，表现为"成事"与"成人"之间的博弈；二是批判性思维训练不足，表现为"道"与"器"的混淆；三是自然合作文化的弱势，表现为竞争对合作的抑制。

最后，从知识管理的理论视角，提出高校教师胜任力提升策略。在新时期高校教师胜任力提升策略的设计中，本书不仅基于知识管理的理论视角，针对高校教师胜任力发展存在的实然问题，而且还尝试平衡和调节知识经济时代人力资源管理中长期存在的困境，即兼顾组织与个人的发展诉求，专业化与多样化的矛盾冲突，竞争对合作的抑制等现实问题。

为此，本书主要通过两个层面，即个体层面和组织层面，展开对知识管理视域下高校教师胜任力提升策略的设计。在策略的设计中，同时注重个人愿景与共同愿景的平衡，确保教师个人努力和高校组织支持的配合，保证教师个人合作准备与高校组织合作文化建设相呼应。

具体而言，从高校教师自身的角度，本书提出了高校教师胜任力的自我提升策略。主要包括：理性设计个人愿景，提升自身知识管理能力，充分做好合作准备。从高校知识型组织建设的角度，本书建议：应构建共同愿景，选用混合型组织结构，健全培训机制，改革激励机制，打造合作文化。

同时，由于受到理论视角和现实条件的局限，本书也存在需要进一步完善和商榷之处，包括受到知识管理理论视角的局限，对高校教师胜任力的非智力因素的分析可能存在缺失；受到研究条件的限制，调查样本的代表性有待提升；等等。

参考文献

一　中文专著

包金玲主编：《教师队伍建设的区域探索》，开明出版社2016年版。

陈春花：《大学的意义》，机械工业出版社2016年版。

陈德中编著：《学习型组织：第五项修炼简明教程》，企业管理出版社2005年版。

陈桂生：《人的全面发展理论与现时代》，华东师范大学出版社2012年版。

陈嘉明：《知识与确证：当代知识论引论》，上海人民出版社2003年版。

陈时见主编：《高校教师教学发展概论》，西南大学出版社2018年版。

陈时见主编：《教育研究方法》，高等教育出版社2007年版。

陈树文主编：《人力资源管理》，清华大学出版社2010年版。

陈万思：《知识员工胜任力：理论与实践》，上海财经大学出版社2007年版。

陈孝彬、高洪源等编：《教育管理学》，北京师范大学出版社2008年版。

陈鸿雁：《高校思想政治理论课教师胜任力研究》，河北人民出版社2011年版。

党延忠主编：《企业知识管理：获取竞争优势的利器》，清华大学出版社 2011 年版。

范刚：《打造岗位胜任力》，中华工商联合出版社 2019 年版。

方振邦、徐东华编著：《战略性人力资源管理》，中国人民大学出版社 2010 年版。

风笑天主编：《社会学研究方法》，中国人民大学出版社 2009 年版。

冯明主编：《人力资源管理》，重庆大学出版社 2013 年版。

付彦：《知识共享型组织结构》，经济管理出版社 2008 年版。

高洪深、丁娟娟编著：《企业知识管理》，清华大学出版社 2003 年版。

葛新权等编著：《知识管理研究》，经济科学出版社 2017 年版。

管培俊：《高校人事制度改革与教师队伍建设》，北京师范大学出版社 2015 年版。

哈斯高娃、张菊芳、凌佩等编著：《智慧教育》，清华大学出版社 2017 年版。

何锡涛、沈坚、吴伟等编著：《智慧教育》，清华大学出版社 2012 年版。

侯杰泰、温忠麟、成子娟：《结构方程模型及其应用》，教育科学出版社 2004 年版。

胡蓓、张文辉主编：《职业胜任力测评》，华中科技大学出版社 2012 年版。

胡敏：《全球胜任力：面向未来的青少年核心素养》，东方出版社 2019 年版。

黄明东等：《研究型大学师资队伍发展研究》，武汉大学出版社 2011 年版。

黄勋敬：《赢在胜任力：基于胜任力的新型人力资源管理体系》，北京邮电大学出版社 2007 年版。

霍国庆等：《企业知识管理战略》，中国人民大学出版社 2007 年版。

江文年、杨建梅：《企业知识管理方法论研究：利益协调软系统方法论的应用》，科学出版社 2006 年版。

姜美玲：《教师实践性知识研究》，华东师范大学出版社 2008 年版。

黎帼华：《美国社会服务》，中国科技大学出版社 2002 年版。

李学栋编著：《管理决策新论》，河北科学技术出版社 2000 年版。

李忠民、刘振华等：《知识型人力资本胜任力研究》，科学出版社 2011 年版。

梁韵妍：《创新创业教育背景下"双师型"教师胜任力模型研究与构建》，航空工业出版社 2019 年版。

廖开际主编、李志宏、刘勇副主编：《知识管理：原理与应用》，清华大学出版社 2007 年版。

林立杰：《高校教师胜任力研究与应用》，中国物资出版社 2010 年版。

刘学元：《岗位胜任力提升》，石油大学出版社 2011 年版。

骆玲芳主编：《学校知识管理》，北京理工大学出版社 2010 年版。

苗力田主编：《古希腊哲学》，中国人民大学出版社 1989 年版。

莫雷：《教育心理学》，广东高等教育出版社 2002 年版。

诺姆四达集团：《解码胜任力》，光明日报出版社 2014 年版。

彭剑锋主编：《战略人力资源管理：理论、实践与前沿》，中国人民大学出版社 2013 年版。

邱皓政：《量化研究与统计分析：SPSS（PASW）数据分析范例解析》，重庆大学出版社 2013 年版。

邱均平主编：《知识管理学》，科学技术文献出版社 2006 年版。

任英杰、徐晓东主编：《隐性知识与教师专业发展："中小学教师知行同盟"行思文集》,东北大学出版社2009年版。

孙绵涛:《教育管理学》,人民教育出版社2007年版。

石毓智:《为什么中国出不了大师:探讨钱学森之问》,科学出版社2011年版。

汪克强、古继宝:《企业知识管理》,中国科学技术大学出版社2005年版。

王道俊、郭文安:《教育学》,人民教育出版社2016年版。

王建民编著:《战略人力资源管理学》,北京大学出版社2009年版。

王里主编:《组织行为学》,北京大学出版社2012年版。

王强:《教师胜任力发展模式论》,华东师范大学出版社2011年版。

温亚震编:《基于胜任力模型的专业技术人员管理指南》,中央编译出版社2011年版。

卫武主编:《管理学》,清华大学出版社2013年版。

夏敬华、金昕:《知识管理》,机械工业出版社2003年版。

谢小庆:《创新学习新思维:21世纪核心职业胜任力》,清华大学出版社2017年版。

徐向艺、辛杰主编:《企业知识管理》,山东人民出版社2008年版。

陈曦:《马斯洛》,北京师范大学出版社2013年版。

叶茂林:《知识管理及信息化系统》,经济管理出版社2006年版。

张登印、李颖、张宁:《胜任力模型应用实务:企业人力资源体系构建技术、范例及工具》,人民邮电出版社2014年版。

张志伟主编:《西方哲学史》,中国人民大学出版社2010年版。

张正堂:《战略人力资源管理研究》,商务印书馆2012年版。

张志伟:《西方哲学十五讲》,北京大学出版社2004年版。

长铗、韩锋等:《区块链:从数字货币到信用社会》,中信出版社2016

年版。

赵敦华：《现代西方哲学新编》，北京大学出版社 2001 年版。

赵林：《西方哲学史讲演录》，高等教育出版社 2009 年版。

赵曙明：《人力资源管理研究》，人民大学出版社 2001 年版。

郑晓明、王明娇：《中国企业人力资源专业人员胜任力模型研究》，电子工业出版社 2010 年版。

二 中文译著

［美］理查德·杜福尔、［美］罗伯特·埃克：《有效的学习型学校：提高学生成就的最佳实践》，聂向荣等译，中国轻工业出版社 2005 年版。

［美］Clrk Kerr：《大学的功用》，陈学飞、陈恢钦、周京等译，江西教育出版社 1993 年版。

［美］George M. Jacobs、Michael A. Power、Loh Wan Inn：《合作学习的教师指南》，杨宁、卢杨译，中国轻工业出版社 2005 年版。

［美］Paula Allen－Meares：《学校社会工作》，陈蓓丽、蔡屹等译，华东理工大学出版社 2008 年版。

［美］W. 爱德华·戴明：《转危为安》，钟汉清译，机械工业出版社 2016 年版。

［德］埃德蒙德·胡塞尔：《形式逻辑和先验逻辑》，李幼蒸译，中国人民大学出版社 2012 年版。

［德］埃德蒙德·胡塞尔：《经验与判断》，李幼蒸译，中国人民大学出版社 2019 年版。

［德］埃德蒙德·胡塞尔：《逻辑学与认识论导论（1906—1907 年讲座）》，郑辟瑞译，商务印书馆 2016 年版。

[美]埃文·坎德雷：《问卷：潘多拉的清单》，李慧娟译，上海文艺出版社 2017 年版。

[美]艾尔·巴比：《社会研究方法》，邱泽奇译，华夏出版社 2009 年版。

[美]爱德华·拉奇尔：《人事管理经济学》，刘昕等译，生活·读书·新知三联书店 2000 年版。

[美]安妮塔·伍尔福克：《教育心理学》，伍新春等译，机械工业出版社 2015 年版。

[美]安托尼特·D. 露西亚、[美]理查兹·莱普辛格：《胜任：员工胜任能力模型应用手册》，郭玉广译，北京大学出版社 2004 年版。

[美]拜瑞·J. 内勒巴夫、[美]亚当·M. 布兰登勃格：《合作竞争》，王煜昆、王煜全译，安徽人民出版社 2000 年版。

[美]彼得·德鲁克：《21 世纪的管理挑战》，朱雁斌译，机械工业出版社 2009 年版。

[美]彼得·德鲁克：《成果管理》，朱雁斌译，机械工业出版社 2006 年版。

[美]彼得·德鲁克：《管理：任务、责任和实践》，余向华、陈雪娟、张正平译，华夏出版社 2008 年版。

[美]彼得·德鲁克：《管理的实践》，齐若兰译，机械工业出版社 2006 年版。

[美]彼得·德鲁克：《后资本主义社会》，张星岩译，上海译文出版社 1998 年版。

[美]彼得·德鲁克：《卓有成效的管理者》，许是祥译，机械工业出版社 2005 年版。

[美]彼得·德鲁克等：《知识管理》，杨开峰译，中国人民大学出版

社2004年版。

［美］彼得·圣吉：《第五项修炼：学习型组织的艺术与实务》，郭进隆译，上海三联书店1998年版。

［美］彼得·圣吉：《第五项修炼：学习型组织的艺术与实践》，张成林译，中信出版社2009年版。

［美］彼得·圣吉等：《第五项修炼·变革篇》，王海秋译，东方出版社2001年版。

［美］布鲁克·诺埃尔·摩尔、理查德·帕克：《批判性思维》，朱素梅译，机械工业出版社2014年版。

［美］大卫·D. 迪布瓦编著：《胜任力》，杨传华译，北京大学出版社2005年版。

［美］戴安娜·阿瑟：《员工招募、面试、甄选和岗前引导》，王丽娟等译，中国人民大学出版社2003年版。

［美］戴维·波普诺：《社会学》，李强等译，中国人民大学出版社2007年版。

［美］丹尼尔·M. 凯布尔：《激活：如何使团队跑起来》，吴晓静译，中信出版社2019年版。

［美］蒂姆·桑德斯：《魅力赢天下》，袁岳、冯晞等译，机械工业出版社2005年版。

［加］亨利·明茨伯格、［加］布鲁斯·阿尔斯特兰德、［加］约瑟夫·兰佩尔：《战略历程：穿越战略管理旷野的指南》，魏江译，机械工业出版社2012年版。

［加］亨利·明茨伯格、［加］布鲁斯·阿尔斯特兰德、［加］约瑟夫·兰佩尔《管理工作的本质》，方海萍等译，中国人民大学出版社2012年版。

［加］亨利·明茨伯格：《卓有成效的组织》，魏青江等译，中国人民大学出版社 2007 年版。

［美］吉姆·柯林斯、［美］杰里·波勒斯：《基业长青》，真如译，中信出版社 2006 年版。

［美］加里·德斯勒：《人力资源管理》，刘昕译，中国人民大学出版社 2012 年版。

［英］杰姬·芬恩、［英］马克·拉斯金诺：《精准创新：如何在合适的时间选择合适的创新》，朱晓明、曹雪会、任轶凡等译，中国财富出版社 2015 年版。

［日］井上理：《任天堂哲学》，郑敏译，南海出版社 2018 年版。

［瑞典］卡尔·爱瑞克·斯威比：《知识探戈：管理与测量知识资本的艺术》，王鄂生译，海洋出版社 2007 年版。

［美］卡尔·维克：《组织社会心理学》，贾柠瑞、高隽译，中国人民大学出版社 2009 年版。

［美］克里斯·阿吉里斯、［美］唐纳德·A. 舍恩：《实践理论：提高专业效能》，邢清清、赵宁宁译，教育科学出版社 2008 年版。

［美］克里斯托弗·彼得森：《积极心理学：构建垮了幸福的人生》，徐红译，群言出版社 2010 年版。

［挪威］奎纳尔·希尔贝克、［挪威］尼尔斯·吉列尔：《西方哲学史》，童世骏、郁振华、刘进译，上海译文出版社 2016 年版。

［美］拉里·博西迪、［美］拉姆·查兰：《执行：如何完成任务的学问》，刘祥亚等译，机械工业出版社 2003 年版。

［美］劳伦斯·S. 克雷曼：《人力资源管理：获取竞争优势的工具》，孙非等译，机械工业出版社 2003 年版。

［美］雷蒙德·A. 诺伊等：《人力资源管理：赢得竞争优势》，刘昕译，

中国人民大学出版社 2005 年版。

［美］理查德·保罗、［美］琳达·埃尔德：《批判性思维工具》，侯玉波等译，机械工业出版社 2013 年版。

［美］列纳德·蒙洛迪诺：《弹性：在极速变化的世界中灵活思考》，张媚、张玥译，中信出版社 2019 年版。

［美］罗伯特·H. 弗兰克、［美］本·S. 伯南克：《微观经济学原理》，李明志等译，清华大学出版社 2010 年版。

［美］罗伯特·阿克塞尔罗德：《合作的进化》，吴坚忠译，上海人民出版社 2007 年版。

［美］罗伯特·斯莱文：《教育心理学》，吕红梅、姚梅林等译，人民邮电出版社 2016 年版。

［美］罗伯特·西奥迪尼：《影响力》，陈叙译，中国人民大学出版社 2006 年版。

［英］罗曼·柯兹纳里奇：《同理心：高同理心人士的六个习惯》，黄煜文，林力敏译，中信出版社 2018 年版。

［美］洛林·W. 安德森等编著：《布卢姆教学目标分类学：分类学视野下的学与教及其测评》，蒋小平、张琴美、罗晶晶译，外语教学与研究出版社 2009 年版。

［马］马丁、Kai Mertins、Peter Heisig、Jens Vorbeck 编著：《知识管理：原理及最佳实践》，赵海涛，彭瑞梅译，清华大学出版社 2004 年版。

［德］马丁·海德格尔：《存在与时间》，陈嘉映、王庆节译，商务印书馆 2016 年版。

［德］马丁·海德格尔：《林中路》，孙周兴译，上海译文出版社 2004 年版。

［美］马库斯·白金汉、唐纳德·克利夫顿：《现在，发现你的优势》，

方晓光译，中国青年出版社 2010 年版。

[美] 迈克尔·A. 希特、R·杜安·爱尔兰、罗伯特·E·霍斯基森：《战略管理：概念与案例》，吕巍译，中国人民大学出版社 2009 年版。

[美] 迈克尔·波兰尼：《个人知识：迈向后批判哲学》，许泽民译，贵州人民出版社 2000 年版。

[英] 迈克尔·波兰尼：《认知与存在：迈克尔·波兰尼文集》，李白鹤译，南京大学出版社 2017 年版。

[美] 迈克尔·波特：《竞争战略》，陈丽芳译，中信出版社 2014 年版。

[德] 迈诺尔夫·迪尔克斯等主编：《组织学习与知识创新》，上海社会科学院知识与信息课题组译，上海人民出版社 2001 年版。

[美] 曼昆：《经济学原理：微观经济学分册》，梁砾、梁小民译，北京大学出版社 2009 年版。

[法] 皮埃尔·布迪厄、[法] J.－C. 帕斯隆：《继承人：大学生与文化》，邢克超译，商务印书馆 2002 年版。

[法] 皮埃尔·布尔迪厄、[法] J.C. 帕斯隆：《再生产：一种教育系统理论的要点》，邢克超译，商务印书馆 2002 年版。

[法] 皮埃尔·布尔迪厄：《世界的苦难：布迪厄的社会调查（上）》，张祖建译，中国人民大学出版社 2017 年版。

[法] 皮埃尔·布尔迪厄：《世界的苦难：布迪厄的社会调查（下）》，张祖建译，中国人民大学出版社 2017 年版。

[美] 乔恩·沃纳：《双面神绩效管理系统》，徐联仓等译，电子工业出版社 2005 年版。

[美] 乔治·T. 米尔科维奇、[美] 杰里·M. 纽曼：《薪酬管理》，成得礼译，中国人民大学出版社 2008 年版。

［美］乔治·埃尔顿·梅奥：《工业文明的社会问题》，时勘译，机械工业出版社2016年版。

［美］切斯特·I. 巴纳德：《经理人员的职能》，王永贵译，机械工业出版社2013年版。

［美］史班瑟：《才能评鉴学》，魏梅金译，汕头大学出版社2003年版。

［荷］斯宾诺莎：《笛卡尔哲学原理》，王萌庭、洪汉鼎等译，商务印书馆2007年版。

［美］斯蒂芬·P. 罗宾斯、［美］玛丽·库尔特：《管理学》，孙健敏、黄卫伟、王凤彬等译，中国人民大学出版社2004年版。

［美］斯蒂芬·P. 罗宾斯：《管人的真理》，慕云五、尚玉钒译，机械工业出版社2002年版。

［美］斯坦利·麦克里斯特尔、坦吐姆·科林斯、戴维·西尔弗曼等：《赋能：打造应对不确定性的敏捷团队》，林爽喆译，中信出版社2017年版。

［美］斯图尔特·克雷纳：《管理百年》，闾佳译，中国人民大学出版社2013年版。

［日］松下幸之助：《企业即人：松下幸之助以人为本的经营之道》，李静译，人民邮电出版社2017年版。

［美］汤姆·彼得斯、［美］罗伯特·沃特曼：《追求卓越》，胡玮珊译，中信出版社2007年版。

［美］唐纳德·A. 舍恩：《反映的实践者：专业工作者如何在行动中思考》，夏林清译，教育科学出版社2007年版。

［美］托马斯·A. 斯图尔特：《软资产：从知识到智力资本》，辽宁教育出版社2002年版。

［美］托马斯·H. 达文波特：《思考生存——如何优化知识员工的绩效

和成果》，袁庆宏译，商务印书馆 2007 年版。

［美］韦恩·K. 霍伊、塞西尔·G. 米斯克尔：《教育管理学：理论·研究·实践》，范国睿主译，教育科学出版社 2007 年版。

［美］沃尔特·米歇尔：《棉花糖实验》，任俊、闫欢译，北京联合出版公司 2016 年版。

［美］西恩·贝洛克：《具身认知：身体如何影响思维和行为》，李盼译，机械工业出版社 2016 年版。

［美］辛迪·戴尔：《同理心：做个让人舒服的共情高手》，镜如译，台海出版社 2018 年版。

［美］亚伯拉罕·马斯洛：《马斯洛论管理》，邵冲、苏曼译，机械工业出版社 2007 年版。

［美］亚伯拉罕·马斯洛：《动机与人格》，许金声等译，中国人民大学出版社 2013 年版。

［日］野口真人：《精准努力：如何用金融思维在职场快速超车》，谷文诗译，文化发展出版社 2017 年版。

［日］野中郁次郎、［日］绀野登：《知识经营的魅力：知识管理与当今时代》，赵群译，中信出版社 2012 年版。

［日］野中郁次郎、［日］胜见明：《创新的本质：日本名企最新知识管理案例》，林忠鹏、谢群译，知识产权出版社 2006 年版。

［日］野中郁次郎、［日］竹内弘高：《创造知识的企业：日美企业持续创新的动力》，李萌、高飞译，知识产权出版社 2006 年版。

［以］尤瓦尔·赫拉利：《今日简史》，林俊宏译，中信出版社 2018 年版。

［以］尤瓦尔·赫拉利：《人类简史：从动物到上帝》，林俊宏译，中信出版社 2014 年版。

［美］约翰·杜威：《我们怎样思维·经验与教育》，姜文闵译，人民教育出版社 2004 年版。

［美］约翰·多纳休、理查德·J. 泽克豪泽：《合作：激变时代的合作治理》，徐维译，中国政法大学出版社 2015 年版。

［美］约翰·科特：《现代企业的领导艺术》，史向东、颜艳译，华夏出版社 1997 年版。

［英］约翰·洛克：《人类理解论》，谭善明、徐文秀译，陕西人民出版社 2007 年版。

［美］詹姆斯·W. 沃克：《人力资源战略》，吴雯芳译，中国人民大学出版社 2001 年版。

［日］竹内弘高、［日］野中郁次郎：《知识创造的螺旋：知识管理理论与案例研究》，李萌译，知识产权出版社 2006 年版。

三　中文期刊

安然、杨成：《基于 Diigo 的研究生知识管理方案设计——以教育技术学专业为例》，《电化教育研究》2010 年第 3 期。

鲍嵘、何珊云：《地图构建：教师个人知识管理的方略》，《大学教育科学》2008 年第 5 期。

陈德明、王创：《基于胜任力：高校职业指导课教师培训的新视角》，《高教探索》2009 年第 4 期。

陈芳、谢慧芹、盛艳燕：《公务员结构化面试考官胜任力研究》，《中南财经政法大学学报》2019 年第 2 期。

陈小平、孙延明、黎子森等：《企业导师指导风格与徒弟工作绩效——职业胜任力与工作投入的中介作用》，《软科学》2018 年第 12 期。

陈志霞、郭金元：《研究生胜任力结构模型构建及其预测作用》，《学位与研究生教育》2018年第7期。

程凤农、唐汉卫：《教师自组织：教师实践性知识管理的一种组织方式》，《教育理论与实践》2014年第1期。

程凤农：《教师实践性知识管理策略探析》，《教育发展研究》2014年第12期。

储节旺、郭春侠、陈亮：《国内外知识管理流程研究述评》，《情报理论与实践》2007年第6期。

崔金红、宋捷、王旭：《基于语义Web的网络教学知识管理系统研究》，《科技管理研究》2009年第12期。

代君、张丽芬：《基于知识管理理论的高校青年教师创新能力培养的若干思考》，《黑龙江高教研究》2014年第6期。

戴继平、张晓涵：《知识管理视角下高校组织结构的变革分析》，《湖北大学学报》（哲学社会科学版）2010年第6期。

戴维·希契柯克、张亦凡、周文慧：《批判性思维教育理念》，《高等教育研究》2012年第11期。

邓友超：《论教师实践知识管理》，《教育科学》2006年第3期。

丁激文、詹湘东：《试论知识管理在高校中的运行机制》，《现代大学教育》2006年第4期。

董圣鸿、胡小燕、余琳燕等：《幼儿教师胜任力研究：基于BEI技术的模型构建》，《心理学探新》2016年第5期。

董毓：《批判性思维三大误解辨析》，《高等教育研究》2012年第11期。

杜景萍、国林祥：《大学英语教师胜任力模型的构建》，《黑龙江高教研究》2013年第11期。

冯爱秋、杨鹏、林琳：《地方高校教师教学投入状况调查分析》，《中国大学教学》2015 年第 12 期。

冯宜：《微博在教育知识管理中的应用研究》，《中国成人教育》2013 年第 12 期。

甘永成、陶舟：《e-Learning，知识管理与虚拟学习社区》，《电化教育研究》2006 年第 1 期。

甘永成：《e-Learning 环境下的个人知识管理》，《中国电化教育》2003 年第 6 期。

高鸾、陈思颖、王恒：《北京市高校青年教师工作满意度及其主要影响因素研究——基于北京市 94 所高校青年教师的抽样调查》，《复旦教育论坛》2015 年第 5 期。

高瑛、许莹：《西方批判性思维研究：回顾与反思》，《外语学刊》2014 年第 5 期。

葛仁霞：《提升新时代高校教师党支部书记胜任力》，《中国高等教育》2019 年第 Z2 期。

葛星、王惠芬：《知识管理在研究生培养中的应用》，《学位与研究生教育》2005 年第 10 期。

耿涛：《高等教育知识管理的图解方法及实践》，《江苏高教》2014 年第 6 期。

郭丽莹：《高校创新创业教师胜任力指标体系的实证分析——基于全国 12596 名教师样本》，《南京师大学报》（社会科学版）2020 年第 3 期。

郭瑞：《高校智库评价指标体系的实证研究——基于知识管理理论视角》，《情报杂志》2017 年第 9 期。

郝永林：《研究型大学教师教学胜任力建模——基于 41 份文本分析的理论构建》，《高教探索》2015 年第 8 期。

何齐宗、龙润：《小学教师教学胜任力的调查与思考》，《课程·教材·

教法》2018年第7期。

何齐宗、赵志纯：《高校教师教学胜任力的调查与思考》，《中国大学教学》2018年第7期。

何齐宗：《我国高校教师胜任力研究：进展与思考》，《高等教育研究》2014年第10期。

何齐宗、熊思鹏：《高校教师教学胜任力模型构建研究》，《高等教育研究》2015年第7期。

洪少峰：《基于推理模式的高校知识管理系统研究》，《技术与创新管理》2009年第2期。

胡思丝、万力勇、刘颖：《RSS信息推送技术在教育知识管理中的应用研究》，《现代教育技术》2011年第3期。

黄冠、罗会棣、杨蔚：《基于知识管理的网络教研平台的开发与应用》，《现代教育技术》2009年第S1期。

黄翔：《大学英语教师胜任力现状及其提升路径——以温州市高校为例》，《教育理论与实践》2015年第15期。

黄扬杰：《高校教师胜任力与创业教育绩效研究》，《高等教育研究》2020年第1期。

嵇娟、牛芳、翟丹妮：《知识管理系统的研究综述》，《改革与开放》2018年第10期。

贾波：《刍议大学生创新能力培养中的隐性知识管理》，《学校党建与思想教育》2017年第1期。

姜建明、马竞飞：《试论高校教师个人知识管理》，《苏州大学学报》（哲学社会科学版）2009年第4期。

姜蔺、韩锡斌、程建钢：《工作环境对高校教师混合教学培训迁移动机的影响》，《现代远程教育研究》2018年第4期。

姜蔺、韩锡斌：《高校教师信息化教学能力培训迁移的分析框架》，《中国电化教育》2018 年第 4 期。

姜勇：《知识管理：教师专业成长新视角》，《教育理论与实践》2004 年第 17 期。

蒋馨岚：《西部地区本科高校青年教师胜任力的调查与思考》，《重庆高教研究》2019 年第 1 期。

蒋云尔：《论高等学校中的知识管理》，《江苏高教》2002 年第 4 期。

赖伟权：《当代大学生个人知识管理探讨》，《高校图书馆工作》2008 年第 6 期。

兰国帅、魏家财、张怡等：《未来高等教育教学：宏观趋势、关键技术实践和未来发展场景——〈2021 年地平线报告（教学版）〉要点与思考》，《开放教育研究》2021 年第 3 期。

蓝晔、刘莉：《"双一流"建设高校教师科研合作现状和意愿——基于 2019 年上海市 10 所高校的问卷调查》，《中国高校科技》2020 年第 5 期。

冷静、路晓旭：《批判性思维真的可教吗？——基于 79 篇实验或准实验研究的元分析》，《开放教育研究》2020 年第 6 期。

黎加厚：《知识管理对网络时代电化教育的启迪（上）》，《电化教育研究》2001 年第 8 期。

黎加厚：《知识管理对网络时代电化教育的启迪（下）》，《电化教育研究》2001 年第 9 期。

李红恩、靳玉乐：《论教师教学策略的知识管理》，《高等教育研究》2012 年第 1 期。

李虹、曲铁华：《信息加工理论视域下教师实践性知识的生成机制探析》，《教育理论与实践》2018 年第 7 期。

李洪杰：《大学生知识管理能力培育简析》，《学校党建与思想教育》2017年第20期。

李晶晶、潘苏东、廖元锡：《国外批判性思维研究的启示——教师准备的视角》，《教育科学研究》2017年第9期。

李晶晶、潘苏东：《高中物理教师课堂对话分析——基于批判性思维教学的视角》，《教育科学研究》2019年第6期。

李蓉蓉：《治理能力现代化视域下乡镇干部胜任力研究——以山西省150名乡镇干部为考察样本》，《理论探索》2018年第3期。

李润洲：《智慧教育的三维阐释》，《中国教育学刊》2020年第10期。

李舒波：《论教师教学方法的知识管理》，《教育理论与实践》2014年第35期。

李小娟、胡珂华：《基于行为事件法的高校教师胜任力研究》，《湖南师范大学教育科学学报》2017年第5期。

李叶宏：《"术"以载"道"：基于区块链技术的科研诚信建设研究》，《自然辩证法研究》2021年第3期。

李晔、李哲、鲁铱等：《基于长期绩效的中小学教师胜任力模型》，《教育研究与实验》2016年第2期。

梁占华、张玲：《知识管理在职前教师教育技术能力培养中的应用研究》，《电化教育研究》2008年第9期。

廖宏建、张倩苇：《高校教师SPOC混合教学胜任力模型——基于行为事件访谈研究》，《开放教育研究》2017年第5期。

林德全：《智慧教育背景下教师角色的重构》，《中国教育学刊》2020年第2期。

林杰、魏红：《北美大学教师发展工作者的胜任力模型研究》，《高校教育管理》2018年第1期。

林立杰、裴利芳、高俊山：《高校知识工作者胜任力模型构成要素研究》，《北京科技大学学报》（社会科学版）2007年第2期。

刘景宜：《基于知识网格的教师知识管理系统的设计》，《现代教育技术》2009年第4期。

刘力：《让知识方便实用无处不在——学校知识管理系统开发的成功经验》，《教育发展研究》2005年第6期。

刘睿、郭云贵、张丽华：《学术氛围、科研投入对高校教师科研绩效的影响》，《现代管理科学》2016年第10期。

刘善仕、凌文辁：《德尔菲法在企业人力资源预测中的运用》，《企业经济》2003年第2期。

刘省权、钟志贤：《面向学生的知识管理应用观》，《中国电化教育》2003年第12期。

刘献君、张俊超、吴洪富：《大学教师对于教学与科研关系的认识和处理调查研究》，《高等工程教育研究》2010年第2期。

刘兴凤、张安富：《高校工科教师胜任力的研究——模型构建与实证分析》，《高等工程教育研究》2018年第1期。

刘洋、魏江、应瑛：《组织二元性：管理研究的一种新范式》，《浙江大学学报》（人文社会科学版）2011年第6期。

刘晔：《校园文化对高校知识管理的影响》，《河南师范大学学报》（哲学社会科学版）2011年第5期。

刘毓：《学校的"知识管理"探微》，《教育评论》1998年第6期。

刘云艳、陈希：《幼儿园教师家园沟通胜任力特征及其提高策略》，《学前教育研究》2016年第2期。

刘振天：《高校教师教学投入的理论、现状及其策略》，《中国高教研究》2013年第8期。

刘治江：《基于共同愿景的持续管理》，《特区经济》2005年第8期。

卢干奇：《柏拉图的知识观述评》，《教育评论》1985年第1期。

陆根书、顾丽娜、刘蕾：《高校教学与科研关系的实证分析》，《教学研究》2005年第4期。

罗伯特·恩尼斯、仲海霞：《批判性思维：反思与展望》，《工业和信息化教育》2014年第3期。

罗蕴丰、沈红：《大学教师流失意向的影响因素——基于"2014中国大学教师调查"的实证分析》，《中国高教研究》2017年第11期。

吕君奎：《国内外企业知识管理研究综述》，《新疆社科论坛》2004年第1期。

马永斌、刘帆、王孙禺：《大学、政府和企业合作视野下高校教师的角色转变——基于美英日中四国的比较》，《高等工程教育研究》2010年第3期。

马玉宾、熊梅：《教师合作文化的内涵、现状与重建》，《上海教育科研》2008年第1期。

米靖：《论知识管理在学校管理中的应用与策略》，《教育理论与实践》2002年第9期。

欧阳智、魏琴、肖旭：《人工智能环境下的知识管理：变革发展与系统框架》，《图书与情报》2017年第6期。

戚业国、孙秀丽：《我国普通高中学生批判性思维状况与教育应对》，《教师教育研究》2020年第2期。

祁艳朝、于飞：《高校教师胜任力模型的思考》，《黑龙江高教研究》2013年第9期。

秦琴：《高校教师工作压力与社会支持——以武汉高校为例》，《高等教育研究》2014年第4期。

秦旭芳、高丙成：《幼儿教师胜任力的特点与类型》，《学前教育研究》2008 年第 9 期。

邱学青、李正：《基于知识管理视角的高校教师专业发展策略研究》，《高等工程教育研究》2013 年第 6 期。

曲铁华、李虹：《基于教师实践性知识生成机制的教师教育课程实施改革策略》，《四川师范大学学报》（社会科学版）2018 年第 2 期。

曲垠姣：《我国高校大学生创业胜任力影响因素实证研究》，《首都师范大学学报》（社会科学版）2019 年第 2 期。

曲志丽、王同旭：《基于知识管理理念的研究生培养质量探微》，《黑龙江高教研究》2011 年第 1 期。

全力：《知识管理视角下合并高校提升竞争力的策略思考》，《社会科学战线》2007 年第 3 期。

任伟伟：《高校教师合作文化的缺失与重塑》，《河南社会科学》2011 年第 4 期。

阮琳燕、施玉茹、朱志勇：《从"教师知识共享"到"优质教师资源均衡"——新手教师知识管理系统的个案研究》，《教育科学研究》2019 年第 3 期。

邵西梅：《论高校思想政治理论课教师胜任力的提升》，《思想教育研究》2017 年第 11 期。

沈霞娟、胡航、张宝辉等：《大学生批判性思维与学习方式的发展现状及关系探究》，《现代教育技术》2021 年第 2 期。

盛国军：《高校社会服务职能评价体系研究》，《黑龙江高教研究》2012 年第 2 期。

石玉玲、陈万明：《我国知识管理研究现状、热点与趋势》，《新世纪图书馆》2020 年第 4 期。

史建锋、杨美荣:《基于知识管理的高校学生工作模式探究》,《思想政治教育研究》2014 年第 3 期。

宋彩萍、郝永林:《地方本科院校大学生跨文化胜任力测评——基于上海市 6 所院校的实证研究》,《中国高校科技》2017 年第 9 期。

孙晓宁、储节旺:《国内个人知识管理研究述评与展望》,《情报科学》2015 年第 2 期。

谭玉红、吴岩:《关于学校知识管理中的"知识地图"研究》,《电化教育研究》2005 年第 3 期。

汤舒俊:《高校教师胜任力的结构探索与问卷编制》,《高教探索》2014 年第 6 期。

汤舒俊、刘亚、郭永玉:《高校教师胜任力模型研究》,《教育研究与实验》2010 年第 6 期。

滕珺、张婷婷、胡佳怡:《培养学生的"全球胜任力"——美国国际教育的政策变迁与理念转化》,《教育研究》2018 年第 1 期。

涂云海:《高职院校专业课教师胜任力与绩效的关系》,《黑龙江高教研究》2010 年第 9 期。

王昌、龙泽慧:《虚拟学习社区的知识管理模式及问题探析》,《教育理论与实践》2016 年第 24 期。

王聪:《知识生产过程中的原始性创新及其在我国评价制度中的风险》,《自然辩证法研究》2015 年第 7 期。

王红军:《科技创新人才创业胜任力培养机制研究——以跨境电子商务领域创业为例》,《科技管理研究》2018 年第 9 期。

王会亭:《教师实践性知识管理》,《现代教育管理》2011 年第 12 期。

王继新、贾成净:《促进教师专业发展的教育知识管理策略》,《科技进步与对策》2005 年第 12 期。

王健：《促进教师个人知识共享的学校知识管理策略》，《教育理论与实践》2005 年第 16 期。

王强、宋淑青：《幼儿教师胜任力模型之构建》，《上海教育科研》2008 年第 4 期。

王强：《我国 K-12 教师胜任力深层结构实证研究》，《教育研究》2012 年第 10 期。

王巍、吴其阳：《高校思想政治理论课教师胜任力结构模型研究——基于扎根理论视角》，《教育学术月刊》2019 年第 9 期。

王伟赟：《高校学科知识管理与创新平台建设研究》，《情报理论与实践》2013 年第 2 期。

王馨悦、卢新元、黄梦梅：《交互记忆系统在知识管理中的应用现状与展望》，《信息资源管理学报》2020 年第 2 期。

王彦飞、郭勇：《问题与取向：教师共同体的构建策略探析——基于知识管理理论视角》，《当代教育科学》2010 年第 17 期。

王永花、李春燕、殷旭彪：《高校教师翻转课堂胜任力现状与对策研究——基于 S 校一线实践教师的调研》，《高教探索》2019 年第 11 期。

王悦、宋晓梅：《基于知识链的现代远程教育知识管理系统框架研究》，《中国电化教育》2009 年第 9 期。

温虹、贾利帅：《我国高校科研诚信政策研究——基于政策工具的视角》，《中国高教研究》2021 年第 4 期。

翁光明：《知识管理：教师携手新课程的自觉选择》，《上海教育科研》2004 年第 12 期。

吴洪富：《教学与科研关系的研究范式及其超越》，《高教探索》2012 年第 2 期。

吴赛赛：《个体层面二元性研究评述与展望》，《科技进步与对策》2018

年第 13 期。

吴卫东：《教师共同体的知识管理》，《教育发展研究》2005 年第 3 期。

吴鑫磊、顾琴轩、胡冬青等：《共享领导胜任力构念与测量》，《系统管理学报》2019 年第 2 期。

吴言明：《基于知识管理理论的高职课程体系构建》，《广西社会科学》2014 年第 5 期。

肖敏：《运用知识管理策略促进教师专业发展研究》，《全球教育展望》2007 年第 S1 期。

谢晔、周军：《民办高校教师胜任力模型及胜任力综合评价》，《高教发展与评估》2010 年第 4 期。

熊思鹏、何齐宗：《高校青年教师教学胜任力的调查与思考》，《教育研究》2016 年第 11 期。

徐元俊：《协同创新：提高地方高校社会服务能力》，《科学管理研究》2013 年第 3 期。

许安国、叶龙、郭名：《研究型大学教师胜任素质模型构建研究》，《中国高教研究》2012 年第 12 期。

阎国华、韩秀霞：《高校教师科学研究的协作障碍与促进策略》，《现代教育管理》2020 年第 3 期。

颜正恕：《高校教师慕课教学胜任力模型构建研究》，《开放教育研究》2015 年第 6 期。

杨卉、王陆、冯红：《教学案例知识管理系统的设计与实现》，《中国电化教育》2004 年第 10 期。

杨杰、凌文辁、方俐洛：《关于知识工作者与知识性工作的实证解析》，《科学学研究》2004 年第 2 期。

杨蕾、王秀彦：《基于知识管理的大学生创业教育质量提升策略研究》，

《中国大学教学》2016年第2期。

杨瑞仙、权明喆、武亚倩等：《学术虚拟社区科研人员知识交流效率感知调查研究》，《图书与情报》2018年第6期。

杨羽茜、邓胜利：《国外个人知识管理研究进展与述评》，《数字图书馆论坛》2017年第4期。

姚源、郭卉：《高校教师科研合作及其回报的变迁——基于CAP和APIKS调查数据的分析》，《复旦教育论坛》2020年第6期。

叶英平、陈海涛、陈皓：《大数据时代知识管理过程，技术工具，模型与对策》，《图书情报工作》2019年第5期。

易凌峰、吴艳梅：《教师知识管理能力维度研究》，《教育发展研究》2010年第24期。

易凌峰：《知识管理及其在教学领域中的应用》，《上海教育科研》2005年第4期。

于海琴、敬鹏飞、王宗怡等：《是什么让高校教师产生工作疏离感——基于5所大学优势学科实验室的调查研究》，《高等教育研究》2016年第1期。

郁义鸿：《知识管理与高校竞争力》，《研究与发展管理》2002年第2期。

袁磊、王冠楠、闫耀丽：《社交网络促进农村中小学教师教学胜任力的模型构建》，《电化教育研究》2015年第12期。

臧玲玲、刘原兵、吴伟：《高校教师参与社会服务的决策机制——一个基于扎根理论的解释框架》，《高等教育研究》2020年第9期。

臧玲玲：《如何激励和支持教师参与社会服务——美国密歇根州立大学的经验及启示》，《教育发展研究》2017年第19期。

曾琴：《基于合作教学视角下的大学教师专业发展研究》，《河北师范大学学报》（教育科学版）2017年第2期。

张海、王以宁、于文慧等：《小学教师知识管理策略学科差异研究》，《中国电化教育》2013年第8期。

张宏如、樊允花、李群等：《新时代市民化视阈中新生代农民工职业胜任力实证研究》，《管理世界》2018年第11期。

张建华：《基于知识管理的"教—学—做"一体化教学模式研究》，《研究生教育研究》2013年第1期。

张杰、林丽：《基于知识管理SECI模型的教师学习共同体构建研究》，《电化教育研究》2012年第9期。

张菊香、杨晓岚：《论高校办公室的知识管理》，《科技进步与对策》2003年第S1期。

张丽萍、谢彩春：《农村中小学教师胜任力及其培育路径》，《求索》2014年第2期。

张宁：《基于知识管理的高校师资队伍建设》，《中国高等教育》2012年第22期。

张书凤、朱永跃、杨卫星等：《制造业服务化背景下技能人才胜任力模型构建与评价》，《科技进步与对策》2018年第8期。

张祥兰、许放：《项目化课程改革中高职院校教师教学胜任力研究》，《高教探索》2009年第6期。

张一春、祝智庭：《知识管理技术与e-Learning资源库建设研究》，《电化教育研究》2003年第5期。

张意忠：《高校教师合作：理论基础与实施策略》，《高等教育研究》2011年第11期。

章金萍、陈亮：《"互联网+双创"背景下高职教师创业指导胜任力研究》，《现代教育管理》2017年第11期。

赵蓉英、王旭、亓永康等：《CDIO 理念下的知识管理课程教学模式与实践》，《图书馆》2019 年第 3 期。

赵蓉英、魏明坤：《基于引文分析视角的知识管理主题研究——以图书情报领域为例》，《情报科学》2017 年第 6 期。

赵如：《乡村振兴战略下的农民企业家胜任力培育》，《农村经济》2018 年第 7 期。

赵晓芳：《基于胜任力模型的高职教师职称评定体系构建》，《教育理论与实践》2016 年第 36 期。

赵忠君、郑晴、张伟伟：《智慧学习环境下高校教师胜任力模型构建的实证研究》，《中国电化教育》2019 年第 2 期。

赵忠君、郑晴：《智慧学习环境下高校教师胜任力关键要素识别研究》，《湘潭大学学报》（哲学社会科学版）2020 年第 4 期。

郑富芝：《建设高质量基础教育体系要在六个"强化"上下功夫》，《中国教育学刊》2021 年第 1 期。

郑世良：《基于知识管理的大学学科团队建设研究》，《科技管理研究》2009 年第 12 期。

智勇：《知识管理技术与教育技术的发展》，《电化教育研究》2002 年第 10 期。

钟玲玲、王战平、谭春辉：《虚拟学术社区用户知识交流影响因素研究》，《情报科学》2020 年第 3 期。

周福盛、周庆：《教师知识管理：基于个体知识的观点》，《图书馆理论与实践》2005 年第 6 期。

周荣甲：《高校思想政治理论课教师胜任力提升及测量评价反馈机制分析》，《学校党建与思想教育》2017 年第 23 期。

周榕：《高校教师远程教学胜任力培训设计模型构建——基于复杂学习

的视角》,《电化教育研究》2017年第6期。

周雪、赵卫博、赵鸿章:《基于Blog–Wiki混合技术的西部大学英语教师知识管理平台构建分析》,《电化教育研究》2011年第5期。

朱建飞:《知识管理理论在高校辅导员队伍建设中的应用》,《学校党建与思想教育》2017年第2期。

朱伟珏:《"资本"的一种非经济学解读——布迪厄"文化资本"概念》,《社会科学》2005年第6期。

朱小敏:《高校教师个体知识管理绩效评价体系及方法》,《高教发展与评估》2009年第1期。

四 外文期刊

Basu, M., Guha, A. K., Ray, L., "Adsorption of Lead on Cucumber Peelm", *Journal of Cleaner Production*, Vol. 151, No. 10, May 2017.

Carraccio, C., Englander, R., Gilhooly, J., et al., "Building a Framework of Entrustable Professional Activities, Supported by Competencies and Milestones, to Bridge the Educational Continuum", *ACADEMIC MEDICINE*, Vol. 92, No. 3, Mar 2017.

Carraccio, C., Englander, R., Van Melle, E., et al., "Advancing Competency – Based Medical Education: A Charter for Clinician – Educators", *Academic Medicine*, Vol. 91, No. 5, May 2016.

Cuddy C., "Cultivating Communities of Practice: A Guide to Managing Knowledge", *The Bottom Line*, Vol. 15, No. 2, Jun 2002.

Domínguez Gonzalez, R. V., Martins, M. F., "Knowledge Management: an Analysisfrom the Organizational Development", *Journal of Technology Management & Innovation*, Vol. 9, No. 1, Jan 2014.

Ghani, K. R., Miller, D. C., Linsell, S., et al., "Measuring to Improve: Peer and Crowd-sourced Assessments of Technical Skill with Robot-Assisted Radical Prostatectomy", *European Urology*, Vol. 69, No. 4, Apr 2016.

Holmboe, E. S., Sherbino, J., Englander, R., et al., "A Call to Action: The Controversy of and Rationale for Competency-based Medical Education", *Medical Teacher*, Vol. 39, No. 6, Jun 2017.

Holmes, C. J., Kim-Spoon, J., Deater-Deckard, K., "Linking Executive Function and Peer Problems from Early Childhood through Middle Adolescence", *Journal of Abnormal Child Psychology*, Vol. 44, No. 1, Jan 2016.

Kobayashi, T., Zhang, H., Tang, W. W. C., et al., "Principles of Early Human Development and Germ Cell Program from Conserved Model Systems", *Nature*, Vol. 546, No. 15, June 2017.

Lillvist, A., Sandberg, A., Sheridan, S., et al., "Preschool Teacher Competence Viewed from the Perspective of Students in Early Childhood Teacher Education", *Journal of Education for Teaching*, Vol. 40, No. 6, Jan 2014.

Melby, M. K., Loh, L. C., Evert, J., et al., "Beyond Medical 'Missions' to Impact-Driven Short-Term Experiences in Global Health (STEGHs): Ethical Principles to Optimize Community Benefit and Learner Experience", *Academic Medicine*, Vol. 91, No. 5, May 2016.

Muniz-Rodriguez, L., Alonso, P., Rodriguez-Muniz, L. J., et al., "Developing and Validating a Competence Framework for Secondary Mathematics Student Teachers through a Delphi Method", *Journal of Education* for Teaching, Vol. 43, No. 4, Jan 2017.

Price, J., Kassam - Adams, N., Alderfer, M. A., et al., "Systematic Review: A Reevaluation and Update of the Integrative (Trajectory) Model of Pediatric Medical Traumatic Stress", *Journal of Pediatric Psychology*, Vol. 41, No. 1, Jan 2016.

Ratts, M. J., Singh, A. A., Nassar - McMillan, S., et al., "Multicultural and Social Justice Counseling Competencies: Guidelines for the Counseling Profession", *Journal of Multicultural Counseling and Development*, Vol. 44, No. 1, Jan 2016.

Schneider, M., Beeres, K., Coban, L., et al., "Associations of Non - symbolic and Symbolic Numerical Magnitude Processing with Mathematical Competence: A Meta - analysis", *Developmental Science*, Vol. 20, No. 3, Jan 2016.

Shirai, H., Mandai, M., Matsushita, K., et al., "Transplantation of Human Embryonic Stem Cell - derived Retinal Tissue in Two Primate Models of Retinal Degeneration", *Proceedings of the National Academy of Sciences of the United States of America*, Vol. 113, No. 1, Jun 2015.

Ten Cate, O., Hart, D., Ankel, F., et al., "Entrustment Decision Making in Clinical Training", *Academic Medicine*, Vol. 91, No. 2, Feb 2016.

Tsui, E. Wang, W. M. andSabetzadeh, F., "Enacting Personal Knowledge Management & Learning with Web Services Interoperability Tools", 2014 IEEE 3rd International Conference on Cloud Computing and Intelligence Systems, Shenzhen, China, 2014.

Uerz, D., Volman, M., Kral, M., "TeacherEducators' Competences in

Fostering Student Teachers' Proficiency in Teaching and Learning with Technology：An Overview of Relevant Research Literature", *Teaching and Teacher Education*, Vol. 70, No. 2, Feb 2018.

Woodside, A. G., "The Good Practices Manifesto：Overcoming Bad Practices Pervasive in Current Research in Business", *Journal of Business Research*, Vol. 69, No. 2, Feb 2016.

Zimmermann, P., Limberg, C., "Activation of Small Molecules at Nickel（Ⅰ）Moieties", *Journal of the American Chemical Society*, Vol. 139, No. 12, Feb 2017.

五 学位论文

魏淑华：《教师职业认同研究》，博士学位论文，西南大学，2008年。

项成芳：《胜任力的理论与实证研究》，硕士学位论文，南京师范大学，2003年。

附　　录

附录1
高校教师胜任力初始模型第一轮专家咨询问卷

老师，您好！这是一份关于高校教师胜任力初始模型专家咨询问卷。该初始模型由知识管理理论推演而来，将高校教师胜任力分为知识素养、思维水平、职业认同、个性特征与协同合作5个维度，每个维度包含若干胜任特征。为了保障模型的有效性和可信度，请您在百忙之中帮忙把关，提出您的宝贵意见！诚恳地向您表示感谢！

第一部分　基本信息

1. 您所述学科属于（　　）。

   A. 自然科学　　　　　B. 社会科学　　　　　C. 思维科学

2. 您的职称是（　　）。

   A. 教授　　　　　　　B. 副教授　　　　　　C. 讲师

3. 您（　　）研究生导师。

   A. 是　　　　　　　　B. 不是

4. 您的教龄是（　　）。

   A. 5—10年　　　　　B. 11—15年　　　　　C. 16年以上

第二部分　高校教师胜任力初始模型专家意见征询问卷

本研究从知识管理理论视角演绎出高校教师胜任力初始模型。该初始模型将高校教师胜任力分为知识素养、思维水平、职业认同、个性特征与协同合作 5 个维度，每个维度包含若干胜任特征。为了保障本研究的有效性和可信度，请您在百忙之中帮忙把关，提出您的宝贵意见！

请您按照它们在优秀高校教师教学、科研和社会服务工作中的重要程度，在"非常不重要""不重要""一般重要""比较重要""非常重要"所在列的方框内打"√"。

第一节　知识素养维度

维度	胜任力特征	指标的重要性				
		非常不重要	不重要	一般重要	比较重要	非常重要
知识素养	学科专业知识					
	信息获取能力					
	学科教学能力					
	学科德育能力					
	科研能力					
	社会服务知识					
您认为此维度是否合适？合适　不合适	您的修改意见？					
	您认为，此维度需要补充哪些胜任特征？					

第二节 思维水平维度

维度	胜任力特征	指标的重要性				
		非常不重要	不重要	一般重要	比较重要	非常重要
思维水平	思维理性化					
	思维联结化					
	思维系统化					
	思维多元化					
您认为此维度是否合适？合适 不合适	您的修改意见？					
	您认为,此维度需要补充哪些胜任特征？					

第三节 职业认同

维度	胜任力特征	指标的重要性				
		非常不重要	不重要	一般重要	比较重要	非常重要
同职认同	职业价值观					
	角色价值观					
	责任认同					
	职业责任感					
您认为此维度是否合适？合适 不合适	您的修改意见？					
	您认为,此维度需要补充哪些胜任特征？					

第四节　个性特征

维度	胜任力特征	指标的重要性					
		非常不重要	不重要	一般重要	比较重要	非常重要
个性特征	敏感性					
	专注力					
	坚韧性					
	创造力					
您认为此维度是否合适？ 合适 不合适	您的修改意见？						
	您认为,此维度需要补充哪些胜任特征？						

第五节　协同合作

维度	胜任力特征	指标的重要性				
		非常不重要	不重要	一般重要	比较重要	非常重要
协同合作	乐于合作					
	同理心					
	表达能力					
您认为此维度是否合适？ 合适 不合适	您的修改意见？					
	您认为,此维度需要补充哪些胜任特征？					

再次感谢您的支持和帮助!

附录2

高校教师胜任力调查问卷

尊敬的老师:

感谢您抽出宝贵时间参加本次问卷调查。本问卷是对高校教师胜任力的调查。问卷分两部分:第一部分是 5 项个人基本信息;第二部分是 55 项关于高校教师的描述。完成整个问卷需耗时 5—10 分钟。

您的参与对我们的研究工作非常重要,非常感谢您的支持与配合!

第一部分　基本信息

1. 您的性别是(　　)。

　　A. 男　　　　　　　B. 女

2. 您的年龄是(　　)。

　　A. 20—30 岁　　　B. 31—40 岁　　　C. 41—50 岁

　　D. 51—60 岁　　　E. 61 岁及以上

3. 您的教龄是(　　)。

　　A. 3 年以内　　　　B. 4—6 年　　　　C. 7—25 年

　　D. 26—33 年　　　 E. 34 年及以上

4. 您的最高学历是(　　)。

　　A. 本科　　　　　　B. 硕士研究生　　　C. 博士研究生及以上

5. 您的职称是(　　)。

　　A. 助教　　　　　　B. 讲师

　　C. 副教授　　　　　D. 教授及以上

第二部分　高校教师胜任力调查问卷

请您根据自己的实际感受和体会，对下面每一条描述与您的实际情况的符合程度进行评判。

1. 我具有很强的本学科专业技能。

2. 我具有丰富的本学科专业知识。

3. 当需要某一资料时，我都知道去哪里查找。

4. 我能很快地判断信息本身及其来源的真伪。

5. 我在浏览、阅读资料时，能迅速把握文章的主旨。

6. 我可以深入浅出地表达抽象概念，学生吸收度高。

7. 我能把扩展知识准备充分，便于学生理解知识起源和目的。

8. 我能发掘教学内容的趣味性、实用性，启发学生学习的积极性、主动性。

9. 我能将传授学科知识与德育很好地结合。

10. 我在教学中常常对学生进行如何做人的教育。

11. 我自信能胜任科研工作。

12. 我关注与自身学科相关的社会服务信息。

13. 我具有丰富的与自身学科相关的社会服务经验。

14. 对于一件事情，我不仅要了解是什么，还要探究为什么。

15. 我能从他人行为中洞察其潜在的意图。

16. 我处理难题时，会首先弄清楚症结所在。

17. 我认为，要反对别人的意见，就要提出理由。

18. 我可以算是一个有逻辑的人。

19. 我善于有条理地去处理问题。

20. 我总会先分析问题的重点所在，然后再解答它。

21. 我善于策划一个系统的计划去解决复杂的问题。

22. 我通常会全面了解事物之后再做出判断。

23. 研究其他人的新想法是很有意义的。

24. 当面对困难时，我会考虑事情所有的可能性。

25. 我对不同的世界观持开放的态度。

26. 我认为高校教师的工作对促进学生的成长与发展很重要。

27. 我认为高校教师的工作对人类社会发展有重要作用。

28. 我认为高校教师职业是社会分工中最重要的职业之一。

29. 我为自己是一名高校教师而自豪。

30. 从事高校教师职业能够实现我的人生价值。

31. 在做自我介绍的时候，我乐意提出我是一名高校教师。

32. 我能认真对待职责范围内的工作。

33. 只要没有超出工作完成期限，我会力求把工作做得更好。

34. 即使他人不安排，我也会发现仍需完善的工作并执行。

35. 我认为教学很重要。

36. 我认为科研与教学同等重要。

37. 我认为社会服务与教学同等重要。

38. 当工作出现变动时，我不会因为可能失败而担心。

39. 我能为了自己的职业目标而坚持不懈地努力。

40. 我希望自己有独立承担工作责任的机会。

41. 我努力寻找学习机会，获取新的专业知识与技能。

42. 我总是为自己设定较高的工作目标，勇于迎接挑战。

43. 我经常主动学习，不断更新自己的知识。

44. 我有很多创新性的想法。

45. 我经常采用新的技术、方法等提高工作质量。

46. 我能提出有创造性的解决问题的方案。

47. 我经常与同事分享观点和灵感。

48. 我经常与同事分享彼此的工作经验和诀窍。

49. 当同事提出请求,我会提供所了解的知识出处或知情人。

50. 我善于通过观察同事的言语行为,体察他们的心情和感受。

51. 我常常会站在同事的角度思考。

52. 我善于用简单的术语解释复杂的问题,帮助同事理解。

53. 我在与同事交流时,通常用简单易懂的方式表达。

54. 我与同事沟通时善于使用一些策略,如启发式提问、举例子等。

附录3

高校教师胜任力现状调查事后访谈提纲

1. 在您的工作和生活中,哪些事情分散着您的学术投入?

2. 您所参与的高校教师培训中,有哪些思维训练的内容?

3. 哪些因素阻碍着您与同事在工作上的分享、交流与合作?

4. 您认为,当下的高校组织建设中存在哪些问题?

后　　记

　　越成长，越理智，我越感悟到，知识就是这个世界的光。它照到哪里，哪里就变得清晰明亮。正因为有了知识的光，社会从野蛮混沌走向文明有序，人类从懵懂无知走向智慧善良。

　　知识滋养我们的德行，知识增长我们的才干，知识让我们学会强身，知识使我们懂得审美；知识能让我们的工作事半功倍，知识也能让我们的生活快乐健康。

　　但知识之美需要探索和挖掘，知识作为资源需要管理和经营。

　　有史以来，人类从未停止过对知识之美的崇尚和追求，知识价值实现的内在机制被一次次尝试探究，知识的神秘面纱被一点点揭开。

　　然而，不得不承认，由于大脑对于人类来说仍然是一个神秘的黑箱，我们对自身的知识加工机制和知识价值实现的心理过程尚未充分明了，因此，导致了人类对知识的学习和利用、经营与管理，仍不尽如人意。

　　今天，我们正处在一个伟大的知识经济时代，知识与我们的学习、工作和生活的关系越来越紧密。知识的经营与管理无处不在。

　　如何让孩子们的学习不那么苦？如何让大人们的工作不那么累？

如何让实践的效率越来越高？如何让创新的成本越来越低？

这些当下正困扰着我们的难题，实则都可通过知识管理得以有效缓解或解决。这样的尝试和努力，何其有益且有趣！

身处这个伟大的时代，如能解决其中一二问题，哪怕朝向问题解决的方向稍有挪移，都很难不成为我辈心之所向。我作为一名高校教师，首先想到的就是如何通过知识管理，提高自己的工作效率和质量，提升自身的履职胜任力。正是基于此，我将知识管理视域下高校教师胜任力研究作为自己的研究选题。

在研究过程中，从知识本质属性的理性萃取，到知识管理机制的合理推测，到高校教师胜任特质的逻辑演绎，再到高校教师胜任力模型的实证检验，每一步都举步维艰，但又十分有趣。

须知，本书虽然以知识管理视域下高校教师胜任力研究为主题，但实则依托高校教师履职活动的知识管理研究，探究的是人类学习、实践和创新的知识管理之道。

与读者分享这一成果，以期共享知识之美，启示知识经营之道，促成知识价值的充分实现。

由于个人学养不深，恐难将知识之魅力、知识经营之诀窍言明讲透；又因条件有限，无法对研究假设充分验证，使得今日书中所呈所现，尚存偏颇疏漏，在此恳请诸君见谅海涵。

至此，我想对引领我走入学术之幽径，帮助我一览知识之美景的我的恩师曲铁华教授，表达我最深切而真挚的感激之情。感谢曲老师在我的学术成长中给予我的激励和鞭策、指导和帮助，每每思之，心中暖意融融。

我还要感谢师门同窗、领导同事、亲人朋友，是你们的默默支持和暖心鼓励，让我在学术的道路上砥砺前行。

另外，我还要感谢我的母校，也是我目前工作的单位——吉林师范大学，您培养着我、鼓励着我、支持着我。本书正是得到了吉林师范大学学术著作出版基金的大力资助，方可出版。

同时，更要感谢中国社会科学出版社的各位同人，尤其要感谢杨晓芳编辑对我的耐心指导，对本书的辛勤付出。

吾力虽弱，但仍愿与诸君一同探索知识的辽阔海洋，开拓思维的边界，共创一个充满智慧和善良的美好世界！唯愿此书能抛砖引玉，以微茫启示光明！

李 虹

2023 年 6 月